CHUANGYE JICHUXUNLIAN JIAOCHENG

创业基础训练教程

主　编　王　宏　牛冰非
副主编　卢朝东　张　浩　袁　垚

河南大学出版社
HENAN UNIVERSITY PRESS
·郑州·

图书在版编目（CIP）数据

创业基础训练教程 / 王宏，牛冰非主编．—郑州：河南大学出版社，2019.7（2025.8重印）
ISBN 978-7-5649-3816-1

Ⅰ．①创… Ⅱ．①王… ②牛… Ⅲ．①创业—高等学校—教材 Ⅳ．① F241.4

中国版本图书馆 CIP 数据核字 (2019) 第151139号

责任编辑 柳 涛

责任校对 陈 巧

封面设计 翟淼淼

出版发行 河南大学出版社

地址：郑州市郑东新区商务外环中华大厦2401号　　邮　编：450046

电话：0371-86059750（高等教育与职业教育出版分社）

0371-86059701（营销部）

网址：hupress.henu.edu.cn

排　版 河南大学出版社设计排版部

印　刷 河南瑞之光印刷股份有限公司

版　次 2019年8月第1版　　**印　次** 2025年8月第5次印刷

开　本 787mm×1092mm　1/16　　**印　张** 13.25

字　数 313千字　　**定　价** 29.00 元

前　言

根据教育部办公厅关于印发《普通本科学校创业教育教学基本要求（试行）》的通知（教高厅〔2012〕4号），《国务院办公厅关于深化高等学校创新创业教育改革的实施意见》（国办发〔2015〕36号）《河南省人民政府办公厅关于深化高等学校创新创业教育改革的实施意见》（豫政办〔2016〕59号）以及《河南工程学院转型发展及应用技术大学建设方案》的通知（豫工院〔2014〕196号）等文件精神，在教育部、地方政府和高校“双创”教育同仁的积极推动下，高校纷纷通过各种形式开设多种内容的创新创业课程，在大学生创业教育课程建设方面进行了一些理论研究和实践探索，形成了一些共识，摸索了一些经验。

本教材结合高校开设的创业基础课程的实际情况，在梳理筛选经典知识理论的基础上，尽可能搜集创新创业的最新认知理念和实践方法，以贴近时代，满足未来发展趋势。考虑到创业基础课程的“实践性”特征，加大了实训环节和案例分析，让学生模拟创业实践，通过课堂实训活动内化知识技能。本教材在顶层设计上并不是单一的“读本”，而是将其定位发展为“多维立体”的一个学习资源平台。在章节架构方面，既兼顾了传统教材的系统性和理论性，又创新构建了模块化的新“阅读界面”。比如大量采用二维码链接的形式，拓展了相关知识点；比如【网上精品视频课程】栏目，通过手机扫描二维码即可通过在线实现不受时空限制的自主学习。

本教材共分为八章，具体分工如下：第一章和第二章由王宏编写，第三章和第四章由张浩编写，第五章和第六章由卢朝东编写，第七章和第八章由牛冰非编写。最后，由袁盎、牛冰非负责统稿和审稿。

本书在编写过程中借鉴、参考了国内外大量创业指导与创业教育研究方面的文献资料，以及一些专家教授的理论和观点，书中引用的案例与材料部分来自期刊、网络和创业学生提供的资料，在此，一并表示感谢。

由于编者水平有限，教程难免存有不妥之处，恳请学界同仁批评指正，以便再版时修订和更正。

编者

2019年4月

目　　录

第一章　创业与创业精神

【本章地图】

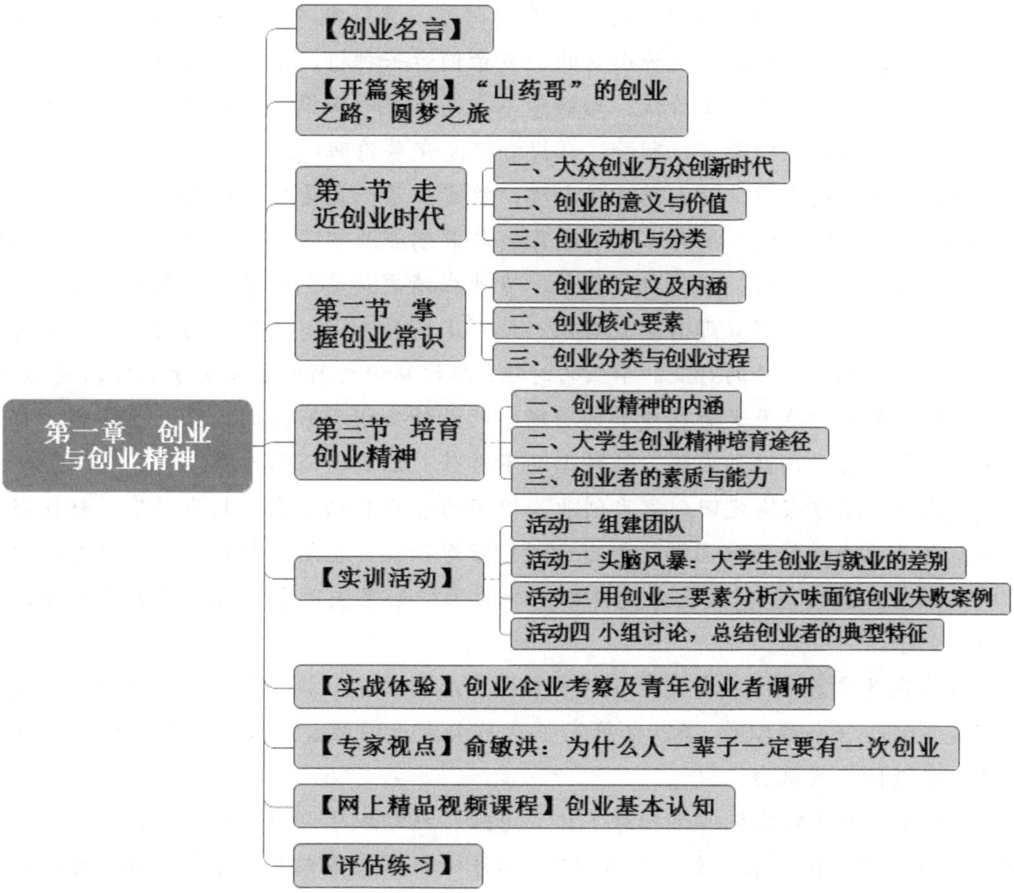

【创业名言】

每个人都想得到社会的认同，得到别人的尊重，都想展现自我价值，那么创业无疑是一条最好的道路。

——海尔集团　张瑞敏

创业不一定是自己真的去搞一个什么企业或者公司。创业是一种人生，是一种态度，是一种经历，是一种精神。只要你有了这样一种精神，在任何环境条件状况下，通过众多可能的形式或方式，你总能在这个世界上闯出一片展现你独特个性、人格、能力和魅力的新事物、新空间和新天地。

——中国就业促进会副会长　陈宇

【开篇案例】

“山药哥”的创业之路，圆梦之旅

“山药哥”名叫赵作霖，他2011年毕业于河南工程学院营销与策划专业。赵作霖1988年出生于武陟县西陶镇张武村，是一个充满阳光、充满朝气、充满自信，浑身散发着正能量的80后。家里祖祖辈辈都是种山药的，乡亲们辛苦种植、采收、清洗、去皮、加工，繁琐的工序只停留在初级加工阶段，始终带不来高效益的回报。从小在山药堆中滚爬的赵作霖，看到的是父辈们的辛苦、期盼，喜悦和叹息交替轮回的无奈。

改变祖辈们的命运，让山药造福人类，致富乡亲一直是赵作霖的梦想。

2008年，赵作霖进入河南工程学院营销与策划专业学习。在大学里，他刻苦攻读，成为莘莘学子里的佼佼者，不仅担任班长，专业成绩更是名列前茅。每每上专业课，他都拿山药来做课堂案例分析。那时候就有人叫他“山药哥”了。他们班的同学，都认为他以后一定会从事与山药相关的行业。毕业的时候，赵作霖论文写的也是关于焦作山药的策划案。

在校期间赵作霖每天都在想如何将所学的营销知识和家乡的山药产业结合，希望能帮助更多辛辛苦苦种山药的农民，让种山药不再苦，让卖山药不再难。

2012年，赵作霖决定回到家乡创业，但因为没有启动资金，起步艰难。赵作霖的妻子冯方，也是他大学的同班同学，把自己的11万嫁妆钱，全给了赵作霖，全力支持他实现自己的山药梦。冯方说：“我全力支持你，加油干！如果失败了，我们再去找工作，不然会后悔一辈子。”

赵作霖就拿着这11万块钱，开了一家淘宝店，买了一辆面包车，加上其他花费，11万就变成了6万。6个月以后，6万也花完了，而淘宝店的经营并没有起色。这个时候，赵作霖开始在微博上找机会。

2013年，赵作霖在微博上结缘了许多老师，也结识了许多微博小伙伴儿，跟他们学习网络营销知识。在大家的支持和帮助下，10月份赵作霖策划举办了第一届“网络山药节”。“网络山药节”一下就在微博上火了，产生了极大的影响，并且在一个月内被十几家线下媒体轮番采访报道。通过这次活动，不仅产生了40万的山药销售额，更重要的是把赵作霖从创业的生死线上拉了回来。后来，“网络山药节”连续举办了3年，而且一年比一年效果好。

2014年，随着业务发展，赵作霖又流转了上百亩的土地，用来种植山药。因为山药一亩地的种植采挖成本要上万元，导致资金周转上出了问题，那段时间，他每天为钱愁得焦头烂额。

没有钱，山药就种不进去，错过了播种期可怎么办？这时，政府出面协调了34万的无息贷款，解了燃眉之急。同时，在好朋友的启发和帮助下，赵作霖推出了“互联网＋山药＋众筹”的包地模式，用众筹种山药的方式，把客户的钱先收了上来，一下子也收回了几十万。这个过程完成后，赵作霖整个人才松了口气，经营也上了新台阶。

2015年，因“网络山药节”和“互联网＋山药＋众筹”的成功，提高了焦作山药在网络上的知名度，赵作霖被国务院评为“全国优秀农民工”，并且作为代表在表彰大会做报告，后又被河南省人民政府评为“返乡创业之星”。

同年，赵作霖和他种的山药，成为大型中医药纪录片《本草中国》纪录的对象，在央视、江苏卫视、福建卫视、东方卫视、爱奇艺等各大媒体平台播出。赵作霖又一次为焦作山药的推广和传播作出巨大贡献。

2017年，赵作霖开始启动山药的标准化和产业化之路，推出“铁杆山药粉”项目。做山药粉能有效地解决销售周期的问题。有了山药粉，就可以一年四季卖山药。山药粉也能随身携带，随时冲、随时吃。可以在各个场景消费。

为了能够让更多的人参与进来，赵作霖确定了“移动＋社交＋支付＋特产微信销售”新模式。

赵作霖说，他相信会有越来越多的人投身到山药这个产业，会因为这个产业受益，更多的消费者会体会到山药带来的好处，更多的农户也会因为种植山药而增加收入。焦作山药应该成为河南的主打名片，而“山药哥”这个品牌，未来要成为名片中的名片。

赵作霖，在山药中找到了快乐，更找到了梦想。

第一节　走近创业时代

【精彩视频链接】360周鸿祎在开讲啦上谈创业，真实可行！

一、大众创业万众创新时代

李克强总理在公开场合发出“大众创业、万众创新”的号召，最早是在2014年9月的夏季“达沃斯论坛”上。当时李克强总理提出：要在960万平方公里土地上掀起“大众创业”“草根创业”的新浪潮，形成“万众创新”“人人创新”的新态势。此后，他在首届世界互联网大会、国务院常务会议和各种场合中频频阐释这一关键词。每到一地考察，他几乎都要与当地年轻的“创客”会面。他希望激发民族的创业精神和创新基因。

2015年李克强总理在政府工作报告又提出：“大众创业，万众创新”。政府工作报告中如此表述："推动大众创业、万众创新，'既可以扩大就业、增加居民收入，又有利于促进社会纵向流动和公平正义'"。在论及创业创新文化时，强调"让人们在创造财富的过程中，更好地实现精神追求和自身价值"。

2015年2月10日，李克强邀请60余名外国专家举行座谈。关注中国"大众创业、万众创新"的诺贝尔经济学奖得主埃德蒙德·菲尔普斯提到，中国经济新引擎将带来的"非物质性好处"。他说："如果大多数中国人，因为从事挑战性工作和创新事业获得成就感，而不是通过消费得到满足的话，结果一定会非常美好。"

创业创新是人类文明进步的不熄引擎，是植根于每个人心中具有顽强生命力的"种子"。推动发展，不仅要解放社会生产力，更要解放社会创造力。中国是世界上人口最多的国家，14亿勤劳智慧的中国人民中间，蕴藏着无穷的创造力。

当今世界，新一轮科技革命和产业变革浪潮席卷而来。信息、能源、材料、医药、环保等领域技术不断取得激动人心的突破，催生了新的制造模式和商业模式，也催动着一场全人类走向智能生产、绿色生活的新迁徙，其中蕴含的诸多革命性变化，将对国家竞争力和世界经济政治格局产生重大深远的影响。中国只有加快创新和建设创新型国家，才能扎实推进经济转型升级和提质增效，抢占国际竞争的战略制高点。

"党的十八大"以来，党中央以简政放权为突破口，推动经济转型、释放社会活力，社会投资和创业、创新热情迸发。2014年，全国新注册企业在上年大幅增长的基础上又新增加了1200多万户，其中首次参与投资创业的自然人多达291万人。在此背景下，以信息网络技术为支撑的"创客"更是如同雨后春笋，迅速成长。一大批热衷于创意、设计、网络的年轻人，紧跟数字技术的潮流，用自己的"桌面工厂"生产出一大批令人目不暇接、惊叹不已却又接地气、有市场的新型产品，颠覆着传统的制造和消费模式，乃至产业布局和投融资方式。目前，北京已形成亚洲规模最大的"创客空间"，深圳的"华强北"已被视为"创客圣地"。韩国媒体最近刊文称，去年中国新的风险创业者是韩国的100倍，吸引的创业基金是其15倍以上，中国的"创客风潮"已成为韩国一大威胁。这是否危言耸听姑且不论，但中华大地涌动的"创客风潮"显然加速推开了互联网与制造业融合发展的新工业革命大门，正在引领着大众创业、万众创新时代的到来。

从发展阶段看，中国的经济发展已经进入新常态，传统增长动力在减弱，资源环境约束在加剧，要素成本越来越高，必须走转变发展方式、提质增效升级之路。中国要在世界新技术革命和产业变革的新格局中占据主动，必须靠创新。世界上资源有限，而人的潜力无穷，这就是更大范围、更高水平的大众创业、万众创新。

从时代趋势看，中华大地正在兴起新的创业创新热潮，出现了以大学生等90后年轻创业者、大企业高管及连续创业者、科技人员创业者、留学归国创业者为代表的创业"新四军"，草根创新、蓝领创新、创客、众创空间等新的形式层出不穷。创业创新正在成为一种价值导向、一种生活方式、一种时代气息。从客观条件看，人们消费需求多层次、多样化，需要更多地解决日常生产、生活难题，形成新产业、新业态的产品和服务。

这是一个鼓励创业、呼唤创新的时代。特别是在党中央提出的"大众创业、万众创新"

的政策指引下，越来越多的企业在创新中谋转型，越来越多的人变身创客走上了创业之路，这正是时代的潮流。

二、创业的意义与价值

（一）“济天下”——创业对社会的意义

只要简单回顾一下近二三十年间，创业者所创造出的新行业，诸如：个人电脑、生物技术、智能电视、电脑软件、办公自动化、手机服务、电子商务、移动互联网、虚拟技术、人工智能，等等，我们不难想象出创业者是如何巨大地改变了世界的发展进程和人们的生活、工作和学习方式。

1. 创业可以增加社会财富，促进经济发展和社会繁荣

创业过程是增加社会财富的过程，企业在生产经营的过程中，为社会创造了财富，增加了社会价值，并大大增加了国家的财政税收。企业的产品和服务拉动了国内市场需求，满足了人民生活的需要，丰富了市场，促进了社会经济繁荣。创业还改变了传统的产业格局，催生了很多崭新的行业，加速了经济结构的调整。在创业过程中，社会资源得到优化配置，市场体系不断得到完善，市场竞争活力得以保持。

2. 创业可以实现先进技术转化，促进生产力提高和科技创新

创新是创业的主要驱动力量，创业是新理论、新技术、新知识、新制度的孵化器，也是新理论、新技术、新知识、新制度形成现实生产力的转化器。

3. 创业可以提供就业岗位，缓解社会就业压力

我国人口众多，就业问题一直是一个关于民生的大问题，解决就业问题是我国的一个长期任务。与此同时，随着经济体制改革，国有、集体企业下岗分流、减员增效，这些企业的就业空间大幅缩减，而私营和个体经济成为就业的主渠道。

中小型创业企业不仅解决了创业者本身的工作岗位，同时也为需要工作的人们提供了大量的工作岗位，扩大了就业范围，降低了失业率，大大缓解了社会就业压力，从而稳定了社会秩序。

4. 创业可以激发整个社会的创新意识和创业精神，有利于观念的转变

当今，“互联网 +”与供给侧经济结构改革背景下的“大众创业，万众创新”已经成为我国社会经济改革发展的主旋律。近年来如火如荼的创业大潮让无数人进入了经济和社会的主流，正在形成创新、宽容、民主、公正、诚信等市场观念，对于构建经济发展新常态，发展新经济与促进就业具有积极作用。

（二）“善其身”——创业对创业者的意义

创业是一个伟大的历程，是一个精彩的大舞台。创业起步可高、可低，创业的发展空间无限。通过创业，能有效实现人生价值，把握人生航向。

1. 创业可以主宰自己，充分发挥自己的才干

许多上班族之所以感到厌倦，积极性不高，重要原因之一是给别人“打工”，个人的创意、想法往往得不到肯定；个人的才能无法充分发挥，愿望得不到实现；工作缺乏成就感，行事有诸多约束。而创业则完全可以摆脱原有的种种羁绊，摆脱在行为上受制于人的局面，充分施展自己的才华，发挥最大潜能，使自己的人生价值得到更好地体现。

2. 创业可以帮助个人积累财富，一定程度上满足个人对物质的追求欲望

工薪阶层的收入有高有低，但都是有限的，没有太多提升的空间。而摆脱这些烦恼的最佳途径就是：开创一份完全属于自己的事业，它提供的利润是没有极限的，可任你想象。根据统计资料，在美国福布斯富人榜前四百名富人中，有75%是第一代的创业者。而在中国富豪榜中，以创业起家的也不在少数。

3. 创业能够使个人有机会和实力回馈社会，具有极高的成就感

创业者创造的企业一方面为社会提供了产品或服务；一方面为个人、社会创造了财富。企业融入社会再生产的大循环之中，从多个环节为国家和社会做出了贡献。这种贡献使得创业者个人能够从中收获巨大的成就感。

4. 创业使个人能够从事喜欢的事业，并从中获得乐趣

创业者选择创业项目，通常都会从个人感兴趣的领域着手，将其与自己的知识技能、专业特长等结合起来。而做自己喜欢做的事本身就是一种享受。

5. 创业使个人从挑战和风险中得到别样的享受

创业充满挑战和风险，同时也充满克服种种挑战的无穷乐趣。在创业过程中，可以感受到无穷的变化、挑战和机遇，这是一个令人兴奋的过程。创业者可以通过征服创业过程中的重重困难来丰富自己的人生体验。

【二维码链接】创业经历也是财富！

三、创业动机与分类

（一）创业动机的含义

创业动机是指引起和维持个体从事创业活动，并使活动朝向某些目标迈进的内部动力，它是鼓励和引导个体为实现创业成功而行动的内在力量。通俗讲，创业动机就是有关创业的原因和目的，即为什么要创业，为何创业的问题。行为心理学认为：“需要产生动机，进而导致行为。”创业的直接动机就是需要。

创业动机是推动个体或群体从事创业实践活动的内部动因，是使主体处于积极心理状态的一种内驱力，具有较强的选择性、倾向性和主观能动性。

（二）创业动机的分类

创业者动机可分为两种类型：事业成就型和生存需求型。其中，事业成就型包括获得成就认可、实现创业想法、扩大圈子影响、成为成功人士、控制自己人生五个维度。生存需求型包括不满薪酬收入、提供经济保障、希望不再失业三个维度，如图1-1所示。

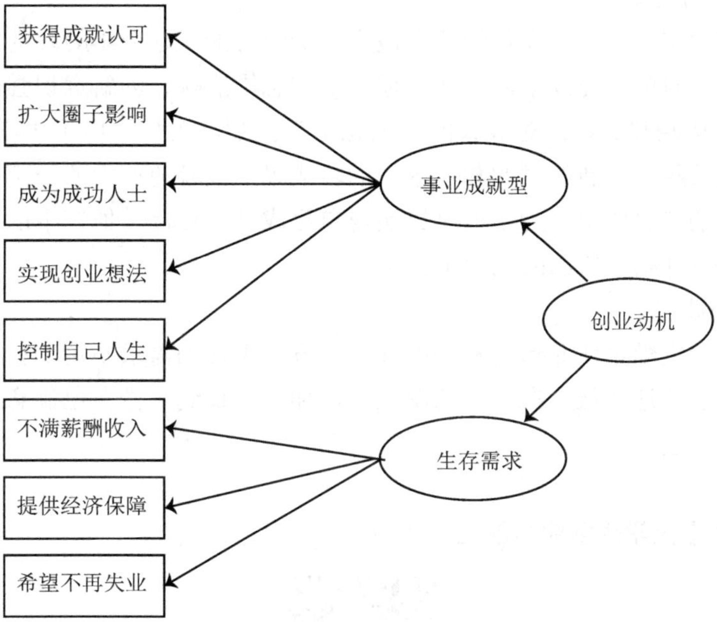

图 1-1 创业动机的分类

根据美国学者艾克·奥提奥等人的研究结果，创业的动机大体上可以归为以下四类：对成就的需要、对独立性的偏好、控制的欲望、改变家庭和个人的经济状况。大学生创业动机有一定的特殊性，归纳起来主要有以下四种类型：

1. 生存的需要

首先，由于经济的原因，许多的家庭越来越难以负担昂贵的学费，国家有助学贷款、奖学金制度也不能完全解决问题。在沉重的经济负担压力之下，为了顺利完成学业，这部分学生中的一部分人只好利用课余时间打工来维持正常的学习和生活。在打工的过程中有一部分具有创业素质的人会发现商机并且去把握它，开始走上了创业的道路。

其次，当前我国高校学生中城镇生源的学生95% 均是独生子女，培养他们的独立性已经成为当务之急。目前已经有一部分学生开始独立承担自己的学习、生活费用，在他们中也产生了一定数量的创业先行者。这部分创业者通常都以学习为主要目的，从事一些需要投入时间、精力较少的行业，对经济回报要求较低。

2. 积累的需要

按照美国耶鲁大学教授奥尔德弗的ERG理论，人的需求分为生存、相互关系和成长。这三种需求并不一定按照严格的由低向高的顺序发展，可以越级。当代大学生随着年龄的增长，对于相互关系和成长的需要会逐渐强烈。一部分大学生为了增加自己的实践经验、丰富自己的社会阅历，或者为了自己以后的发展或实现自己的某个目标做好经济上的准备，在条件成熟的情况下也会利用课余时间走上创业的道路。这个类型的创业者往往以锻炼为目的，承受失败的能力较强。同时由于压力较小，失败和半途而废的比例也比较高。

3. 自我实现的需要

心理学研究表明：25～29岁是创造力最为活跃的时期，这个年龄段的青年正处于创造能力的觉醒时期，对创新充满了渴望和憧憬。他们思维活跃、创新意识强烈同时所受的约束和束缚较少，按照ERG理论对成长的需要也更为强烈。另外，由于大学生所处的环境，他们往往更容易接触一些新的发明和学术上的新成果，或者他们中的一部分人本身拥有具有自主知识产权的科研成果。为了能早日实现自己成功的目标，他们中的一部分人改变了自己的成功观念也开始了自己的创业生涯。

4. 就业的需要

当前，我国的大学生就业形势相当严峻，一方面表现为需求不足；另外一方面表现为大学毕业生的工资待遇降低。在这种情况之下，如不能找到一份自己满意的工作，有一部分大学生开始选择创业。

【二维码链接】大学生创业与就业的差别。

第二节　掌握创业常识

【精彩视频链接】大学生创业，卖文化衫月销40万。

一、创业的定义及内涵

《现代汉语词典》对“创业”的解释是：创办事业。而“事业”是指人所从事的，具有一定目标、规模和系统并对社会发展有影响的经济活动。《辞海》对“创业”的解释是：创立基业。“基业”是指事业的基础。由此可见，创办事业是创业的本质。

创业有广义和狭义之分。狭义上讲的创业概念源于“Entrepreneur”一词，因而对其理解通常带有经济学的视角。如精细管理工程创始人刘先明认为：“创业是指某个人发现某种信息、资源、机会或掌握某种技术，利用或借用相应的平台或载体，将其发现的信息、资源、机会或掌握的技术，以一定的方式，转化、创造出更多的财富、价值，并实现某种追求或目标的过程。”郁义鸿、李志能在《创业学》一书中指出：“创业是一个发现和捕捉机会并由此创造出新颖的产品或服务，实现其潜在价值的过程。”

可见，狭义的创业特指个人或团队自主创办企业，人们将其定义为：创业个人或创业团队不拘泥于当前资源约束，寻找和把握各种商业机会，投入已有的知识、技能和社会资本，调动并配置相关资源，创建新企业，为消费者提供产品或服务，具有创新或创造性的以创造价值为目的的活动过程。

因此，创业的内涵可总结为以下几点：

（1）创业的主体是个人或小规模群体（团队）。创业者的身份是资源（知识、能力、社会资本等）所有者和资源（资金、技术、人员、机会等）配置者。

（2）创业的关键是商业机会的发掘与把握。

（3）创业的前提是要打破规则和资源约束，创业是一个创造性的过程，具有创新性，即创业的本质是创新。

（4）创业需要创立新的社会经济单元。创业的价值实现有赖于将所提供的产品和服务在市场上转化为商品。

（5）创业具有明确的目的性：创业过程必然要求创造价值、转移价值和获取价值。比如增加财富，包括个人和社会的物质与精神财富。

创业具有以下特征：

第一，自觉性。创业是创业者自觉、主动做出的选择。

第二，创新性。创新是创业的基础和关键，创业的本质是创新。创业过程就是一个不断创新的过程。只有不断创新，创业才会有生命力。

第三，风险性。创业过程存在着极大的不确定性，创业是有风险的。一般来说，创业是一个动态试错的实践过程，在此过程中会面临外部政策法规、行业市场、资本市场等不确定因素的影响，同时会遇到团队、技术和管理等内部因素变化的影响。

第四，利益性。创业以增加财富为目的，没有利益的驱动，就不会有人能够承受创业所面临的风险。对于大学生创业而言，一方面有物质财富利益的回报，更为重要的是在创业实践过程中可以收获社会经验和各种资源，从而获得快速成长。

第五，曲折性。创业过程不是一帆风顺的。市场与用户的需求总在发生着变化，创业的过程更像是科学家试图探询真理的过程，总是充满着让人无法预料的曲折性。

【二维码链接】创业基本认识。

二、创业核心要素

（一）创业三大核心要素

迄今为止，人们对创业要素的认知和分析中，最为典型和公认的创业要素模型为蒂蒙斯模型，如图1-2所示。该模型提炼出了创业的三大关键要素，即：创业机会、创业者及其创业团队、创业资源。一般认为，这三个核心要素是创业活动中不可或缺的。如果没有机会，创业活动就成了盲动，难以创造真正的价值。应该说机会是普遍存在的，关键要看创业者及其创业团队能否有效识别和开发机会，如果没有创业者及其创业团队的主观努力，创业活动是不可能发生的。创业者及其创业团队把握住合适的机会后，还需要有相应的资金和设备等资源。如果没有必要的资源，机会也就难以被开发和实现。

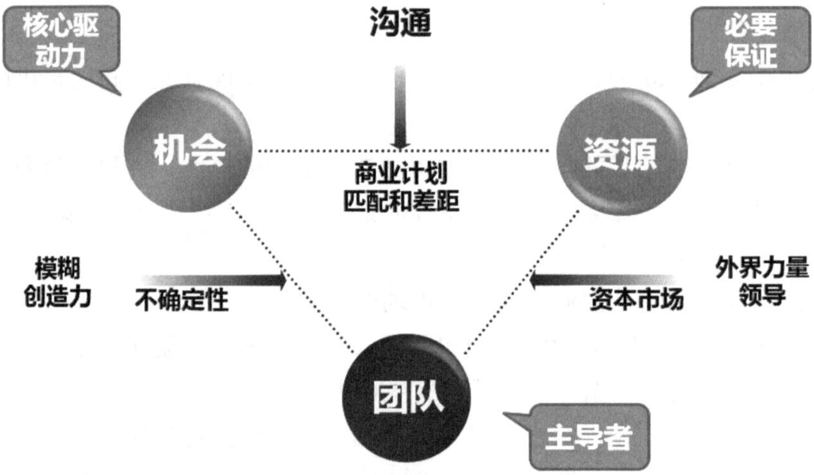

图 1-2　创业三要素与过程模型

（二）核心要素间的匹配关系

蒂蒙斯模型具有动态性的特征，认为创业过程实际上是三个因素之间相互作用，由不平衡向平衡方向发展的过程。随着创业过程的展开，其重点也相应发生变化，创业要能将机会、创业者及其创业团队、资源三者做出动态的调整。因此，该模型还要求三要素之间的匹配和平衡。因此，创业现象也被认为是创业者、机会和资源三者之间的有效链接。其中，创业者是创业的核心，是使机会识别利用与资源获取组合得以实现的驱动者。

创业者必须不断寻求更大的商业机会，并合理使用和整合资源，以保证企业平衡发展。机会、资源和创业团队三者必须不断动态调整，以最终实现动态均衡。这就是新创企业的发展过程。在创业过程中，由于机会模糊、市场不确定，因此，创业者必须依靠自己的领导、创造和沟通能力来发现和解决问题，掌握关键要素，及时调整机会。

【二维码链接】蒂蒙斯创业理论。

三、创业分类与创业过程

（一）创业的分类

创业从不同的角度，根据不同的标准可以做出不同的分类。

1. 根据创业动机，可分为机会型创业与就业型创业

（1）机会型创业，是指创业的出发点并非谋生，而是为了抓住、利用市场机遇。它以市场机会为目标，能创造出新的需要，或满足潜在的需求。因而会带动新的产业发展，而不是加剧市场竞争。

（2）就业型创业，是指为了谋生而走上创业之路。这类创业是在现有的市场上寻找创业机会，并没有创造新需求，大多属于尾随型和模仿型，因而往往小富即安，极难做大做强。

虽然创业动机与主观选择相关，但创业者所处的环境及其所具备的能力对于创业动机类型的选择有决定性作用。因此，通过教育和培训来提高创业能力，就可增加机会型创业的数量，不断增加新的市场，减少低水平竞争。

2. 根据创业者数量，可分为独立创业与合伙创业

（1）独立创业，是指创业者独立创办自己的企业。其特点在于产权是创业者个人独有的，企业由创业者自由掌控，决策迅速。但它需要创业者独自承担风险，创业资源准备也比较困难，还受个人才能的限制。

（2）合伙创业，是指与他人共同创办企业。其优劣势与独立创业相反，优势在于资源准备相对容易，风险均摊，决策制衡，可以发挥集体智慧。但缺点在于权力多头、决策层级多、响应速度慢。

3. 根据创业项目性质，可分为传统技能、高新技术和知识服务型创业

（1）传统技能型创业，是指使用传统技术、工艺的创业项目，它具有永恒的生命力。尤其是酿酒、饮料、中药、工艺美术品、服装与食品加工、修理等与人们日常生活紧密相关的行业，独特的传统技能表现出了经久不衰的竞争力，许多现代技术都无法与之竞争。国内外均是如此。

（2）高新技术型创业，是指知识密集度高，具有前沿性研究开发性质的新技术、新产品项目。

（3）知识服务型创业，是指为人们提供知识、信息的创业项目。当今社会，信息量越来越大，知识更新越来越快，各类知识性咨询服务的机构将会不断细化和增加，如律师事务所、会计事务所、管理咨询公司、广告公司、培训机构，等等。这类项目投资少、见效快。

4. 根据创业方向或风险，可分为依附型、尾随型、独创型和对抗型创业

（1）依附型创业，可分为两种情况：一是依附于大企业或产业链而生存，为大企业提供配套服务。如专门为某个或某类企业生产零配件，或生产、印刷包装材料；二是特许经营权的使用。如利用麦当劳、肯德基等的品牌效应和成熟的经营管理模式，减少经营风险。

（2）尾随型创业，即模仿他人创业，“学着别人做”。其特点，一是短期内只求能维持下去，随着学习的成熟，再逐步进入强者行列；二是在市场上拾遗补阙，不求独家承揽全部业务，只求在市场上分得一杯羹。

（3）独创型创业，指提供的产品或服务能够填补市场空白。大到商品独创性，小到商品的某种技术的独创性。独创产品是指具有非同一般的生产工艺、配方、原料、核心技术，又有长期市场需求的产品。鉴于独占性原则，掌握它的企业将获得相当高的利润。如进入难度很大的新产品。但其也有一定的风险性，因为消费者对新事物有一个接受的过程。独创型创业也可以是旧内容新形式，比如，产品销售送货上门，经营的商品并无变化，但在服务方式上扩大了，从而更具竞争力。

（4）对抗型创业，指进入其他企业业已形成垄断地位的某个市场，与之对抗较量。这类创业风险最高，必须在知己知彼、科学决策的前提下，抓住市场机遇，乘势而上，把自己的优势发挥到淋漓尽致。如，针对百度搜索，出现了搜搜、360搜索等。

此外，依据创业主体可将创业分为大学生创业、失业者创业和兼职者创业；根据创业的融资形式，可分为：独资创业、合资创业、引进各类（风险）投资基金创业等；根据创业者与事业的关系，可分为：个人创业、家族创业、合伙创业、参与创业等；根据创业机遇的选择，可分为：先学习后创业、先深造后创业、先就业后创业、边学习边创业、休学创业等；根据创业的行业领域，又可以分为餐饮、娱乐、批发零售、广告艺术设计、装饰装潢、信息咨询、法律服务、电子信息技术、金融衍生服务等各行业领域的创业。

大学生在实际创业时，应根据自身的情况，综合考虑各种因素，选择合适的创业领域和创业类型。

（二）创业的一般过程

创业过程包括创业者从产生创业想法到创建新企业或开创新事业并获取回报，涉及识别机会、组建团队、寻求融资等活动。可大致划分为识别机会、整合资源、创办新企业、新企业生存和成长四个主要阶段。

1. 识别机会

一个人是否能成为创业者，直接受三方面因素的影响。一是个人特质。每个人都具有创业精神，但其强度不同；二是创业机会。创业机会的增多会形成巨大的利益驱动，促使更多的人创业；三是创业的机会成本评估。

创业机会一般分为两种：一种是意外发现的，一种是经过深思熟虑才发现的。国家产业政策的调整、新技术的出现、人口和家庭结构的变化、人的物质和精神需要的变化、流行时尚等都可能形成商业机会。及时、准确地识别创业机会之后，还要对机会进行评价和提炼。

2. 整合资源

整合创业资源是创业过程最为关键的阶段之一，除非成功地完成这个阶段，否则无论多么有吸引力的机会，或者有多好的新产品和服务，创意都等于零。创业者需要整合的资源包括：基本信息（有关市场、环境和法律问题）、人力资源（合作者、最初的雇员）和财务资源等。

3. 创办新企业

企业的创建需要进行大量的准备工作，其中创业计划、创业融资和注册登记尤为关键。创意能否变成行动，关键看其能否形成一个周密的创业计划。资金往往成为新创企业的“瓶颈”，创业融资在企业的创建过程中至关重要。当创业者完成创业计划并获得融资之后，就可以按照法定程序进行注册登记。包括确定企业的组织形式、设计企业名称，向工商行政管理机关提出企业登记注册申请、领取《企业法人营业执照》等内容。

4. 新企业生存和成长

新企业成立初期应以生存为首要目标，其特征是主要依靠自有资金创造自由现金流，实行充分调动“所有的人做所有的事”的群体管理，以及“创业者亲自深入运作细节”。新创企业要在市场上取得成功，就需要在企业营销策略、组织调整、财务稳健管理等经营管理方面更上一层楼，这是企业成长管理的重要内容。从成长走向成熟的标志之一是能够建设好自己的品牌，形成名牌，在品牌、知识和企业文化等方面形成竞争优势。

【二维码链接】创业是试错的过程。

第三节　培育创业精神

【精彩视频链接】赢在中国第一季：评委创业史。

一、创业精神的内涵

创业精神是一个创新的过程，在这个过程中，新产品或新服务的机会被确认、被创造，最后被开发以产生新的财富创造的能力。也就是说，创业精神的本质在于创新，在于为消费者创造出新的满足、新的价值。

创业精神是创业者在创业过程中的重要行为特征的高度凝练，创业精神的内涵主要包含以下几点：

（一）创新精神

德鲁克认为，企业家精神中最重要的就是创新。创新是创业精神的灵魂。创业活动中的创新包括从产品创新到技术创新、市场创新、组织形式创新等。创新被认为是表现创业精神的具体化。创业者具有创新精神，才可能创建新颖独特的企业，并保持一个企业的特色和可持续发展。

（二）冒险精神

在创新的过程中不可避免地要遇到挑战和承担风险，所以创新精神的内涵中必然包括了承担风险和挑战不确定性的冒险精神。冒险是创业精神的天性。没有甘冒风险和承担风险的魄力，就不能成为创业者。无数创业者的经历证明，创业者虽然生长环境、成长背景和创业机缘各不相同，但无一例外都是在诸多不确定性因素条件下敢为人先、勇于创新的实践者。

（三）合作精神

单枪匹马可以成就一番事业，但是团结任何有利于成功的力量，成功的几率当然也会更大。在创业精神中个人英雄主义并不能占到主导地位，反而团队意识、合作精神是其价值核心。合作是创业精神的精华。社会发展到今天，行业分工越来越细，没有谁能一个人完成所有创业需要完成的事情。真正的创业者善于合作，能将合作精神扩展到企业的每个员工。面临困境时，团队成员间能团结一心、奋力拼搏。将不同的人组合到一起，开发其各自的优势资源从而达到利益最大化的合作过程也就是创业精神的一个重要体现。

（四）坚持不懈

创业者首先是一个从业者，如果没有一种对于事业执著追求的敬业精神，那么又如何能够迎接创业的挑战呢？执著是创业精神的本色。创业的过程必然伴随着各种艰辛和曲折，因此创业者必须坚持不懈，咬定青山不放松。创业实践表明，往往只有信念坚定者才能在创业中生存下来。

【二维码链接】什么是创业精神?

二、大学生创业精神培育途径

创业精神的培养不可能在一朝一夕之间完成，需要同学们在日常的生活学习中有意识地培养，潜移默化地铸就。

（一）通过知识和技能学习来培育

不论哪种层次的创业精神，都要求创业者或创新者们能够掌握和运用一定的能力来解决问题。这些不是先天具备的，都是后天培养的。人们将能力分为知识、技能和特质。没有主动、持续地学习，很难获得有效、实用的知识和技能。树立正确的学习观，运用合理的学习方法，养成主动学习、持续学习的习惯，会有助于大学生获取知识和技能，培育创业精神。一是通过学科教学渗透，将创业意识、创业能力的培养渗透于知识学习、技能训练之中，既避免了空洞说教，又找到了依托和载体。同时增强学生学习的针对性和实用感。如以文科类为载体渗透创业意识培养，以理科和工科为载体渗透创业技能、能力的训练。二是开设创业教育类课程，如创业知识和创业技能训练课、创业教育学、创造技能与方法等。

（二）通过实践和实训活动来培育

创业精神是一些高度行为特征的集合，作为行为特征需要在行为的多次、反复的强化中才能形成。任何实践活动以及与创业相关的实训活动都需要参与者付出实际行动来完成。良好创业精神品质的形成重在实践训练，积极地实践能带来及时地反馈和成就感，也能带来节节成功的喜悦；切切实实地投入到创业实践中去，定能磨炼出坚强的创业心理品质。一是学校要构建创业实践基地为学生提供创业实践的便利，如创业见习基地、创业实习基地和创业园等，实现产、学、研一体化。二是社会要为大学生提供更多的创业岗位供学生选择，如勤工俭学岗位、社区服务岗位等，使其经受创业实践熔炉的考验。三是大学生自己课余主动参与创业实践，熟悉各种职业特点和自己的能力特点，积累创业经验，增长创业才干，减少将来创业的盲目性。大学生应多参与各种社会实践、校园活动、创新训练、沟通训练、拓展训练、创业实训、创业大赛、创业讲堂、创业社团等实践活动，会有助于强化自身的行为特征，培育创业精神。

（三）通过承继前人精神来培育

精神是物质的最高产物，与物质相比，它有承续性、超越性、广泛性、不可磨灭性等特点，即某一精神产品可以代代相承袭，可以为不同的人的族群使用，可以广泛用于不同的领域，不仅不被磨损而且可以发扬光大。创业精神自古有之，当代的创业精神已经构成一个精神体系，涉及创业意识、创业观念、创业责任、创业态度、创业激情、创业思维等方面。这些还可以再列出若干创业精神。如，创业责任的精神内涵可以包括：诚信精神、人与自然和谐的精神，社会利益、集体利益、公众利益高于个人利益的精神等。列夫·托尔斯泰说过，正确的道路应该是这样的："吸取前辈所做的一切，然后再往前走。"前人创业表现的精神都是人们宝贵的财富，应当好好学习，好好应用并发扬光大。

三、创业者的素质与能力

人是创业成功的第一要素，而创业者则发挥核心作用。创业活动是由创业者主导和组织的商业冒险活动。要成功创业，不仅需要创业者富有开创新事业的激情和冒险精神、面对挫折和失败的勇气和坚韧，以及各种优良的品质素养，还需要具备解决和处理创业活动中各种挑战和问题的知识和能力。

（一）创业的激情与创业意识

创业的激情所指的不是一时冲动，而是持久地追求与不懈地努力。创业需要百折不挠、坚持不懈的意志。创业是一个长期努力奋斗的过程。立竿见影、迅速见效的事是极少的。在方向目标确定后，创业者就要朝着既定的目标一步步迈进，纵有千难万险、迂回挫折，也不轻易改变，半途而废。保持创业的激情，是创业者成功的关键因素之一。

创新意识是创业者的一个重要素质，能在瞬息万变的市场环境中不断推陈出新是创业生存的一个重要环节。许多创业者都是依靠在市场竞争中，不断推出新产品、新服务、新方法来获得企业生存与发展的空间，最终创业成功的。创新的方式与途径通常来源于创业者对产品服务的认识、开放式的思考、市场触觉和多样化的资料信息。

要想取得创业的成功，创业者必须具备自我实现、追求成功的强烈的创业意识。强烈的创业意识，能帮助创业者克服创业道路上的各种艰难险阻，将创业目标作为自己的人生奋斗目标。创业的成功是思想上长期准备的结果，事业的成功总是属于有思想准备的人，也属于有创业意识的人。

（二）自信、自强、自主、自立的创业精神

自信就是对自己充满信心。自信心能赋予人主动积极的人生态度和进取精神。不依赖、不等待。要成为一名成功的创业者，必须坚持信仰如一，拥有使命感和责任感；信念坚定，顽强拼搏，直到成功。信念是生命的力量，是创立事业之本，信念是创业的原动力。要相信自己有能力、有条件去开创自己未来的事业，相信自己能够主宰自己的命运，成为创业的成功者。自强就是在自信的基础上，不贪图眼前的利益，不依恋平淡的生活，敢于实践，不断增长自己各方面的能力与才干，勇于使自己成为生活与事业的强者。自主就是具有独立的人格，具有独立性思维能力，不受传统和世俗偏见的束缚，不受舆论和环境的影响，能自己选择自己的道路，善于设计和规划自己的未来，并采取相应的行动。自主还要有远见、有敢为人先的胆略和实事求是的科学态度，能把握住自己的航向，直至达到成功的彼岸。自立就是凭自己的头脑和双手，凭借自己的智慧和才能，凭借自己的努力和奋斗，建立起自己生活和事业的基础。

（三）一定的创业知识素养

创业知识是进行创业的基本要素。创业需要专业技术知识、经营管理知识和综合性知识三类知识。创业实践证明，良好的知识结构对于成功创业具有决定性的作用，创业者不仅要具备必要的专业知识，更要掌握必备的现代科学、文学、艺术、哲学、伦理学、经济学、社会学、心理学、法学等综合性知识和管理科学知识。

（四）优秀的创业人格品质

创业人格品质是创业行为的原动力和精神内核。在创业人格品质中，使命责任、创新冒险、坚韧执著、正直诚信等这些意识品质与创业成败息息相关。创业是开创性的事业，尤其在困难和不利的情况下，人格品质魅力在关键时刻往往具有决定性的作用。

1. 使命责任

使命感和责任心是驱动创业者勇往直前的力量之源。成功的创业者具有高度的使命感和强烈的责任意识，创业活动是社会性活动，是各种利益相关者协同运作的系统。只有对自己、对家庭、对员工、对投资人、对顾客、对供应商以及对社会拥有高度的使命感和负责精神的创业者，才可能赢得人们的信任、尊重和支持。

2. 创新冒险

创新是创业精神的核心要素，创新意识和冒险精神是进行创业的内在要求。创业机会

的发现和创意的形成需要进行创造性思维，发挥创造力。同样，机会的开发、资源的整合、商业模式的设计更是创新能力的集中体现。创业的开创性需要有冒险精神，需要有胆略和胆识。同时，在创业实践中也要有风险意识，要注意冒险精神和风险意识的平衡，保持理性思维，降低风险损失。

3. 坚韧执著

创业是对人的意志力的挑战。面对险境、身处逆境能否坚持信念、承受压力、坚持到底常常决定创业的成败；最后的成功往往就在于再坚持一下的努力之中。

4. 正直诚信

正直诚信是创业者必备的品质，它体现了成功创业者的人格魅力：讲信誉、守诺言，言行一致、身体力行、胸襟广阔、厚人薄己，敢于承担责任，勇于自我否定，尊重人才，以人为本，倡导团队合作和学习，帮助团队成员获得成就感，坚持顾客价值、公司价值和社会价值的创造。具有良好口碑的人格魅力可以帮助创业者凝聚人心、鼓舞士气，赢得更多合作者的信任和支持。

（五）强烈的竞争意识

竞争是市场经济最重要的特征之一，是企业赖以生存和发展的基础，也是立足社会不可或缺的一种精神。人生即竞争，竞争本身就是提高，竞争的目的只有一个——取胜。随着我国社会主义市场经济从低级向高级发展，竞争愈来愈激烈。从小规模的分散竞争，发展到大集团集中竞争；从国内竞争发展到国际竞争；从单纯产品竞争，发展到综合实力的竞争。因此，创业者如果缺乏竞争意识，实际上就等于放弃了自己的生存权利。创业者只有敢于竞争、善于竞争，才能取得成功。创业者创业之初面临的是一个充满压力的市场，如果创业者缺乏竞争的心理准备，甚至害怕竞争，就只能是一事无成。

（六）良好的人际关系

在创业的道路上，人际关系具有重要的促进作用。良好的人际关系可以帮助创业者排除交流障碍、化解交往矛盾、降低工作难度、提高客户的信任度，从而提高办事效率，增加成功的机会。并且良好的人际关系还会有助于创业者在遇到困难时及时得到朋友的帮助。

（七）良好的创业心理品质

在市场经济中，机会与风险共存。只要创业，就必然会有风险，事业的范围和规模越大，伴随的风险也就越大。没有承担风险的意愿与能力，创业时就会缩手缩脚，裹足不前，创业的理想也就会成为空谈。愿意承担风险是创业者对事业追求的一种积极的心理状态。

创业是摸着石头过河，没有什么严格与统一的规范。创业者不可能凭借教科书的理论或他人的成功经验一蹴而就，而是需要在创业的过程中不断探索与实践，面对复杂的市场环境需要清醒的头脑与果断的决策。但是失误与挫折总是难以避免的，能够冷静面对挫折是创业者走向成功的重要条件。

创业之路，是充满艰险与曲折的。自主创业就等于是一个人去面对变化莫测的激烈竞争以及随时出现的需要迅速正确解决的问题和矛盾，这需要创业者具有非常强的心理调控能力，能够持续保持一种积极、沉稳的心态，同时拥有良好的创业心理品质。它是对创业者的创业实践过程中的心理和行为起调节作用的个性心理特征，它与人固有的气质、性格有密切的关系，主要体现在人的独立性、敢为性、坚韧性、克制性、适应性、合作性等方面，它反映了创业者的意志和情感。创业的成功在很大程度上取决于创业者的创业心理品质。正因为创业之路不会一帆风顺，所以，如果不具备良好的心理素质、坚忍的意志，一遇挫折就垂头丧气、一蹶不振，那么，在创业的道路上是走不远的。宋代大文豪苏轼说："古之成大事者，不唯有超世之才，亦必有坚韧不拔之志。"只有具有处变不惊的良好心理素质和愈挫愈强的顽强意志，才能在创业的道路上自强不息、竞争进取、顽强拼搏，才能从小到大，从无到有，闯出属于自己的一番事业。

（八）创业者的经营管理能力

当今市场经济社会中，小企业要生存、要发展，创业者必须具有良好的经营管理能力。俗话说"麻雀虽小，五脏俱全"，小企业虽小，但它也和大中型企业一样，天天与人、财、物打交道。如何把现有的人、财、物，通过管理，赚取最佳的效益；如何调动每一位雇员的积极性使之全力以赴为企业工作；如何使自己的产品或服务项目被社会认可，受用户欢迎，这些都需要通过创业者良好的经营管理来实现，需要依靠创业者所建立起来的高效的管理体系。

世界"钢铁大王"卡耐基生前曾说过："将我所有的工厂、设备、市场、资金全部夺去但只要保留我的组织和人员，四年以后，我将仍是一个钢铁大王。"由此可见经营管理体系和经营管理能力的重要性。

（九）创业者的专业技术能力

创业者是以自己的服务式产品为社会做贡献的，这就需要以精通专业操作为基础。一个具有丰富经验和较高水平的经营管理者，如果不熟悉、不了解某一专业或职业的特殊性，就无法施展和发挥其经营管理的能力或综合能力。只有掌握了某一专业技术能力，才能对症下药，因事制宜，采取适当的经营管理方法。从这层意义上讲，专业技术能力是一种最基本的创业能力。

（十）创业者的综合性能力

在创业活动中，综合性能力是一种最高层次的能力，具有很强的综合性特征。主要包括：把握机遇的能力、信息的获取加工处理能力、交往公关能力、创新能力等。这些特殊能力一旦与经营管理能力相结合，就从整体上全方位地影响和作用于创业实践活动，使创业实践活动的方式和效率发生显著的改变。

例如，在日本某店铺有一个店员，名叫岛村芳雄。一天，他在街上散步时，发现女性们除了手上拿着自己的皮包以外，还都提了一个纸袋，这是买东西时商店赠给她们装东西用的。他经过认真思索认为纸袋一定会流行起来，接着他又参观了做纸袋的工厂，工人非常繁忙。他毅然决定大干一番，然而，他并没有选择加工纸袋或者印刷纸袋，他想："将来纸袋一定会风行一时，做纸袋绳索生意是错不了的。"这样，他辞去了原来的店员工作，立即注册创立了一个小公司，开始了经营绳索的业务，靠着他那善于把握机遇、捕捉信息的能力以及良好的经营管理能力，他获得了成功，成为日本著名的企业家。

（十一）领导与决策的能力

创办一个企业，不仅需要处理大量的事务性问题，还要为企业建章立制，即便是只有一两个人的小店铺或家庭企业也不能例外。企业虽小，但面临的环境以及经营发展的变化却不小。因此，创业者还需要具备相当的领导与决策能力，能把企业的人员与业务安排得井井有条，并能及时处理所遇到的一切问题。

【链接】伟大创业者的7个特质

特质一：不屈不挠

创业是一场距离超长的马拉松赛，过程中充满了不确定性，只有排除艰难险阻才能取得最后的胜利。创业者不会因为比别人有更好的机会而赢得市场，也躲不过一些不可避免的错误。不屈不挠是创业最重要的品质。许多人创业都会遭遇到许多次失败，甚至每周都会遇到好几次。当失败发生时，就要重新开始。

特质二：激情

可能有些人会下意识地认为钱是成功创业者创业的动力。但实际上绝大多数创业者创业是出于他们对新产品、新服务的热情，或抓住了一些解决难题的机遇。他们这样做不仅可以让消费者买到物美价廉的产品，还能让人们过上更加舒适、安逸的生活。大多数创业者都有一种改变世界的信念。激情是支持创业的内在驱动力，它也是让创业者愿意不断付出的基础。

特质三：能承受不确定性

这种经典的特质如果用通俗的话来说，就是对风险的承受能力——能够承受不确定性带来的恐惧，并且能够承受潜在的失败。对恐惧的控制能力也是一项最重要的创业者特质。在恐惧中你可以选择放弃，也可以战胜它继续前行。

特质四：远见

有预测未知机遇的能力，同时也能预测他人不能预知的事情，这是创业者必备的特质之一。创业者的好奇心会帮助他们辨识出一些被忽略的市场机遇，这种好奇心会使其走在创新和一些新兴领域的前列。创业者能想象出另一个世界，把自己的远见有效地转化为一种切实可行的业务，随之就会吸引到投资人、客户和员工。创业者会碰到许多唱反调的人，为什么？因为创业者看到的未来和他们不一样，在未来还没有呈现之前创业者就已经预见到了。

特质五：自信

自信也是创业者的关键特质。创业者必须坚信自己的产品是全世界需要的，发现市场机遇然后开拓新市场，在创业的过程中还要不断推翻现有的、普遍认可的东西。研究者将这种特质称为一种源自特殊使命的自信。有了这种信念，就算世界充满风险，创业者也可以做好充分的调查，有足够的信心完成任务，并把风险减到最小。

特质六：灵活性

实际上，创业的生存规则也像生命物种一样，都是建立在适应周围环境的基础上的。公司最终推出的产品或服务很可能不是你最初的计划。因此，灵活性会有助于创业者适应市场环境，应对大众多变的喜好。创业者必须心甘情愿地忠于自己，告诉自己“这是不可以的”，必须围绕着市场的变化进行调整。

特质七：打破常规

创业者存在的意义之一即否定已有传统智慧。实际上，简单来说，创业就是打破常规。据柏森商学院的一项报告显示，只有13%的美国人最终可以进入到创业者的行列。做别人没有做过的事情，是创业者的一种天性，也是他们内在动力的源泉。

【二维码链接】创业精神及创业素质的培养。

【实训活动】

活动一　组建团队

以报数的形式，组成6～10人的团队。

准备工作：A4纸、彩笔。

活动目标：分组、破冰。

活动过程：

（1）学生一次报数（分几组就报到几，然后接着重新报）。

例如：请叫到1的同学坐到这里。

请叫到2的同学坐到这里。

……

……

请叫到n的同学坐到这里。

（2）团队成员做自我介绍，相互认识。

（3）各小组分别给自己的团队起名并设计团队标识，写在A4纸上。

（4）小组依次上台展示队名与标识，并说出其中的寓意。

活动二　头脑风暴：大学生创业与就业的差别

问题：填写这个表格，体会大学生创业与就业的差别。

	创业	就业
担当的角色		
要求的技能		
收益与风险		
成功依赖的因素		

风暴观点与梳理：

所谓大学生创业，是指大学生在学习期间创办事业或毕业后不选择就业而直接成立公司创业，是大学生主动参与社会竞争的一种尝试。

就业与创业，是大学生选择出路的两种完全不同的方式，主要有以下几个方面的差别：

1. 担当的角色差异

两者在企业中的地位、肩负的责任和使命均有较大差异。创业者通常处于新创企业的高层，在企业实体的创建过程中，创业者始终是负责人，始终参与其中；而就业者通常处于中低层，到达高层需要一个过程，也不需要对企业的成长负责，只需要做好本职工作就可以了。

2. 要求的技能差异

创业者通常身兼多职，既要有战略眼光，也要有具体的经营技能，从而要求其具备相当全面的知识和技能；就业者通常具备一项专业技能即可开展自己的工作。

3. 收益与风险差异

就业的主要投入是数年的教育成本，而创业除了教育成本外，还包括前期准备中投入的人力、物力和资金成本。一旦失败，就业者并不会丧失教育成本，但创业者会损失在创业前期投入的几乎一切成本；而一旦成功，就业者只能获得约定的工资、奖金及少量的利润，创业者则会获得大多数经营利润，其数额理论上没有上限。

4. 成功依赖因素的差异

就业很大程度上依靠企业实体，但创业更多地要考虑自身的经验、学识与财力，以及各种需求和各种资源占有等条件。

在人力资源管理中，有职业生涯规划的相关理论。该理论主要阐述的是，如果所选择的行业和工作，与个人性格、兴趣、特长相匹配的话，会比较容易获得成功。创业做老板也是一样，如果是如下的个性，而且也并不打算花大力量去改变它，那么就不适合自己创业做老板。

第一，想到自己要管理别人，就会感觉到紧张和胆怯；第二，喜欢保持现状和一切顺其自然；第三，总认为自己是个很稳重的人，对某种生意没有十分把握，绝对不去尝试；第四，除非事先有一个周密的计划，否则不会贸然行动；第五，热情来得快，去得也快，做事没恒心，常常凭自己的兴趣去工作。如果具有上述五种个性，基本上就不适合创业。但具有类似个性特征者也不必灰心，如果着手改变，一切都有希望。要知道展现创业的才能，有很多种形式，即使不能自己创办并带领一个企业，还可以通过与人合作，来弥补自己的弱项，同样也可以成为创业者。

活动三　用创业三要素分析六味面馆创业失败案例

案例：

成都市一所高校食品科学系6名研究生声称自筹资金20万元，在成都著名景观——琴台故径边上（非繁华商业市区）开起了“六味面馆”。

第一家店还未开张，六位股东已经把目光放到了5年之后，一说到今后的打算，他们六位异口同声地说：当然是开分店啦！今年先把第一家店搞好，积累经验，再谈发展。我们准备两年内在成都开20家连锁店，到时候跟肯德基、麦当劳较量较量。

原本想以“研究生”之名来制造广告轰动效应，但事情的发展却出人预料。一番豪华装修后，6位研究生就各自回到学校，忙于功课，店堂内经常无人管理。附近居民表示：“味道不好，分量不足，吃不饱。”

不久，由于面馆长时间处于无人管理和经营欠佳的状况，投资人已准备公开转让。这家当初在成都号称“第一研究生面馆”的餐馆仅仅经营了4个多月，就不得不草草收场。

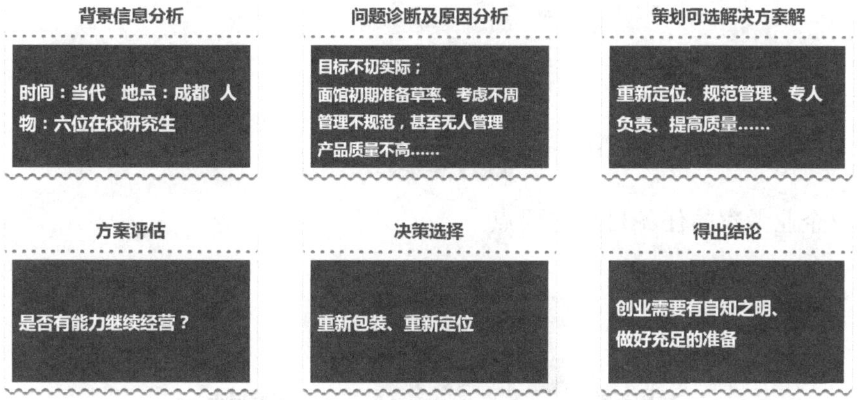

问题：按照案例分析的步骤，分析此案例创业失败的原因。

活动四　小组讨论，总结创业者的典型特征

经过小组讨论，请写出创业者的典型特征：

（1）姓名：______________。

典型特征：____。

（2）姓名：______________。

典型特征：____。

（3）姓名：__________。

典型特征：____

（4）姓名：__________。

典型特征：____。

【实战体验】创业企业考察及青年创业者调研

本课外实践任务通过创业企业考察与青年创业者访谈活动，走出校园，深入了解创业的宏观、中观和微观环境，考察体验真实创业企业的起步与运营实际状况，加深对创业的认知；在访谈真实创业者过程中，加深对创业者创业素质、创业选择与决策、创业动机、创业模式和创业真实过程的理解与体验，积累创业经验，提升创业素质。

各组学生在进行采访时要与创业者合影，并把采访的最深感受与心得制作成 PPT 在课堂中与大家分享。

实践操作要点：

1. 创业企业考察的小组任务布置

2. 创业企业考察的任务目标与要点

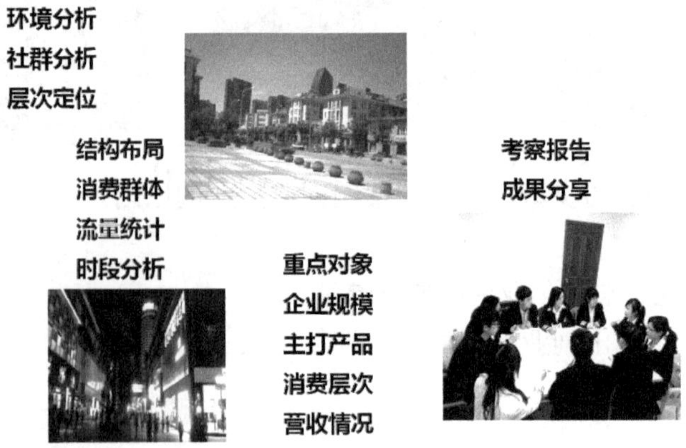

3. 青年创业者访谈的任务目标与要点

青年创业者研究调研要求

一、任务要求

（1）每组完成6名青年创业者调研访谈。

（2）每位成员返乡完成1名青年创业者调研访谈。

（3）按照调研要求，每名创业者调研对象完成一份1500字创业者案例故事（word 格式，具体结构、内容要求见调研提纲）。

（4）需采集每名创业者调研对象8～10张图片（jpg 格式），主要反映创业者调研对象的创业历程、调研过程、工作场景、工作过程、企业门面合影等。

（5）样本要求，确保研究对象样本具有广泛代表性。考虑因素包括：

人群类别：主要围绕大学生创业者，包括毕业后创业者和在校期间创业者。覆盖不同类型的院校和专业。

创业类型和行业：多样化。

创业持续时间：以初创业为主。

创业所在地：兼顾城乡、地区差异。

（6）问卷调查。需采集创业者调研对象的个人信息，由调查对象完成系统提供的调查问卷（在线完成问答）。

（7）拍摄微视频，选取有代表性的创业者，访谈过程中全程进行录像或选取有代表性的几个画面进行拍摄。

二、调研提纲

（1）围绕创业的历程，对典型青年创业者进行访谈，注意对创业活动深入挖掘，准确、全面展示创业者的职业特征。

（2）访谈内容包括但不限于：

①创业者简历：姓名、学历、毕业院校、毕业时间。

②创业企业概况：企业名称、注册时间、注册资金、企业地址、企业性质（类型）经营范围。

③创业团队：团队成员、成员概况、企业的规模（员工情况）等。

④创业情况：企业的经营情况、经营的区域布置、经营的模式、年营业额、纳税额等。

⑤创业项目：为什么会选择该创业项目，主要基于什么考虑？

⑥创业资源：选择项目或者项目运营的过程中，资源的拥有、利用情况，主要基于哪些考虑？

⑦创业决策：企业的决策过程、决策流程，采用哪些方式？企业的发展规划？

⑧创业素质：创业者自身拥有哪些素质，您认为创业者需要具备哪些素质。您认为创业团队需要具备哪些素质，员工需要哪些素质？您的基本工作状况（每天或每周）？

⑨创业环境：您认为现有的创业环境如何？需要考虑哪些创业因素？创业政策如何？

⑩创业寄语：您对大学生创业者的寄语？

【专家视点】

俞敏洪：为什么人一辈子一定要有一次创业

这个世界有很多座山，也有很多条路，创业之路就是那条通向山巅的最难之路，这条路充满艰难险阻，需要不断翻越一个个的山丘，山丘之上写满了关于选择、勇气、挣扎、失败、成功的故事。

对很多人来说，创业只是好奇和时尚，所以当他们走到山腰，意识到这条路其实是“自我折磨”的过程，于是转身，下山。

可对于有些人，如果不创业，他们会后悔一辈子，会充满遗憾度过余生；他们清楚意识到生命无法永生，不能去过那种没有挑战的庸常人生，对创业有着强大的内心引力。

当一个人在内心引力的作用下全身心投入创造新事物的过程中，很容易进入“心流”的状态，会无比专注于手头的任务，以至于周围的一切都感觉不到了。在心流中，行动和意识合二为一。时间飞逝如电，自我消失，一切的一切，无论精神上还是肉体上，都达到巅峰状态。

当梦想往往无法带给人们世俗的享受，但一切创造力的源泉，正是内心深处来自梦想的引力。王胜江，就是这样一个有着强大内心引力的不安分子，他在40岁人生最辉煌之时毅然跳出生活舒适区，成为商业地产界转型创业投资第一人。

对于创业者，王胜江一方面鞭策“创业者只有亲力亲为、以一当十才可能成功”；另一方面鼓励：“只要不放弃，一直坚持，总有一天会成功”。他相信自己到60岁的时候，还会保有一颗创业创新的心，相信胜败由心力而生。

王胜江平均每个月跑3个城市，做4场校园公益创业讲座，5场创业路演大赛，24篇创业点评文章，点评超过100个创业项目，平均每天处理5个事件，经常来回200公里的奔波，在车里处理公务。他把创业过程中的经验教训和心得毫无保留的写成这本《创业生存法则——迈向成功的10堂必修课》中，希望创业者们找到自己的内心引力，少走弯路，最终能挤进成功这道窄门。

对创业者来说，真正想厚积薄发的积蓄力量，不读书是不行的。读书可以给人带来三样东西：情怀、胸怀和气质。而一个人的情怀、胸怀和气质绝对是长远能把事情做下去最好的三个动力。要保持读书，把情怀修炼出来，胸怀修炼出来，把气质修炼出来。

王胜江的这本书，诠释了一个40岁中年男人的情怀、胸怀和气质，他把智慧知识、经验才能、与人交往的全部集合，慢慢地转换成自己内在气质的一部分，并且提纲挈领地总结出一套独特的创业生存法则，辅之以最新点评的创业案例，值得每一个创业者细细品读。

其实除了传统意义的工作，人生本来就可以有很多不同，既然人生只有一次，选择你爱的，怎么选都不会错。人生一辈子一定是要有一次创业的机会，当然这样的创业机会可以是几个朋友一起创业，也可以是先单独创业。

创业是艰难的，需要容忍和忍受这个世界上的各种关系，甚至有的时候必须屈服于某种既定的规则、习惯和习俗，但要知道，人是可以站起来行走的灵魂。

【网上精品视频课程】创业基本认知。

用手机“扫一扫”下面的二维码，用浏览器打开相应网址，进入视频课程学习。

【评估练习】

（1）你如何理解创业的内涵与特征，创业的意义与价值何在？

（2）创业动机主要有哪四个方面？创业有哪些分类？

（3）创业的三个核心要素是什么？创业一般过程分哪四个阶段？

（4）创业精神有哪四个核心内容？提升创业精神的途径有哪些？

第二章　创业团队组建及管理

【本章地图】

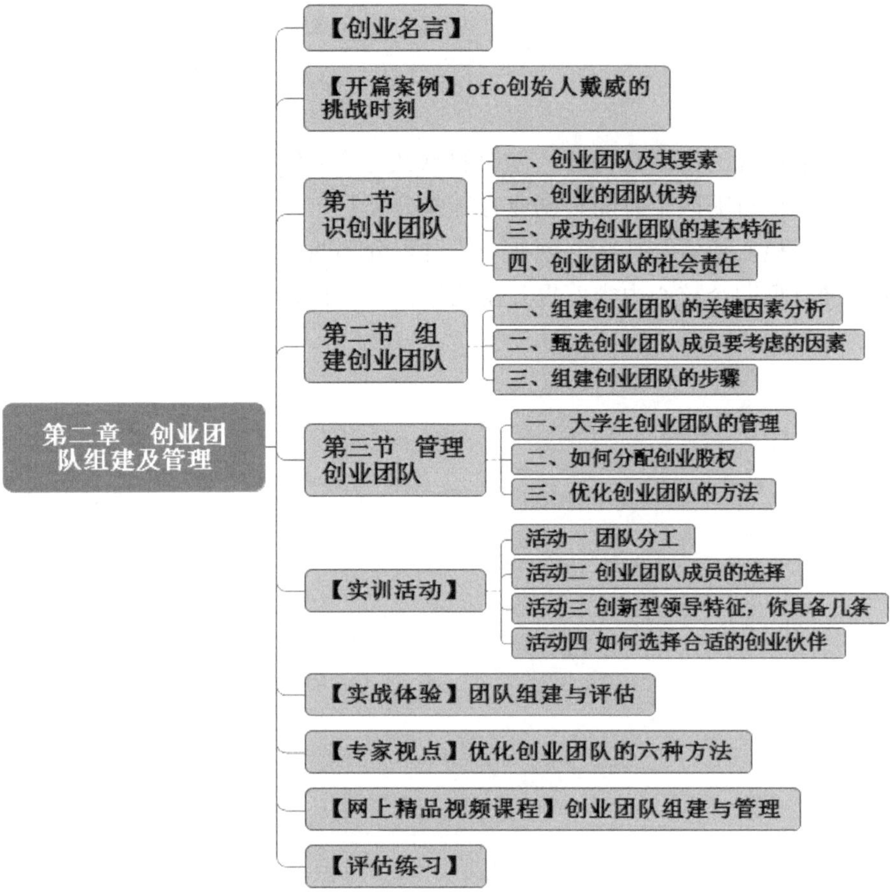

【创业名言】

我更喜欢拥有二流创意的一流创业者和团队，而不是拥有一流创意的二流创业团队！

——风险投资管理之父　多里特

领军人物好比是阿拉伯数字中的1，有了这个1，带上一个0，它就是10，两个0就是100，三个0是1000。创业团队成员选择的一种平衡方法是，在知识、技能和经验方面主要关注互补性，而在个人特征和动机方面则考虑相似性。

——联想创始人　柳传志

【开篇案例】

ofo创始人戴威的挑战时刻

在城市街头，随处可见一辆辆鲜艳的黄色自行车，它们成为了各种有短途需要的人群的代步工具。而这些“小黄车”背后的ofo共享单车创始人戴威，刚满26岁。

在进入大学后，戴威一直在按照人们对“精英学子”的定义经营着自己：竞选担任学生会主席、推动学生创业、创办公益项目……

戴威是一名重度骑行爱好者，其加入北大的第一个社团就是自行车协会，后来在北京的骑行圈里是小有名气的领队。从西部支教回来，戴威继续在北大攻读研究生，他一边上学，一边继续着骑行，从开始自己骑，到三两个朋友一起骑，最后发展成一个拥有四五十号人的骑行组织。

在创业热潮中，戴威开始尝试创业。他和几个同学好友创办了ofo的前身——定制化骑行旅行项目“ofo骑游”，希望用一种共享、愉悦的方式“经营”好骑行旅游，把绿色环保健康的骑行运动推广给更多的人，项目获得了来自唯猎资本一百万人民币天使投资。

创业是一个试错的实践过程。当戴威带着满腔热血冲进创业的大潮中时，他发现，创业远没有那么简单。“我们用了八个月的时间，一直在努力摸索，但其实发展得非常困难”，2015年春天，资本市场仍一片红火，ofo共融到了一千万元，这对于一个初创团队来说，已经不是一笔小数目，然而钱很快就烧完了。后来，团队做过很多探索，比如骑行旅游，高端自行车的分期购买，二手自行车的交易平台等。最终，戴威开始研究“放弃自行车”，提出无桩共享单车平台的概念，通过单车共享系统消除用户的用车需求痛点。总之，在自行车这个大的方向上，他们做了非常多的尝试。他们从内心里热爱自行车，这是和众多竞争对手最大的不同。

相比摩拜的创始人团队,ofo的团队可谓是“初出茅庐”，这5位大学毕业不久的年轻人，还没经历职场的训练，就一头扎进创业的蓝海中。对于共享单车来说，融资早已不是问题，而快速扩张带来的管理困局，才是戴威始料未及的，市场近乎苛刻地压迫着这群90后创业者快速成长，给他们的时间却仅仅只有几个月。

“公司几十个人的时候，大家一块出去吃个串儿喝个酒就把会开了，现在我们光总部就有600多人，不能再凭热情凭感情就让它以最高效运转，只有组织制度的建立才能提供基础的安全。不过现在因为扩张速度，制度设计上还是会落后。这是非常痛苦的，就像长个儿的时候腿疼一样，因为你长得太快了。”戴威说得相当坦白。

“市场、运营、产品、研发……在这些岗位上，大量成熟的人才乃至团队在进入ofo，你们这么年轻，会不会担心因此失去对公司控制力和话语权？”

对这个尖锐的问题，答案同样坦白：

“现实生活和打游戏是类似的，你能长到多少级，不取决你的在线时长，而在于你打了多少怪，过了多少关。你能够应对变化和挑战，有足够强的抗压性和执行力，就能和职业的成熟团队很好地融合起来。”

共享单车进入到下半场的角逐，许多小玩家开始陆续退出战场。处在第一团队的摩拜单车和 ofo 的双雄角逐，成为共享单车的主战场。不过，近日在关键的决战阶段，ofo 创始人戴威却传被架空了！

所谓被架空，一般说的是创始人丧失对公司的控制权。股权是对公司的终极权力，公司最重大的事项通常是基于股权由股东（会）决定。大多数情况下，公司创始人股权都在 51% 以上。可对于 ofo 来说情况却不一定如此。经过了多轮融资后，外界称 ofo 创始人戴威持股36.02%，滴滴持股在25.32%~30% 上下。戴威很可能已经丧失了股权这一“终极权力”。

除了股权，在 ofo 董事会层面，戴威身份由公司执行董事长变为了董事长。表面看好像变化不大，可业内人士都知道，执行董事长和董事长的区别是，前者直接参与企业的经营，后者却大多不直接参与。ofo 创始人戴威是否还能直接参与对公司重要决策的管理和公司发展战略的充分话语权，被打上一个大大的问号。

目前 ofo 的董事会有两名财务投资方，金沙江和经纬各占1席，滴滴2席，管理团队5席，而在 ofo 的投资者中，经纬、金沙江、王刚等也投资了滴滴，本质上都属于滴滴系，这样滴滴系在 ofo 不管是控股还是席位都已远超过了创始人戴威，这种情况下，戴威极有可能被架空或被边缘化。

尽管股权被稀释属于正常现象，股权占有比例也不能完全等同于公司控制权，但对于初创企业创始人而言，珍惜自己股权是使企业能走长远的一个重要保障。ofo 历史上几轮融资中，滴滴是参与轮次最多的公司之一，从 B+ 轮一直跟投到 D 轮。从股权到董事成员的派送，滴滴在 ofo 的话语权已经越来越大。

第一节　认识创业团队

【精彩视频链接】如何打造大学生创业团队精神?

一、创业团队及其要素

创业团队，就是由少数具有技能互补的创业者组成的团队，创业者为了实现共同的创业目标和一个能使他们彼此担负责任的程序，共同为达成高品质的结果而努力。

创业团队需要具备五个重要的团队组成要素，称为5P。

（一）目标

创业团队应该有一个既定的共同目标，为团队成员导航，知道要向何处去。没有目标，这个团队就没有存在的价值。

（二）人

人是构成创业团队最核心的力量，在一个创业团队中，人力资源是所有创业资源中最活跃、最重要的资源。应充分调动创业者的各种资源和能力，将人力资源进一步转化为人力资本。

（三）定位

创业团队的定位包含两层意思：

1. 创业团队的定位

创业团队在企业中处于什么位置，由谁选择和决定团队的成员，创业团队最终应对谁负责，创业团队采取什么方式激励下属？

2. 个体（创业者）的定位

为成员在创业团队中扮演什么角色，是制订计划还是具体实施或评估？是大家共同出资，委派某个人参与管理，还是大家共同出资，共同参与管理，或是共同出资，聘请第三方（职业经理人）管理？在创业实体的组织形式上，是合伙企业还是公司制企业？

（四）权限

创业团队当中领导人的权力大小与其团队的发展阶段和创业实体所在行业相关。一般来说，创业团队越成熟，领导者所拥有的权力相应越小，在创业团队发展的初期阶段，领导权相对比较集中。高科技实体多数是实行民主的管理方式。

（五）计划

计划有两层含义：

（1）目标最终的实现，需要一系列具体的行动方案，可以把计划理解成达到目标的具体工作程序。

（2）按计划进行可以保证创业团队的顺利运行。只有在计划的操作下，创业团队才会一步一步地接近目标。

一般来说，创业团队构成的要素之间相互影响、相互作用，缺一不可。它包括以下四个方面的含义：

第一，创业团队有共同的价值观、统一的目标和标准。

这是组成创业团队的前提，创业团队必须为统一的目标而奋斗，并有一致的价值观，这样组成的创业团队才有战斗力。没有一致的目标和共同的价值观，创业团队即使组建起来了，也形不成合力，缺乏战斗力。

第二，创业团队成员负有共同的责任。

有了统一的目标和价值观后，创业团队成员还必须共同负起责任来达到目标。一个好的创业团队一定是一个其成员能共同负责任的团队。

第三，创业团队成员的才能互补。

这是组建创业团队的必要条件。当组建起来的创业团队成员的知识、才能可以互补时，这个团队就可发挥出“1+1>2”的作用。如果创业团队成员的知识、能力不能互补，就失去了组建团队的意义，即使组成了团队，也不能起到很好的作用，甚至是限制了某些有能力的人发挥作用。

第四，创业团队成员愿为共同的目标做出奉献。

这是创业团队能否取得成功的关键。创业团队成员除了有责任心以外，还要有甘于奉献的精神和行动，才能成为企业的核心，在共同奉献中，带领企业前进。

【二维码链接】创业团队的相关理论。

二、创业的团队优势

共同创业有利于分散创业的失败风险；通过团队成员之间的技能互补可提高驾驭环境不确定性的能力，从而降低新创企业的经营失败风险；更为重要的是，共同创业具有更强的资源整合能力，能同时从多个融资渠道获取创业资金等资源，保证创业企业的成功。

许多调查显示，团队创业成功的几率要远远高于个人独自创业。

团队把互补的技能和经验组织到一起，超过个人效能。

这种技能和技巧在更大范围内的组合使团队能应付多方面的挑战，比如创新、质量和客户服务，并形成一种协同工作的整体优势。

团队对待变化是灵活而敏感的。

在共同形成明确目标和方法的过程中，团队可以建立起能支持立即解决问题和提出倡议的交流方式。因此。团队能用比个人更为快速、准确和有效的方法打入大型组织的联系网，根据新的信息和挑战调整自己的行为方式。

团队可加强组织发展和管理实现价值深化。

通过共同努力克服障碍，团队中的人们对相互的能力建立起信任和信心。并加强共同追求高于和超乎个人和职能工作之上的团队业绩的愿望。工作的意义和成员的努力都使团队价值深化，从而使团队的业绩最终成为对团队自身的激励。

团队有利于营造更轻松愉快的心理环境。

团队的良好氛围与团队的业绩是相辅相成的，它能够使团队的成员愿意为了实现团队的目标而一起工作，并且为了团队的业绩成果而相互充分信任。这种令人满意的心理环境支持创造了团队的业绩，也因团队的优异业绩而得以延续。

没有团队的创业企业也许并不注定失败（事实上也不乏个人创业成功的案例），但是要建立一个没有团队仍具有高成长潜力的企业却是十分困难的。一般而言，个人创业型的新企业成长较慢，因为风险投资者在投资新企业时，都会将团队因素列为重要的评估指标，而不愿意考虑个人创业型的项目。

【二维码链接】创新与效率天生矛盾，除非你有精英小团队。

三、成功创业团队的基本特征

成功的创业团队，需要在目标、理想、理念、文化、价值观等方面有共同的语言，并能取得默契，从而形成一个利益共同体。一般而言，一个成功的创业团队运作应该具备以下特征：

（一）具有坚强的凝聚力

团队并非简单的几个人的集合，它是由一群有共同理想、能同甘共苦的人组合在一起的。在这个组合中，成败属于整体而非个人，成员不但同甘共苦，而且公开合理地分享经营成果，整个团队具有坚强的凝聚力与一体感。

（二）团队利益至上

每一位团队成员都能充分认识到个人利益是建立在团队利益的基础之上的，自觉将团队利益置于个人利益之上，团队中每一位成员的价值，表现为其对于团队整体价值的贡献。

（三）坚持正确的经营原则

一个成功的创业团队必须坚守顾客第一、质量至上、保障工作安全与员工福利、诚信无欺等正确的经营原则，并以此作为组建团队的基本理念，具体落实到企业的各项规章制度之中。

（四）切实做到对企业的长期承诺

对于企业经营成功给予长期的承诺，每一位成员均了解企业在成功之前将会面临一段艰苦的挑战，因此承诺不会因为一时利益或困难而退出，并同意将股票集中管理，如有特殊原因而提前退出团队者，必须以票面价值将股权出售给原公司团队。

（五）正确处理好短期利益和长期利益的关系

不能用牺牲长远利益的办法来换取短期利益，尤其在创业之初，团队成员要发扬艰苦奋斗的精神，不计较眼前的短期薪金、福利、津贴，而将创业目标放在成功后的利益分享上。

（六）致力于创造新企业价值

创业就是一种创造新价值的事业，所以创业团队都要致力于创造新价值。团队成员均应一致认识到创造新企业价值才是创业活动的主要目标，并认识到唯有新企业得到发展，不断增值，创业团队各成员的利益才能有保障。

（七）合理分配股权

团队成员的股权分配不一定要均等，但需要合理、透明与公平。通常主要贡献者会拥有比较多的股权，但只要与他们所创造价值、贡献上能相配套，就是一种合理的股权分配。平均分配股权并不能体现权、责、利的统一，无助于企业的发展和团队成员积极性的发挥。如果创业者碍于面子，不根据团队成员的才能、贡献分配股权，或没有一个合理的股权分配机制，就会挫伤团队成员的积极性，也会造成团队的分裂。

（八）公平弹性的利益分配机制

创业之初的股权分配与以后创业过程中的贡献往往并不一致，常会发生某些具有显著贡献的团队成员拥有股权数较低，贡献与报酬不一致的不公平现象。因此好的创业团队需要有一套公平弹性的利益分配机制，来弥补上述不公平的现象。例如，企业可以保留10%盈余或股权，用来奖励以后有显著贡献的创业成员。

（九）合理分享经营成果

这里指的范围更广，除了团队成员要有合理的分配机制外，对员工也要有合理的分配制度，能使大家共同分享经营的成果，从而使企业能够长存。国外企业一般是拿出10%～20%的利润分配给关键岗位的员工。我国的一些成功创业企业，尤其是一些高新技术企业，用员工持股的办法，使员工合理享受到企业的经营成果。

（十）专业能力的完美搭配

创业者寻找团队成员的目的，主要在于弥补创业目标与当前能力的差距所需要的配套成员。一个好的创业团队，成员之间要有良好的能力互补，而这种能力互补既有助于强化团队成员间彼此的合作，又能保证整个团队的战斗力，更好地发挥团队的作用。

当然创业团队也并非一蹴而就，往往是在新企业发展过程中才逐渐孕育形成完美组合的创业团队。在这一过程中，创业成员也可能因为理念不合等原因，在创业过程中不断替换。有人统计，在美国创业团队成员的分手比率要高于离婚率，由此可见团队组成的不易。虽然有诸多不易，团队组成与团队运作水平对创业集资与创业成败都具有关键影响力，因此创业者必须重视如何发展创业团队的问题，并培养自己在这一方面的能力。

【二维码链接】成功创业团队六大特征，你有吗?

四、创业团队的社会责任

一般认为，创业团队的社会责任就是创业团队在创业过程中创造利润、对股东利益负责的同时，还要承担对员工、对消费者、对社区和环境的社会责任，包括遵守商业道德、保障生产安全和职业健康、保护劳动者的合法权益、保护环境、支持慈善事业、捐助社会公益事业和保护弱势群体等。

创业团队的社会责任具体体现在三个方面：

第一，就创业企业生存的基础而言，创业企业要生存就必然要追逐利润。创业团队经营企业的重点在于讲究效益，在于充分合理地利用有限的资源，以最少的成本，获取最大的利润。在追逐利润的同时，创业企业也向国家缴纳了税赋。为巩固国防、为社会建设、为丰富和满足民众生活提供了保障。因此，创造最大的经济效益，是创业团队首要的社会责任。

第二，从创业企业内部管理来说，创业团队还要注重创业企业内部员工在分配上的公平合理，注重对员工的培训和教育。要按规定给员工办理各种保险，要保证员工的各种合理的福利。社会就业扩大、员工素质的提高、员工收入的不断增长是社会稳定的重要基础，也是创业企业对社会稳定做出的重要贡献。

第三，就创业企业和外部的关系而言，在创业企业利益和社会利益发生冲突时，如，在国家无力对创业企业造成的污染进行治理时，创业团队宁可牺牲自己的利益也要保护社会的利益。再比如，有的创业企业经营活动和社会责任具有密切的关系，如教育机构和新兴的网络公司等行业，其经营活动直接影响社会大众的思想观念，这些创业团队在追逐利润的同时更要注重社会道德。

【二维码链接】当创业公司老大是一种怎样的体验?

第二节　组建创业团队

【精彩音频链接】艾问顶级投资人之创业公司如何组建团队。

一、组建创业团队的关键因素分析

影响创业团队筹建工作的因素很多，可以区分为基本因素和其他因素。其中基本因素包括创始人、商业机会、外部资源供给、机会成本、失败的底线；其他因素则包括与个人目标的契合程度、个人偏好等。基本因素作为组建创业团队的关键因素，具体内容如下：

（一）创始人

需要什么类型的团队取决于商业机会的性质和创业带头人的能力、作用。对创业战略进行准确地评价是创业带头人建立团队的一个关键步骤。创业者需要首先考虑建立团队是值得的还是必须的，以及他是否打算把企业发展成一个更具潜力的企业；然后再具体评价拥有的人才、专业技术、接纳功能、实战业绩、关系网络和其他资源，就是说已经获得的“资源组合”。一切就绪时，创业者就要进一步考虑企业必须具备什么条件才能获得成功，以及在什么时候需要什么样的人才与自己形成优势互补。最好的创业者是乐观的现实主义者。他们真心希望提高自己的工作绩效，努力去弄清哪些是他们所知道的，哪些是他们不知道的，并对此实事求是。创业者所需要考虑的问题包括以下几个方面：

（1）需要哪些与行业、市场及技术有关的技术知识和经验？

（2）是否拥有所必需的关系网络以及已有的网络能否为企业带来竞争优势，是否需要在这方面寻找合适的合伙人？

3. 是否能够吸引各方面的一流合伙人组成一支“明星队”，是否能够有效协调这些人和其他团队成员之间的关系？

4. 是否知道将来要做出的牺牲和贡献有多大？为此做好了准备吗？

（二）商业机会

需要什么样的团队取决于创业者与商业机会之间的匹配程度，以及打算以多快的速度和多大的举措来推进企业。尽管大多数的新企业都打算依靠自身的资源来求得发展，而且只有在公司负担得起的情况下才会招募其他团队成员，然而如果企业打算寻找风险资本或者认真的私人投资者支持的话，事先越早地将团队组建起来，其价值就越高。这方面要考虑的问题包括以下几点：

（1）做这项业务的附加值和经济利益如何？与谁共同获利？

（2）能够影响同学们拟建企业成功与否的关键变量是什么？需要什么因素或什么人来对这些变量产生积极影响？

（3）是否拥有或得到把握商业机会所必需的关键外部关系，如投资人、律师、银行家、顾客、供应商、管理机构等？需要这方面的帮助吗？

（4）应该具有哪些方面的优势和竞争战略？什么样的人是推行这一战略或优势的必要人选？

（三）外部资源

通过获取外部资源来弥补企业的一些空白点，如董事会、会计师、律师、咨询顾问等。通常来说，税务和法律方面的专家在最初阶段最好以兼职的方式聘请，如果某些外部资源只需要一次或只在某个阶段有需求，或者这些需求对企业经营的关键任务、目标和活动来说并不重要的话，那么比较妥当的做法是聘请咨询顾问。创业者需要考虑的问题有：

（1）那些专业性强、具有一次性特点或可请兼职人士提供的专业知识对于企业来说是不太重要的呢，还是至关重要的？

（2）如果从外部获得专业技能，是否会泄露商业机密？

（四）机会成本

一个人一生的黄金岁月大约只有30年，其间要经历学习、发展与收获等不同阶段，而为了这项创业机会，你将放弃什么？可以从中获得什么？得失的评价如何？在决定进行创业之前，所有参与创业的成员都需要仔细思考创业所要付出的机会成本。必须通过机会成本的客观判断，才能得知创业机会是否真的对个人生涯发展具有吸引力。

（五）失败的底线

古人说：“留得青山在，不怕没柴烧。”创业必然要面对可能失败的风险，因此创业者不必也不宜将个全部资源投入到一次创业活动中。理性的创业者（团队）必须设定承受失败的底线，以保留下次东山再起的能力与机会。因而需要了解创业团队对失败底线的看法。

【二维码链接】如何组建创业团队？合伙人应具备五大要素。

二、甄选创业团队成员要考虑的因素

不管何种类型的创业团队都必须在创业前慎重选择成员。在团队初始组建时，其选择成员必须注意的问题有：

（一）团队成员加入的目的

根据马斯洛的需求层次理论，同学们知道人的需求大体上可以分为5个层次：生理需要、安全需要、社交的需要、尊重的需要、自我实现的需要。团队成员基于哪个层次的需要而加入团队，对其在组织中的行为方式起着决定性作用。比如，对一个目前还缺乏基本生活保障的人来说，他更注重组织的获利能力，更迫切地想赚钱养家糊口，这就可能导致企业逐利短期行为。而基于自我实现需要的成员，更注重企业的未来发展，想把事业做大，充分发挥自己的能力，企业对他来说是实现抱负的最好舞台，因此他更注重组织战略目标的确定和执行。

（二）团队成员的知识结构

在一个创业团队中，成员的知识结构越合理，创业越可能成功。纯粹的技术人员组成的公司容易形成技术为王、产品导向的情况，从而使产品的研发与市场脱节；全部是市场销售人员组成的创业团队缺乏对技术的领悟力和敏感性，也容易迷失方向。因此，在创业团队的成员选择上，必须注意人员的知识结构，技术、管理、市场、销售缺一不可，并充分发挥个人的优势。

（三）团队成员的性格、个性、兴趣

创业团队成员的性格、个性、兴趣特征都影响团队的稳定性。在创业初期，大家同甘苦、共患难，怀着满腔热情工作。在这种情况下，团队成员在性格上的差异、个性上的差异、兴趣爱好上的差异和处理问题的不同态度就容易被掩盖，从而表现出不同的行为方式。而一旦企业发展到某个阶段的时候，由于个性冲突导致的矛盾就会激化，使创业团队出现裂痕，严重的还会导致团队分裂。

（四）团队成员的价值观念

在一个创业团队中，成员的价值观念和道德品质决定了今后企业文化的形成。甚至可以说，企业文化的最初源头就是企业创始人自身价值观念和道德品质的体现。有的人诚信为本，有的人利益至上；有的人“天下兴亡，匹夫有责”，具有极强的社会责任感，有的人“事不关己，高高挂起”，只求独善其身。一个人的价值观念很难改变，因此，在创业团队形成之前，必须通过深入地交流和充分地了解，使价值观念相近、个人素质较高的人一起组成团队，这样创业成功的可能性更大。

【二维码链接】现实版“中国合伙人”，知名企业合伙人30年不变！

三、组建创业团队的步骤

创业团队的组建是一个相当复杂的过程，不同类型的创业项目所需的团队不一样，创建步骤也不完全相同。概括来讲，大致的组建程序如下：

（一）明确创业目标

总目标确定之后，为了推动团队最终实现创业目标，再将总目标加以分解，设定若干可行的、阶段性的子目标。

（二）制订创业计划

一份完整的创业计划，必然包含创业核心团队的计划和人力资源计划。通过创业计划可以进一步明确创业团队的具体需求，比如人员的构成、素质和能力要求、数量要求等。创业团队的组建需要契合创业计划的要求，以匹配创业项目的运作。

（三）招募合适的人员

招募合适的人员是创业团队组建中最关键的一步。关于创业团队成员的招募，主要应考虑两个方面：

1. 互补性

一般而言，创业团队至少需要管理、技术和营销三个方面的人才，只有这三个方面的人才形成良好的沟通协作关系后，创业团队才可能实现稳定高效。

2. 适度规模

适度的团队规模是保证团队高效运转的重要条件，团队成员太少则无法实现团队的功能和优势，而过多又可能会产生交流的障碍，团队很可能会分裂成许多较小的团体，进而大大削弱团队的凝聚力。一般认为，创业团队的规模控制在2～12人之间最佳。

（四）职权划分

创业团队的职权划分就是根据执行创业计划的需要，具体确定每个团队成员所要担负的职责以及所享有的相应权限。

（五）构建创业团队制度体系

创业团队制度体系体现了创业团队对成员的控制和激励能力，主要包括团队的各种约束制度和各种激励制度。

（六）团队的调整融合

随着团队的运作，团队组建时在人员匹配、制度设计、职权划分等方面的不合理之处会逐渐暴露出来，这时就需要对团队进行调整融合，这是一个动态持续的过程。

【二维码链接】二流团队也能成为神一般的梦之队。

第三节　管理创业团队

【精彩音频链接】便签君说5经营团队。

一、大学生创业团队的管理

大学生创业团队创建是基于朋友、同学关系组建而成，在学历、经历、专业、年龄上趋于统一，团队往往不能同时包括技术人才、市场人才和管理人才。同时大学生创业团队往往缺少核心人物，导致团队缺乏核心凝聚力、稳定性和协作能力。另外，由于缺乏对社会实际情况的调查、研究，缺乏社会阅历，团队往往缺乏可控社会资源以及潜在可用资源。

大学生创业团队的管理，要注意以下几个方面：

（一）建立团队的共同目标和信念

大学生创业团队内部必须要有共同努力的目标和方向，同时应有为共同目标而努力的具体行动纲领和准则，这就涉及到大学生在创业团队组建之前，对团队理念、成员能力、工作经验等各方面的要求。

创业过程中充满风险和艰辛，创业团队必须有共同的理想和信念，才能在遇到困难时，齐心协力、共渡难关。这就需要团队的组织者或团队中起协调作用的成员尽量去统一团队成员的目标，在倾听、理解的基础上予以引导、激励、调节。因此，能否统一团队目标，直接决定了大学生创业团队的成败。

（二）加强团队的完整性和凝聚力

强调大学生创业团队的完整性是非常必要的，但一定要根据创业团队所处的阶段、行业、项目等实际情况辨证地处理。对于初创阶段，团队往往以技术人员为主；对于发展扩张期来讲，技术和市场开拓并重；而对于创业后期，管理人才的权重必须加强。

考虑团队完整性之后，必须强调团队的核心凝聚力。对于初创团队而言，团队的核心非常重要，其核心领导人的凝聚力对其核心竞争能力的影响非常大。对于初创团队而言，速度比完美更重要，效率比民主更重要，因此凝聚力在团队的成败中占很大比重。

（三）创业团队要做到优势互补

一个好的创业团队，应该是一个优势互补的团队，研发、技术、市场、融资等各方面组成的一流的合作伙伴是创业成功的法宝。要建立优势互补的创业团队，主内与主外的不同人才、耐心的总管和具有战略眼光的领袖、技术与市场等各方面的人才固然不可或缺，但团队人才的搭配更应注意个人性格与看问题角度的不同。一般而言，如果一个团队里总能有提出建设性建议和一个不断发现问题的批判性成员，这对创业的成功是大有裨益的。对于团队核心技术人员，要舍得投资延聘。团队的核心人员还要注意，一定要选择对团队有热情的人加入，并且要使所有人在团队初创期就要有每天长时间工作的准备。任何人，不管他的专业水平多么高，如果对创业的信心不足，将无法适应创业的需求。

（四）团队要长期学习、不断发展

要保持团队的创造力，团队就要不断学习才能取得长足发展。创业团队形成一定规模后，必须扩大队伍，会出现原有团队成员退出和新成员加入等各种新情况，在这种情况下保持团队的创造力，学习就非常重要。要让新成员了解团队理念，拥有统一信念，进一步推出新产品，这些都要在不断学习中完成。

【二维码链接】应该怎样当个“坏老板”？

二、如何分配创业股权

（一）最大责任者一股独大

创始人平分股权，公司能做起来。但现实生活中，能够做起来的公司，更多是一股独大。比较成功的模式是这样的，有一个大家都信服的大股东作为牵头人，他是公司决策的中心，对公司承担最大的责任；另外搭配1～2个占股权10～20%与大股东有互补的能力和资源的合伙股东，能发出跟大股东不同的声音，对公司有一定的影响力。基于这样的一个模式，既保持有不同的意见，又有人拍板和承担责任。

股权分配在根本上是要让所有人在分配和讨论的过程中，心里感觉到合理、公平，从而事后忘掉这个分配而集中精力做事，这是最核心的，也是容易被忽略的。再复杂、全面的股权分配分析框架和模型显然有助于各方达成共识，但是绝对无法替代信任的建立。创始人最好开诚布公的谈论自己的想法和期望，任何想法都是合理的，只要赢得创业伙伴们的由衷认可。

投资人在投资早期项目的时候，通常会认为比较好的股权结构是：创始人50～60% + 联合创始人20～30% + 期权池10～20%。

这里常见的一个问题是，很多创业者认为点子是自己提出来的，所以自己理所应当占据最大的股份，这是一个非常典型的误区：创业是一个艰苦的过程，而不是一个点子。创业都是做出来的，过程中充满了各种试错和调整，创业项目能够成功，所有的产品和业务与当初最早的点子相比，早已面目全非。如果点子提出者在公司成长过程中无法做出真正的贡献和价值，其他创始人很大可能因为分配不公而抛弃你，另立炉灶。

（二）杜绝平均和拖延

创业团队的股权分配绝对不能搞平均主义。很多时候，创始人不愿意谈论股权分配问题，这个话题不容易启齿，所以他们要么完全回避这个问题，要么只是说一些模棱两可的约定，比如“大家是平等的”“先做事其他好商量”，或者拖延这个问题的讨论说“我们之间还有什么不好说的，以后再说吧”。如果有3个或3个以上的创始人，这种讨论就变得更加困难了。

创始人普遍会犯的错误是：没有在第一天就把股份的分配问题谈清楚，并写下来。股权的分配等得越久，就越难谈。随着时间的推移，每个人都会觉得自己是项目成功必不可少的功臣，关于股权分配的讨论就会变得越来越难以进行。

对此，建议是：尽早进行股权分配的讨论并达成共识。

（三）股份绑定，分期兑现

仅仅达成股份比例的共识还不够，如果一个创始人拿了很多股份，但后来做事不努力怎么办？如果有人中途离开公司怎么办，股份如何处置？

初创公司一般应对创始股东的股票进行股权绑定的机制设置，公司股权按照创始人在公司工作的年数或月数逐步兑现。任何创始股东都必须在公司做够起码1年才可持有股份（包括创始人）。好的股份绑定计划一般按4～5年期执行，例如4年期股份绑定，第一年给25%，然后接下来每年兑现25%。这个事容易忽略。如果股权已经分配好，忘了谈这个事情，大家必须坐到一块，加上股权兑现的约定。

创业公司如果没有执行“股权绑定”，后果可能十分严重，甚至直接导致项目失败或公司倒闭。例如，有些公司的几个创始人没日没夜地工作了好几年，然后你发现有些人加入后2个星期就离开，然后他还以为他仍然拥有公司25% 的股份，就因为他工作过的那2个星期。所以没有“股权绑定”条款，派股份给任何人都是不可行的！

“股权绑定”还有另外一个好处：有效平衡合伙人之间出现股份分配不公平的情况。例如最初订立股权分配比例时没有进行认真地比较与思考，在项目进行一段时间之后，却发现之前股权分配较少的乙对项目的贡献或重要性，比股权分配较多的甲要多，董事会可与甲乙商量后做决议，把双方还没有绑定的股份重新分配，甲乙都会比较容易接受。因为已经绑定的股份不变。而且如果一方不接受的话，离开公司，也有一个明确公平的已经绑定的股份。

股权绑定是一个很公平的方法，因为创业公司是做出来的。做了：应该给的股权给你。不做：应该给的不能给，因为要留给真正做的人。避免一些创始人离开公司以后手上一直还有公司股权，不劳而获。

没有经历过股权纠纷的创业者，都不喜欢股权绑定，因为担心自己一旦在项目中发挥不出真正的价值而失去股份。而那些经历过股权纠纷的创业者，会在项目一开始的时候就和他的合伙人商量好股权绑定的方式。

（四）遵守契约精神，赢得信任与激励

股权分配最核心的原则是“契约精神”。对所有的创始团队成员而言，股权一旦定下来，也就意味着利益分配机制定好了，除去后期的调整机制不说，接下来干活的时候，每个人的努力和贡献其实和这个比例没啥关系，尽自己的最大努力是最基本的要求。对于所有的早期创业者来说，一定要明白一个道理：创业成功了，即使只拿1% 也很多；创业不成功，就算占有100% 也分文不值。

团队分配股权，根本上讲是要让创始人在分配和讨论的过程中，从内心里感觉到合理、公平，从而事后甚至是忘掉这个分配而集中精力做好公司。这是最核心的，也是创始人容易忽略的。此外，再复杂、全面的股权分配分析框架和模型显然有助于各方达成共识，但是绝对无法替代信任的建立。希望创始人能够开诚布公的谈论自己的想法和期望，任何想法都是合理的，只要赢得创业伙伴的由衷认可。

【二维码链接】利益分配是无解难题？看看这五种模式。

三、优化创业团队的方法

以下六种方法有助于创业者更好地优化团队，并从中收益。

（一）与热爱事业的人一起工作

一群有共同事业追求的人会为共同的目标而努力，所做的一切事情都是为了支持这项事业——成为行业内的标杆企业。

创业者需要定义自己的事业，然后吸引志同道合的人一起加入，不要忘记自己真正想实现什么。

（二）推动团队行动整齐一致

一个团队需要保持一致，并且从一个单一的方向入手，一起工作，向同一个方向共同努力，这样会比各自为政更容易走向成功。但在此过程中，团队还需要不断地调整方向。

保持一致是指既要保持团队内部的一致，又要有一个面对客户的统一流程。不论是书面或者口头的流程，只要正确，就要采取并遵循。

（三）减少不必要的繁文缛节

对于小公司而言，要考虑到以下几点：

（1）本身不是一家大公司。

（2）团队无法创造并维持很多复杂的流程。

（3）许多庞大的流程实际上是非常低效的。

作为一家小创业公司或者小微企业，应当尽量减少不必要的繁琐程序。

（四）确保团队坦诚地反馈，且提出富有建设性的建议

要鼓励多元性的思维和方法，尤其是那些富有经验，并有娴熟技能的队员，只要他们的反馈是专业的，并经过深思熟虑，且有利于团队的客户，只有这样才能塑造出一个积极拼搏的团队。

（五）团队要集中目标，抓大放小

设定目标时应把精力集中在不多的几项工作上，不应该撒大网捞小鱼。在达成上述几个目标后，可以进一步努力达成其他更多的目标。因为设定太多的目标往往容易无从下手。但如果团队制定了合理目标，团队成员就不需要做过多判断，可以少走弯路。

（六）保持稳定而集中的沟通

对于一个团队来说，一个很重要的元素就是稳定的沟通。不管是电子邮件、电话会议、面对面会议还是网络会议，有开放的沟通渠道对公司的成功至关重要。想获取较好的效果，还可以利用一个能够集中沟通的平台。

【二维码链接】哪几种人适合当老大，老大是如何利用别人来赚钱的。

【实训活动】

活动一　团队分工

团队成员按以下职位进行竞聘，团队成员根据自己想要竞聘的职位依次发言，说出能够胜任的理由。

评聘岗位表

CEO（首席执行官）	企业中负责日常事务的最高行政官员
CTO（首席技术官）	企业内负责技术的最高负责人
CMO（首席市场官）	企业中负责市场运营工作的高级管理人员，又称作市场部经理、营销总监
CFO（首席财务官）	掌握着企业的神经系统（财务信息）和血液系统（现金资源）灵魂人物
CAO（首席行政官）	行政总监，是企业的重要管理职位，其职位的重要性相当于副总经理
CHO（首席人力资源官）	制定公司人力资源的战略规划，进行人才选拔，建立科学的考核与激励机制

竞聘的职位	能够胜任的理由

续表

活动二　创业团队成员的选择

请从以下8个备选人员中选出4人加入你们的创业团队，并给出选择的理由。八个备选人员分别为：爱迪生、李时珍、居里夫人、诸葛亮、武则天、林黛玉、郑和、李逵。

选择加入团队的人员是（1）____________、（2）____________、（3）____________、（4）____________。

选择的理由

（1）____________________________________。

（2）____________________________________。

（3）____________________________________。

（4）____________________________________。

活动三　创新型领导特征，你具备几条

以下10项特征按重要性降序排列：

1. 展现出卓越的战略眼光

最高效的创新型领导者能够生动描述他们的未来愿景。正如一位受访者所说的：我的老板擅长给出关于最终目标的清晰描述，而我们的职责就是努力找到实现它的方法。

2. 以顾客为中心

这些人着迷于令顾客感到有趣的细节。他们极力了解顾客内心。他们始终与顾客保持联络，持之以恒地追问他们的需要和需求。

3. 创造相互信任的氛围

创新总会面对一定程度的风险。并非所有创新点子都能够实现。这些高度创新型领导者与为他们工作的创新者建立起了和谐的合作关系。他们平易近人，易于沟通。同事们知道，如果事情出错，他们的上级不会和自己划清界限，而会努力补救。绝不会有人因为无心之过而被处罚。

4. 无畏地坚持做有利于企业和顾客的事

比起取悦老板或是地位更高的管理者，他们认为做有益于项目和企业的事总是更重要。

5. 坚信上行沟通的文化

这些领导者相信，最好与最具创意的理念往往来自底层。他们努力构建一种鼓励任何层级提出好主意的文化。他们通常被形容为乐观、充满活力，以及善于接受新理念的管理者。他们善于用玩笑取代冷酷无情的态度。

6. 善于说服他人

这些领导者善于推销自己的好点子。他们并不会采取逼迫手段将自己的观念强加给自己的团队。相反，他们充满热情与信念地展现自己的观点，团队自然乐意追随。

7. 设定具有延展性的目标

要想实现这些目标，努力工作是不够的。有延展性的目标要求员工找到更新的方法，达到更高的标准。

8. 强调速度

这些领导者们相信，对速度的注重能够淘汰掉团队里那些不努力的人。比起冗长的研究，创意型组织往往更倾向于实验与快速成型。

9. 在交流中保持坦诚

这些领导者会给出诚实有时甚至是毫不客气的反馈意见。下属们感觉，他们总能从领导者那里得到最直接的答复。

10. 将鼓舞与激励付诸行动

一位受访者这样说道："要使创新存在，你必须感到你是受鼓舞而这样做的"这种感觉来源于工作的明确目的与意义。

以上特征适用于描述各行各业，来自不同文化背景的创新型领导者。看看你具备几条，哪些方面还需要提升？为什么？

活动四　如何选择合适的创业伙伴

创业者选择一位好的合作伙伴（或者是多个合作伙伴）是一项重要的任务。为了做出正确的选择，同学们需要三个方面的基本信息：

（1）清晰的自我评价（在列表中技术、能力、知识等相关方面，自己能够带来什么）。

（2）清楚描述出自己想要从需要的潜在合作伙伴中获得的是什么。

（3）准确地评估他人的能力，以便能够知道他们是否具备自己所需要的东西。

这项练习能够帮助同学们获得这三方面的信息：

1. 自我评价

同学们对自己在以下每一个维度做出等级评价，尽可能的诚实和准确！对于每一个维度，请选择数字1～5（1= 很低、2= 低、3= 中等、4= 高、5= 很高）

a. 与你新创企业相关的经验（填写从1到5的一个数字）。

b. 与你新创企业相关的技术知识。

c. 人际技能（与人相处、劝说他人等方面有用的技能）。

d. 成就的动机。

e. 对新创企业的承诺。

f. 适合做一位创业者的个人属性。

g. 不适合成为一位创业者的个人属性。

2. 你对合作创业者需要的是什么

考虑到第一部分中的等级评价，列出你从合作创业者中想获得的是什么。例如：如果你在技术知识方面是低的，你对合作伙伴需要的就是这种知识；如果你在人际技能方面是低的，你就需要在这方面有较高的合作伙伴，等等。

a. ________________________。

b. ________________________。

c. ________________________。

d. ________________________。

e. ________________________。

f. ________________________。

3. 你准确评价他人的能力如何

为了回答这一问题，请指出下列每一项陈述你认为是正确的还是错误，选择数字1～5（1= 根本不正确、2= 不正确、3= 既不正确也不错误、4= 正确、5= 十分正确）。

a. 我能够很容易地发现其他人什么时候在说谎。

b. 我能够推测其他人的真实感受，如果他们试图对我隐瞒的话。

c. 我能够识别出他人的弱点。

d. 我是其他人的一位好裁判。

e. 我通常能够通过观察其他人的行为，准确地识别出其他的特点。

f. 我能够辨别出人们为什么会以多数情况下的方式来做事。

把你的答案相加。如果你的得分为20分或者更高，你就可以把自己确认为擅长评价他人。为了发现这一结论是否准确，可以请对你很熟悉的人对同样的这些项目作出评价。换言之，变换这些项目，就成为了“能够很容易地发现别人在说谎”（横线上填写你的名字）。如果他们的评价与你的相一致，那么，就要祝贺你啦！因为你不但擅长于评价他人，也擅长于评价自己。

【实战体验】团队组建与评估

1. 制作广告

在小组内（也可以小组外）寻找合伙人共同创业，基于前面找到的创业项目创办企业，请拟一份征集合伙人的广告。注意以下几个方面：

你是召集人，不一定是领导者。

创业的初始目标、计划。

你掌握的资源，及你需要的资源。

所需伙伴的数量和特点。

你对股权分配、团队管理的设想。

有吸引力的回报，及可能的风险。

其他你认为需要说明的问题。

2. 三分钟演讲

张贴你的广告，并用三分钟演讲宣传你的优势，吸引同学加入你的团队。

同学共同评估，选出几位同学做团队创建者，并自愿加入一个团队。

3. 评估团队结构

同学们从以下4个方面，分析哪个团队组成更好？每项25分，总分为100。哪个队的分数高？落后的队谈谈，将如何赶超对方？

（1）团队成员加入的目的。

（2）团队成员的知识结构。

（3）团队成员的性格、个性、兴趣。

（4）团队成员的价值观念。

4. 确定团队成员

团队创建者可以根据同学对下面五个问题的解答情况，决定其去留。

（1）团队中唯一权威主管问题。

（2）团队成员间的相互信任问题。

（3）妥善处理不同意见和矛盾。

（4）合理分配股权问题。

（5）妥善处理团队成员间利益。

然后请团队中的一成员，对本团队做出最后调整（增人或减人）。

5. 团队展示

各团队经过讨论，完成下表，并进行集体展示。

团队名称	
设计 LOGO	
团队口号	
团队愿景	
创业项目	
团队领导者	
团队成员及分工	
团队管理制度	

6. 推选最佳团队

最后，同学们重新评估这几个团队，推选出最佳团队。

【专家视点】

优化创业团队的六种方法

以下六种方法有助于创业者更好地优化团队，并从中受益：

1. 与热爱事业的人一起工作

一群有共同事业追求的人会为共同的目标而努力，所做的一切事情都是为了支持这项事业，成为行业内的标杆企业。

创业者需要定义自己的事业，然后吸引志同道合的人一起加入，不要忽略自己真正想实现什么。

2. 推动团队行动整齐一致

一个团队需要保持一致，并且从一个单一的方向入手，一起工作，向同一个方向共同努力，这样会比各自为政更容易走向成功。但在此过程中，团队还需要不断地调整方向。

保持一致是指既要保持团队内部的一致，又要有一个面对客户的统一流程。不论是书面或者口头的流程，只要正确，就要采取并遵循。

3. 减少不必要的繁文缛节

对于小公司而言，要考虑到以下几点：

（1）本身不是一家大公司。

（2）团队无法创造并维持很多复杂的流程。

（3）许多庞大的流程实际上是非常低效的。

作为一家小创业公司或者小微企业，应当尽量减少不必要的繁琐程序。

4. 确保团队坦诚地反馈，且提出富有建设性的建议

要鼓励多元化的思维和方法，尤其是那些富有经验，并有娴熟技能的队员，因为他们的反馈是专业的，并经过深思熟虑，且有利于团队的客户，这样就能塑造出一个积极拼搏的团队。

5. 团队要集中目标，少走弯路

设定目标时应把精力集中在不多的几项工作上，不应该撒大网捞小鱼。在达成上述几个目标后，可以进一步努力达成其他更多的目标。因为设定太多的目标往往容易无从下手。但如果团队制定了合理目标，团队成员就不需要做过多判断，可以少走弯路。

6. 保持稳定而集中的沟通

对于一个团队来说，一个很重要的元素就是稳定的沟通。不管是电子邮件、电话会议、面对面会议还是网络会议，有开放的沟通渠道对公司的成功至关重要。想获取较好效果，还可以利用一个可以集中沟通的平台。

【网上精品视频课程】创业团队组建与管理。

用手机“扫一扫”下面的二维码，用浏览器打开相应网址，进入视频课程学习。

【评估练习】

（1）创业团队的5个要素是什么？

（2）成功创业团队有哪些特征？

（3）组建与甄选创业团队分别需要考虑哪些因素？

（4）组建团队的步骤有哪些？

（5）合伙人有哪些标准？哪些人不适合做合伙人？分配创业股权的基本原则有哪些？

第三章　创业机会识别与评估

【本章地图】

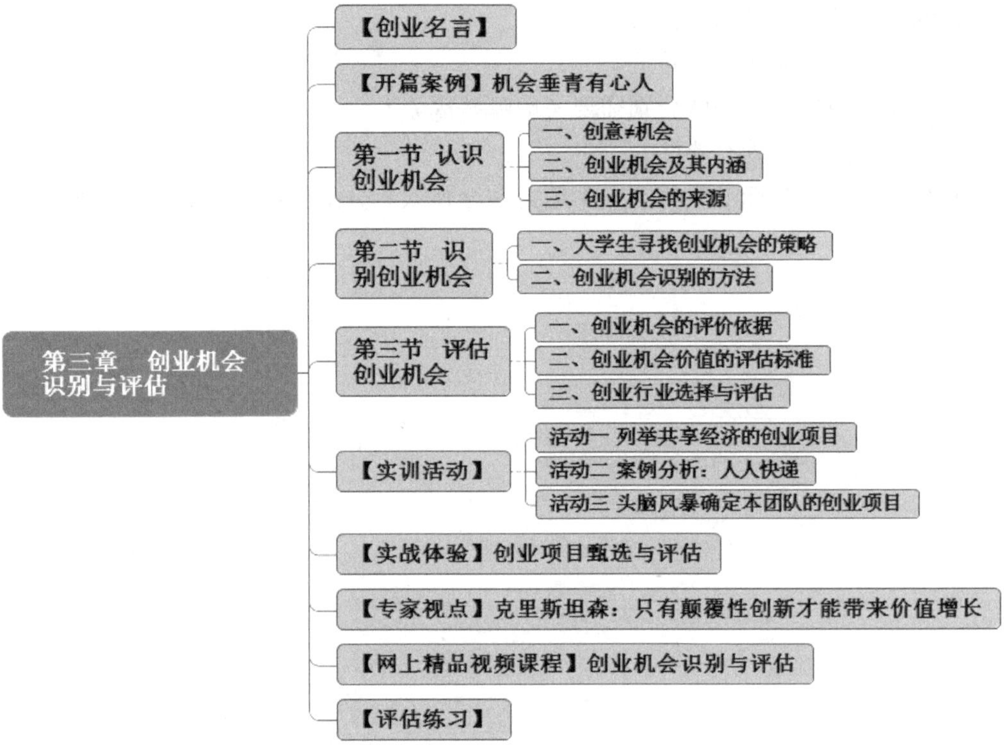

【创业名言】

真正有价值的创业机会来源于外部变化，这些变化使人们可以做以前没有做过的事情，或使人们能够以更有价值的方式做事。

——著名政治经济学家　约瑟夫·熊彼特

【开篇案例】

机会垂青有心人

谭中意，毕业于人民大学信息学院，曾任职NEC软件工程师，后来辞职创业，筹备服装电子商务项目。2008年，中意斯正装网诞生并开始运营。现在他已和多家加工厂建立了稳定的合作，批量订单也上升到5000件以上。

很多创业者的想法都源于自己在生活中的某种不满足，谭中意也不例外。他毕业时，买套面试正装很困难：商场的正装太贵，学生代理备货少，很难买到合身的。看到高校毕业生对正装的巨大需求，他找到了创业的着眼点。

基本经营模式为电子商务：网上销售，量体裁衣。

谭中意将办公地点设在租金低的五环外。网上下单后，团队成员就会到学生宿舍量尺寸。

几个月的时间里，谭中意跑遍了广州、温州等服装工业聚集区，终于找到了一个厂家，老板认同电子商务，与谭中意建立了合作。

坚持的过程很艰难。最困难时，公司现金加上几个人身上的现金一共都不到100元。痛定思痛，谭中意开始思考业务模式存在的问题：员工上门不能带很多款式和面料，定制也很难规模化。于是公司改变了策略：以提供成衣为主，定做为辅。

改进：研究大学生体形特点。

“市场上的西服消费群体主要是中年人，腰围和胸围差别很小。这种型号学生穿着肩宽合适，身上就会晃荡。”

市场上的西服一般是10个尺码，他们就做20个尺码，这样一般人都能选到适合自己的尺码。

对于特别体形，如体重100kg以上或身高1.5米以下的男生，再提供定做。

后来，谭中意把办公场所搬到了人大学生创业园，并在学校附近开设实体店，方便学生试穿。

公司成立之初，谭中意就提出了口号：同品质正装仅售专卖店5折。供货商有意见，因为影响了原有的商场渠道销售。于是谭中意注册了自己的商标，并设计了布标、防尘袋、包装等，与原有渠道以示区分。

点评：

创业机会往往来源于生活中的问题。发现生活中的问题后，如果能找到用创新思维、创意方法和创新的技术解决问题的途径，就基本找到了有价值的创业机会。所以，机会对于创业者而言，不仅要有善于发现机会的敏锐眼光，还需要有抓住机会、实现创业梦想的方法与能力。

第一节　认识创业机会

【精彩视频链接】创业机会：终于播了，很重要，快看!

一、创意≠机会

（一）创意

创意是一种思想、概念或想法。创意活动是创业的开端，一个好的创意像一颗优秀的种子，是创业成功的前提条件。俗话说，没有饱和的市场，只有饱和的思想。一般来讲，创意来源于趋势的把握、没有解决的问题和闲置的资源这三方面。

需要注意的是，创意与点子不同，区别在于创意具有创业指向，进行创业的人在产生创意后，会很快甚至同时就会把创意发展为可以在市场上进行检验的商业概念。商业概念既体现了顾客正在经历的也是创业者试图解决的种种问题，还体现了解决问题所带来的顾客利益和获取利益所采取的手段。例如，帮助球手把打丢的球找回来是一个创意，容易把球打丢是实际存在的问题。而有人试图要解决这个问题，在高尔夫球内安置一个电子小标签，开发手持装置搜索打丢的球是解决问题的手段。

（二）机会

机会是营造出对新产品、新服务或新业务需求的一组有利环境。机会有3个本质特征：有吸引力、持久性、及时性，并依附于为买者或终端用户创造或增加价值的产品、服务或业务。创意是一种思想、概念或想法，它可能满足也可能不满足机会的标准。

创业因机会而存在，而机会是具有时间性的有利情况。纽约大学柯兹纳教授认为机会就是未明确的市场需求或未充分使用的资源或能力。机会具有很强的时效性，甚至瞬间即逝，一旦被别人把握住也就不存在了。而机会又总是存在的，一种需求被得到满足，另一种需求又会产生；一类机会消失了，另一类机会又会产生。大多数机会都不是显而易见的，需要去发现和挖掘。如果显而易见，总会有人开发，有利因素很快就不存在了。

对机会的识别源自创意的产生，而创意是具有创业指向同时具有创新性的想法。在创意没有产生之前，机会的存在与否意义并不大。有价值潜力的创意一般会具有以下基本特征：

1. 独特、新颖，难于模仿

创业的本质是创新，创意的新颖性可以是新的技术和新的解决方案，可以是差异化的解决办法，也可以是更好的措施。另外，新颖性还意味着一定程度的领先性。不少创业者在选择创业机会时，会关注国家政策优先支持的领域，这其实就是在寻找领先性的项目。不具有新颖性的想法不仅将来不会吸引投资者和消费者，对创业者本人都不会有激励作用。新颖性还可以加大模仿的难度。

2. 客观、真实，可以操作

有价值的创意绝对不会是空想，而要有现实意义，具有实用价值，简单的判断标准是能够开发出可以把握机会的产品或服务，而且市场上存在对产品或服务的真实需求，或可以找到让潜在消费者接受产品或服务的方法。

3. 有潜力的创意还必须具备对用户的价值与对创业者的价值

创意的价值特征是根本，好的创意要能给消费者带来真正的价值。创意的价值要靠市场检验。好的创意需要进行市场测试。同时，好的创意必须给创业者带来价值，这是创业动机产生的前提。

看到机会、产生创意并发展成清晰的商业概念意味着创业者识别到机会，至于发展出的商业概念是否值得投入资源开发，是否能成为有价值的创业机会，还需要认真的论证。

（三）创意并不必然等于市场机会

创意可以漫无边际，异想天开，不一定注重创意实现的可能性，创意远比市场机会丰富。市场机会常指市场上尚未满足的需求，它可以是现有产品（或服务）找到了新的或潜在的消费群体，也可以是创造开发新的产品（或服务），来满足人们变化的需求。可见，市场机会源于创意，但市场机会必须实实在在的，能够真正为企业带来价值。

【二维码链接】从创意中寻找创业机会。

二、创业机会及其内涵

（一）创业机会的定义

创业机会有几种不同的定义方式：

（1）可以为购买者或使用者创造或增加价值的产品或服务，它具有吸引力、持久性和适时性。

（2）可以引入新产品、新服务、新原材料和新组织方式，并能以高于成本价出售的情况。

（3）是一种新的“目的－手段”关系，它能为经济活动引入新产品、新服务、新原材料、新市场或新组织方式。

（4）主要是指具有较强吸引力的、较为持久的有利于创业的商业机会，创业者据此可以为客户提供有价值的产品或服务，并同时使创业者自身获益。

综合以上观点，创业机会主要是指具有较强吸引力的、较为持久的有利于创业的商业机会，创业者据此可以为客户提供有价值的产品或服务，并同时使创业者自身获益。

（二）有价值创业机会的特征

有价值的创业机会具有四个主要特征：

（1）有吸引力。商业机会总会带来市场需求，使创业产生盈利，因而受到创业者与投资者的追寻与青睐。

（2）持久性。商业机会取决于市场变化，市场的环境变化是持久的，而商业机会客观存在于一定的市场环境之中，也是持久的。

（3）及时性。商业机会产生于一定条件下，随着环境的变化，消费者需求的转移，商业机会也会随之改变。为此，创业者必须及时地捕捉机会，科学地加以利用，以取得良好的经济效益。

（4）客观性。无论经营者是否意识到，市场机会总是客观存在于一定的市场环境之中。一个企业未能发现的机会，会被另一个企业捕捉和利用。因此，企业应积极从市场环境变化的规律中寻找机会。

【二维码链接】好的创业想法是怎么来的?

三、创业机会的来源

（一）问题需求

创业的根本目的是满足顾客需求。而顾客需求在没有满足前就是问题。寻找创业机会的一个重要途径是善于去发现和体会自己和他人在需求方面的问题或生活中的难处。在经济生活中遇到的困境和难题；身边发生的不协调现象和意外事件；他人的需要与瓶颈，这些都蕴含着机会。如果能将问题解决，就产生了创业机会。比如，上海有一位大学毕业生发现远在郊区的本校师生往返市区交通十分不便，创办了一家客运公司，就是把问题转化为创业机会的成功案例。

马云说："这个世界上充满了抱怨，如果大部分人都在抱怨一个问题，那就是机会所在。机会就在那些被抱怨的地方，我永远相信这点，我们也是这样一步步走到今天的。"哪里有抱怨，哪里就有机会，每一个痛点，都是一个机会。一切发明、创造，一切新兴的行业，其实都是伴随着人们的痛点而来的。比如，人们抱怨豪华酒店太贵，而普通小旅店不安全、不卫生，所以有了如家、汉庭；人们抱怨下班打不到车，所以有了滴滴打车；人们抱怨开车太累，所以有了特斯拉的自动驾驶技术。从某种程度上来说，创业者，只要能够找对痛点，付出不亚于任何人的努力，成功就是水到渠成、自然而然的事情。

如何才能在生活中发现这些痛点呢？

1. 帮用户省钱

比如，在没有360之前，国内的所有杀毒软件都是收费的，突然有一天，周鸿祎出来宣布360杀毒软件永久免费，然后瑞星、金山、卡巴斯基这些老牌杀毒软件用几年时间建立起来的优势，瞬间就土崩瓦解了，360把所有竞争对手的用户都收入囊中，一举占领了国内安全软件的市场。

在创业时要考虑的第一个痛点：怎样帮用户省钱。如果你的创业项目能够满足这一点，那么对你的用户来说，就是福音；对你的竞争对手来说，就是灾难。

2. 帮用户省时间

人们常说时间就是金钱，现代社会，生活节奏越来越快，时间的价值就更显得宝贵。等待，因此也就成了最让人感到无聊、焦虑、痛苦的事情；等待，现在已经超越了行业、地域的范畴，成了人们普遍性的一个痛点。

未来，谁能帮用户省时间，谁就能从竞争对手中脱颖而出，获得用户的青睐。

你去书店的时候有没有过这样的经历：面对着一大堆书，不知道如何下手，你可能花费了一下午时间挑来挑去，最后两手空空地走出书店。其实，很多人都像你一样，都有这个烦恼。

于是，日本东京去年出现了一个书店，叫森冈书店，这个书店主打一个理念，叫"一册一室"，就是在一周内，整个书店只卖一本书，你要做的就是选择买或者不买。你可能会觉得这个书店生意肯定不好，其实刚好相反，这个书店的生意好得不得了！因为它帮很多人节省了时间，比如很多年轻白领，平时没有时间逛书店，就在上班的路上，路过这个书店，随手买上一本。

3. 帮用户省脑细胞

现在很多人工作很繁忙，本来上班就已经够费精力的了，回到家里还要考虑孩子的事情，如果你的创业项目能够帮用户节省脑细胞，那么用户一定会愿意选择你。

有时候用户根本不知道自己要什么，你帮他做决策，用你的专业性去帮他做精选，他反而会很高兴。

4. 帮用户省力气

人都是很懒的，其实懒不是毛病，而是习惯，只是很多人不愿意承认罢了。你想想看，为什么人有钱了之后，都想请保姆、请司机服侍自己，就是说明懒惰是人的天性。那么，如果你的创业项目能够击中人们懒这个特点，那这个项目一定会俘获很多用户。

（二）发展变化

创业的机会大都产生于不断变化的市场环境，环境变化了，市场需求、市场结构必然发生变化。著名管理大师彼得·德鲁克将创业者定义为那些能“寻找变化，并积极反应，把它当作机会充分利用起来的人”。这种变化主要来自于产业结构的变动、消费结构升级、城市化加速、人口思想观念的变化、政府政策的变化、人口结构的变化、居民收入水平提高、全球化趋势等诸方面。比如居民收入水平提高，私人轿车的拥有量将不断增加，这就会派生出汽车销售、修理、配件、清洁、装潢、二手车交易、陪驾等诸多创业机会。

【二维码链接】互联网 + 带来的创业机会。

（三）知识经验

对于创业者而言，丰富且广泛的生活阅历是识别潜在商机的主要决定因素，它们帮助创业者识别了新信息的潜在价值。创业者有可能从自身拥有的行业、工作经验找到创业机会，也可能从自己拥有的专业知识技能产生创业想法和项目，如果将兴趣特长或能力优势转化成为他人服务的价值，这样便产生了创业机会。拥有创造力，一方面能发现别人发现不了的机会，另一方面可以用自己的创造发明和技术专利直接创业。

每个个体都有自己独特的先前经验与先验知识，这就构成了其有别于他人的知识走廊，这种特异性就解释了为何有些人更容易发现一些特定的机会，而其他人则不能。先验知识包括特殊兴趣和产业知识两个维度。前者指对某一领域及其相关知识的强烈兴趣。后者是由创业者在多年工作中积累而来的知识和经验。对创业机会识别起关键作用的先验知识有四种，即特殊兴趣的知识和产业知识的结合、关于市场的知识、关于服务市场的方式的知识和有关顾客问题的知识。先验知识不仅被用来搜索机会，更重要的是，它还与认知过程中结构关系的匹配有系统的联系。

大学生具有较高层次的知识，是一个知识、智力和活力都相对密集的群体，他们享受了专业领域的分工，具有较强的专业能力，因此，知识资源成了大学生创业的最大优势。教育部和高校都积极倡导大学生创业要结合专业，依据专业进行高层次的创业是大学生创业的首选。

（四）资源网络

很多创业者的创业活动源于自己拥有相应的资源和社会网络。比如优质的人脉网络、独有的业务渠道、技术资源优势等，都有利于创业者利用这些资源，找到适合自己的创业机会。

大学生身边拥有很多优质资源，比如高层次的师资与科研技术资源、高校的天然市场资源，政府与高校对创业的扶持政策资源和大学生的高级且相对低廉的人才等资源。充分利用这些资源，可以找到很多创业机会。

对于创业机会的四大核心来源，总结为图3-1所示。

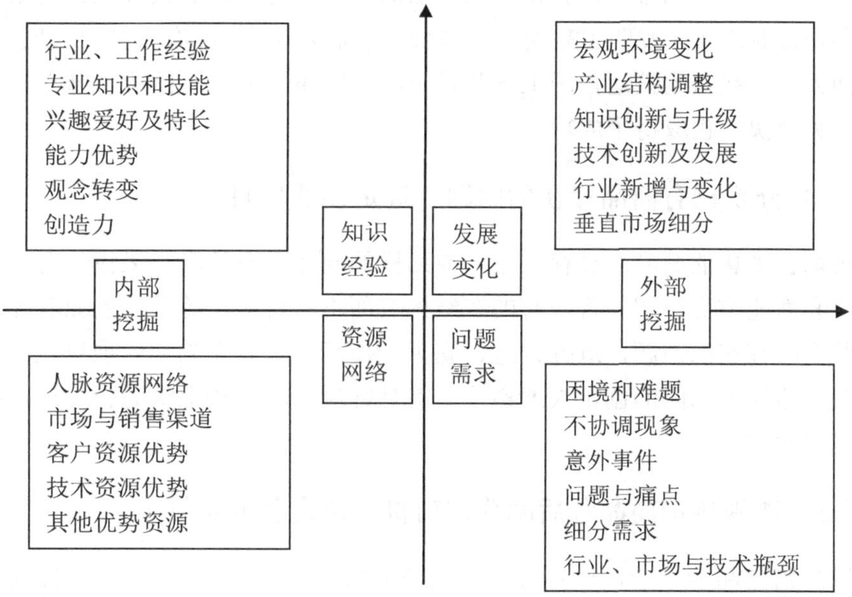

图 3-1　创业机会的四大来源

第二节　识别创业机会

【精彩音频链接】马云：未来30年如何避免成为穷人？请耐心看完这段视频！

一、大学生寻找创业机会的策略

所有的创业行为都要落实在一个个具体的创业项目之上。创业项目的寻找和选择至关重要，在探寻创业项目时要舍得花工夫。作为一名大学生，为了更好地寻找创业机会，可以遵循以下策略：

（一）基于解决别人困难，选定创业项目

“别人的困难往往就是企业成功的机会。”企业通过为他人提供有益的服务、为他人解决工作和生活中的困难可以获得正当合法的盈利。譬如，北大方正公司创始人王选先生为解决印刷行业困难，发明了激光照排系统，一举创业成功；有人针对大城市中的三口之家，夫妻两人上班经常为接送孩子上学和孩子吃饭的事发愁这一困难，开办托教服务项目，投资少、见效快，也取得了成功。

（二）分析已有商品存在的问题，选定创业项目

市场上销售的商品总会存在这样或那样的问题。有的样式呆板，有的颜色单一；有的在功能和性能方面不够完善，有的在结构方面不够合理，等等。创业者经过调查分析，针对这些商品存在的问题，进行改进、完善、提高，以此作为创业项目往往成功率很高。比如，美国迪斯尼乐园的创始人迪斯尼，就是针对当时市场上卡通影片存在的问题，通过改进技术创业的。

（三）透视热销商品背后隐藏的商机，选定创业项目

以热销商品为导向，认真分析热销商品背后隐藏的商机，再选定创业项目进行经营。例如，当看到市场上鸡蛋热销时，分析预测鸡蛋热销背后隐藏的商机：一是马上会兴起养鸡热，二是当养鸡热兴起后，鸡饲料将会供不应求。因此，既不去卖鸡蛋也不去养鸡，而是跳过两个阶段去生产鸡饲料。这样当养鸡热兴起后，自然就会财源滚滚。

（四）基于市场供求差异分析，选定创业项目

从宏观上看，任何产品或服务的市场需求总量和市场供给总量之间往往都会存在一定的差距。通过调查分析，若发现哪个产品或服务的市场供给不足，就可以从中找到创业机会，选定创业项目。市场需求不仅是多样化的，而且是不断变化的。因此，即使有时市场供求总量平衡，但结构也会出现不平衡，这样就会有需求空隙存在。创业者通过分析供需结构差异，也可以从中发现创业机会，选定创业项目。比如，我国饮料市场的供求状况总体上看是供过于求的。但当年的“健力宝”，就是在这供过于求的市场状态中，通过分析供需结构差异发现了创业机会，而开发出运动保健饮料，从而一举打开市场。

（五）利用市场细分，选定创业项目

所谓市场细分，就是根据整体市场上顾客需求的差异性，以影响顾客需求和欲望的某些因素为依据，把某种商品的整体市场划分为若干个消费者群的一种市场分类方法。通过市场细分划分出的每个消费者群就是一个子市场。每个子市场都是具有相同或类似需求倾向的消费者构成的群体。因此，属于同一子市场的消费者对同一商品的需求极为相似；分属不同子市场的消费者对同一商品的需求则存在着明显的差异。因此，进行科学的市场细分有利于发现市场机会、选定目标市场、确定创业项目。

【二维码链接】创业者如何识别创业机会?

二、创业机会识别的方法

对某一创业机会进行识别，通常需要就如下内容进行分析和判断。

（一）特定创业机会的原始市场规模

原始市场规模是指特定创业机会形成之初的市场规模。多数市场机会有着成长的可能，但原始市场规模往往是有限的。分析、判断某一创业机会的原始市场规模是极为重要的，因为原始市场规模决定着新创企业最初阶段可能实现的销售规模，决定着创业活动的发展空间。

这里需要说明两点：

（1）一般地看，原始市场规模越大越好。因为某个新创企业即使占领了很小的市场份额，只要原始市场规模足够大，就可能获取较大的商业利润。但另一方面，大市场往往吸引过多的竞争者，甚至是强有力的竞争者，这对资本能力弱、技术能力差、运营能力低的新创企业来讲是不利的。因此，原始市场规模并非是越大越好。

（2）对新创企业来讲，原始市场规模较小的创业机会可能更为可取。因为在这种创业机会下，新创企业可能只面对较少、较小、较弱的竞争者，并且可以根据市场的成长性和发展进程不断地调整自己，使自己适应于市场的成长。

（二）特定创业机会存在的时间跨度

一切创业机会都只存在于一段有限的时间之内，这是由特定行业的商业性质决定的，任何创业机会都存在着不同的机会窗口。所谓机会窗口，就是指市场存在的发展空间有一

定的时间长度，使得创业者能够在这一时段中创立自己的企业，并获得相应的盈利与投资回报。

一个创业者要抓住某一市场机会，其机会窗口应是敞开的而不是关闭的，而且它必须保持敞开足够长的时间以便被加以利用。因为如果等到机会窗口接近关闭的时候再来创业，留给创业者的余地将十分有限。新创业企业也就很难盈利，从而导致创业夭折。在不同行业，这一时间的长度差别很大。一般而言，特定创业机会存在的时间跨度越长，新创企业调整自己、整合市场与他人竞争的操作空间就越大。

“特定创业机会客观上将存在的时间跨度”与“创业者自己估计的该机会的时间跨度”，两者往往并不一致。创业者自己估计的特定创业机会的时间跨度，有可能长于实际的时间跨度，也可能短于实际的时间跨度。一般来说，时间跨度越长越好，至少需要有5～10年的发展跨度。

特定创业机会的时间跨度是变化的。特定的创业机会对应于特定的商品需求和行业需求。假如有替代性商品和替代性行业出现，特定创业机会的时间跨度就可能缩短。

（三）特定创业机会的市场规模随时间增长的速度

客观地看，这一速度决定着利用某一创业机会创业的新创企业的成长速度，并与新创企业的成长速度存在着互动关系。一般而论，这一速度快，新创企业就会有可以利用的成长空间。一个市场在不同的阶段，其成长的速度是不同的。 一旦新产品市场建立起来，机会窗口就打开了。在某个时点，市场成熟，机会窗口被关闭。雷军讲的“创业风口”，本质是市场规模快速增长的时间窗口。

一般来说，处于市场规模快速增长前期的创业机会是最好的。因为，如果切入时机过早，创业者往往成为行业市场的培育者，盈利周期过长容易导致创业失败，从而成为“创业先烈”。而如果切入时机过晚，往往市场竞争激烈，竞争门槛相对较高，后发优势不明显，容易造成创业失败。“站在台风口，一头猪都能飞起来。”这句话的真实含义是，选择恰当的市场规模增长速度的时间点非常重要。

（四）特定的创业机会是不是较好的创业机会

客观地看，即便某个创业机会有着较大的原始市场规模，存在着较大的时间跨度，其市场规模也会随时间以较高的速度成长，创业者也需要进一步分析、判断该机会是不是较好的创业机会。

较好的创业机会有以下几个特征：

（1）在前景市场中，前5年的市场需求稳步且快速增长。

不难设想，如果某个创业机会的市场需求不能稳步而快速增长，新创企业将不可能驻足于足够大的盈利空间之中，也就不可能迅速成长起来，在激烈的市场竞争中，新创企业无疑会纷纷落马，这对创业者是极为不利的。

（2）创业者能够获得利用特定创业机会所需的关键资源。

这里所称的资源，包括利用特定创业机会所需的技术资源、资本资源、财力资源、资讯资源、公共关系资源等。理性地看，某个创业机会再好，即便存在巨大的盈利空间，若创业者缺少利用该机会所需的关键资源。那他也无法利用这一机会。

（3）创业者不会被锁定在“刚性的创业路径”上，而是可以中途校正自己的创业路径。

原因在于，市场千变万化，科技日新月异，政府政策不断调整，创业者需要根据这些变化不断调整自己的“创业路径”。所说的“创业路径”，即创业的战略思路、组织结构、运营策略、市场技巧、技术路线等。如果创业者利用特定创业机会的创业路径是不可调整的，无论是因为主观的原因，还是客观的原因，创业者都不可能真正抓住和利用相应的创业机会。

（4）创业者可以通过创造市场需求来创造新的利润空间，牟取额外的企业利润。

创新经济学告诉我们，市场是可创造的。企业要占领市场、获取利润，往往需要靠自己去创造新的市场需求。典型的例证，苹果智能手机的成功，是通过创造市场需求来创造和扩大利润空间，占领市场，获得额外利润的。尽管当时存在着对智能手机的市场需求，但若苹果公司不去创造高端手机市场及 APP Store 对于智能手机的特定需求，或者这些需求是不可创造的，或者这些企业创造市场需求的努力得不到潜在用户的响应，那么苹果公司就不会有今天的成功。

（5）特定创业机会的风险是明朗的，至少有部分创业者能够承受该机会的风险。

如果某一创业机会的风险不明朗，无法搞清风险的具体来源及其结构，那么创业者就无法把握风险、规避风险或抑制风险，就无法降低风险损失、提高风险收益。

因此，一个好的创业机会，其风险必须是明朗的，且有一定数量的创业者能够承受相应的风险，否则，该创业机会就无所谓“机会”了。

（五）特定创业机会对某个创业者自身的现实性

即使某个创业机会是较好的机会，但对于特定的创业者而言，还需要进一步分析其现实性，判断“这一机会是否是自己可以利用的机会？创业者是否值得利用这一机会？”

对特定的创业者而言，为了做出理性的判断，他必须回答如下问题：

1. 自己是否拥有利用该机会所需的关键资源

面对某个创业机会，企图利用这一机会的创业者不一定必须拥有所需的全部资源，但他必须拥有利用这一机会的关键资源。否则，要么创业无法起步，要么在创业中会受制于人。例如，人工智能的发展，涌现了很多新的创业机会。但不难设想，如果创业者缺乏人工智能相关的关键技术资源，就无法启动该类项目，更不要说借此创业。

2. 自己是否能够“架桥”跨越“资源缺口”

在特定的创业机会面前，多数情况下，企业不可能拥有所需的全部资源，但他必须有能力在资源的拥有者与自身之间架起桥梁，以弥补相应的资源缺口。前述的人工智能领域的创业机会，可能创业者自身没有该技术能力，但可以看是否有能力整合到相关技术人才和单位加入自己的创业活动。如人工智能家居领域的创业者，都是将自己的设计思想传递给某家专业设计公司，设计公司为其设计出了符合功能要求的产品方案；将生产订单委托给某些制造企业后，制造企业为其生产出消费者满意的产品。

3. 遇到竞争力量，自己是否有能力与之抗衡

现实中，一旦某个创业机会逐渐显露，就会有不少的创业者、竞争者蜂拥而上。但是，假若某个创业者想利用特定机会并获得创业的成功，他就必须具备与其他创业者、竞争者进行竞争的能力。

4. 是否存在可以创造的新增市场以及可以占有的远景市场

理性地看，某个创业机会是否值得创业者利用，除了要有足够大的原始市场规模之外，其市场也应是可创造、可扩展的，具有足够的成长性，存在远景市场。创业者真正可把握的是“可创造的市场部分”，而不是“顺其自然成长的市场部分”。

5. 利用特定机会的风险是否是可以承受的

显然，创业者要想利用某个创业机会，他就必须具备利用该机会的风险承受能力。包括承受相应的技术风险、财务风险、市场风险、政策风险、法律风险和宏观环境风险的能力。就特定的创业者而言，如果利用特定机会的风险是该创业者不可承受的，却硬要“甘冒风险、知难而进”，那在创业之初就可能自取灭亡。

【二维码链接】如何识别和把握创业机会?

第三节　评估创业机会

【精彩视频链接】创业？请首先认证你的构想是否可行！

一、创业机会的评价依据

对于创业机会的评价主要基于如下依据：

（一）盈利时间

有价值的创业机会可能是项目在两年内盈亏平衡或者取得正现金流。如果取得盈亏平衡和正现金流的时间超过3年，那对于创业者的要求就高了，因为大多数创业者支撑不了这么长的时间，其他的投资者和合作伙伴也没有这么长时间的耐心，这种创业机会的吸引力就大大降低了。除非有其他方面的重大利好，一般要求创业机会具有较短的获得盈利时间。

（二）市场规模和结构

如果市场规模和价值小，往往是不足以支撑企业长期发展的。而创业者若进入一个市场规模巨大而且还在不断发展的市场，即使只占有很小的一个份额，也能够生存下来度过发展期。并且存在竞争对手也不担心，因为市场足够大，构不成威胁。一般来说，市场规模和价值越大，创业机会越有价值。

（三）资金需要量

大多数有较大潜力的创业机会需要相当大数量的资金来启动，只需少量或者不需要资金的创业机会是极其罕见的。如果需要过多的资金，这样的创业机会就缺乏吸引力。有着较少或者中等程度的资金需要量的创业机会是比较有价值的，创业者需要根据自身的资金实力和可以动用的资源来评价创业机会，超出能力范围的不应考虑。

（四）投资收益

创业的目标就是要获得收益，这要求创业机会能够有合理的盈利能力，包括较高的毛利率和市场增长率。毛利率高说明创业项目的获利能力强，市场增长率表明了市场的发展潜力，使得投资的回报增加。如果每年的投资收益率能够维持在25%以上，这样的创业机会是很有价值的；而每年的投资收益低于15%，是不能够对创业者和投资者产生很大的吸引力的。

（五）成本结构

竞争优势的来源之一就是成本，较低的成本会给创业企业带来较大的竞争优势，使得该创业机会的价值较高。创业企业靠规模来达到低成本是比较可行的，低成本的优势大多来自于技术和工艺的改进以及管理的优化，创业机会如果有这方面的特质，对于创业者来说是非常有利的。

（六）进入障碍

如果创业机会面临着进入市场的障碍，那么就不是一个好的创业机会。比如存在资源的限制、政策的限制、市场的准入控制等，都可能成为市场进入的障碍，削弱了创业机会。

但是，对于进入障碍要进行辩证的分析，进入障碍小是针对创业者自身的。如果创业者进入以后，不能够阻止其他企业进入市场，这也不是一个好的创业机会。

（七）退出机制

有吸引力的创业机会应该有比较理想的获利和退出机制，便于创业者和投资者获取资金及实现收益。没有任何退出机制的创业企业和创业机会是没有太大吸引力的。

（八）控制程度

如果能够对渠道、成本或者价格有较强的控制，这样的创业机会比较有价值。如果市场上不存在强有力的竞争对手，控制的程度就比较大。如果竞争对手已有较强的控制能力，例如把握了原材料来源、独占了销售渠道、取得了较大的市场份额、对于价格有较大的决定权，在这种情况下，新创企业的发展空间就很小。除非这个市场的容量足够大，而且主要竞争者在创新方面行动迟缓，时常损害客户的利益，才有可能进入。

（九）致命缺陷

创业机会不应该有致命的缺陷，如果有一个或者多个致命的缺陷，将使得创业机会变得没有价值。

【二维码链接】如何挖掘用户的真正需求?

二、创业机会价值的评估标准

（一）蒂蒙斯的创业机会评价框架

蒂蒙斯的创业机会评价框架，涉及行业和市场、经济价值、收获条件、竞争优势、管理团队、致命缺陷问题、个人标准、理想与现实的战略差异等八个方面的53项指标。通过一种量化的方式，创业者可以利用这个体系模型对行业和市场问题、竞争优势、经济结构和收获、管理团队、致命缺陷等做出判断，来评价一个创业企业的投资价值和机会。具体见表3-1所示。

表 3-1　蒂蒙斯机会评价框架

行业与市场	1. 市场容易识别，可以带来持续收入 2. 顾客可以接受产品或服务，愿意为此付费 3. 产品的附加价值高 4. 产品对市场的影响力高 5. 将要开发的产品生命长久 6. 项目所在的行业是新兴行业，竞争不完善 7. 市场规模大，销售潜力达到 1 千万～ 10 亿元 8. 市场成长率在 30%～ 50%甚至更高 9. 现有厂商的生产能力几乎完全饱和 10. 在五年内能占据市场的领导地位，达到 20%以上 11. 拥有低成本的供货商，具有成本优势
经济价值	1. 达到盈亏平衡点所需要的时间在 1.5 ～ 2 年以下 2. 盈亏平衡点不会逐渐提高 3. 投资回报率在 25%以上 4. 项目对资金的要求不是很大，能够获得融资 5. 销售额的年增长率高于 15% 6. 有良好的现金流量，能占到销售额的 20%～ 30%以上 7. 能获得持久的毛利，毛利率要达到 40%以上 8. 能获得持久的税后利润，税后利润率要超过 10% 9. 资产集中程度低 10. 运营资金不多，需求量是逐渐增加的 11. 研究开发工作对资金的要求不高
收获条件	1. 项目带来的附加价值具有较高的战略意义 2. 存在现有的或可预料的退出方式 3. 资本市场环境有利，可以实现资本的流动
竞争优势	1. 固定成本和可变成本低 2. 对成本、价格和销售的控制较高 3. 已经获得或可以获得对专利所有权的保护 4. 竞争对手尚未觉醒，竞争较弱 5. 拥有专利或具有某种独占性 6. 拥有发展良好的网络关系，容易获得合同 7. 拥有杰出的关键人员和管理团队

续表

管理团队	1. 创业者团队是一个优秀管理者的组合 2. 行业和技术经验达到了本行业内的最高水平 3. 管理团队的正直廉洁程度能达到最高水平 4. 管理团队知道自己缺乏哪方面的知识
致命缺陷	不存在任何致命缺陷
创业家的个人标准	1. 个人目标与创业活动相符合 2. 创业家可以做到在有限的风险下实现成功 3. 创业家能接受薪水减少等损失 4. 创业家渴望进行创业这种生活方式，而不只是为了赚大钱 5. 创业家可以承受适当的风险 6. 创业家在压力下状态依然良好
理想与现实的战略性差异	1. 理想与现实情况相吻合 2. 管理团队已经是最好的 3. 在客户服务管理方面有很好的服务理念 4. 所创办的事业顺应时代潮流 5. 所采取的技术具有突破性，不存在许多替代品或竞争对手 6. 具备灵活的适应能力，能快速地进行取舍 7. 始终在寻找新的机会 8. 定价与市场领先者几乎持平 9. 能够获得销售渠道，或已经拥有现成的网络 10. 能够允许失败

（二）“互联网 +”大学生创新创业大赛项目评审标准

为贯彻落实《国务院办公厅关于深化高等学校创新创业教育改革的实施意见》（国办发〔2015〕36号），激发高校学生创新创业热情，把创新创业教育融入人才培养，厚植大众创业、万众创新土壤，教育部联合多部门每年举办中国“互联网 +”大学生创新创业大赛，该赛事是面向全国高校大学生的最高规格的赛事。

该赛事的国赛评审标准，可以作为创业机会价值评估的参考标准。

1. 创意组项目评审标准

评审要点	评审内容	分值
创新性	突出原始创意的价值，不鼓励模仿。强调利用互联网技术、方法和思维在销售、研发、生产、物流、信息、人力、管理等方面寻求突破和创新。鼓励项目与高校科技成果转移转化相结合。	40

续表

团队情况	考察管理团队各成员的教育和工作背景、价值观念、擅长领域，成员的分工和业务互补情况；公司的组织构架、人员配置安排是否科学；创业顾问，主要投资人和持股情况；战略合作企业及其与本项目的关系，团队是否具有实现这种突破的具体方案和可能的资源基础。	30
商业性	在商业模式方面，强调设计的完整性与可行性，完整地描述商业模式，评测其盈利能力推导过程的合理性。在机会识别与利用、竞争与合作、技术基础、产品或服务设计、资金及人员需求、现行法律法规限制等方面具有可行性。在调查研究方面，考察行业调查研究程度，项目市场、技术等调查工作是否形成一手资料，不鼓励文献调查，强调田野调查和实际操作检验。	25
带动就业前景	综合考察项目发展战略和规模扩张策略的合理性和可行性，预判项目可能带动社会就业的能力。	5

2. 初创组、成长组项目评审标准

评审要点	评审内容	分值
商业性	在经营绩效方面，重点考察项目存续时间、项目的营业收入、税收上缴、持续盈利能力、市场份额等情况，以及结合项目特点制定合适的市场营销策略，带来良性的业务利润、总资产收益、净资产收益、销售收入增长、投资与产出比等情况。在成长性方面，重点考察项目目标市场容量大小及可扩展性以及该项目是否有合适的计划和可能性（包括人力资源、资金、技术等方面）支持其未来 5 年的高速成长。在商业模式方面，强调项目设计的完整性与可行性，并给出完整的商业模式描述，以及在机会识别与利用、竞争与合作、技术基础、产品或服务设计、资金及人员需求、现行法律法规限制等方面需具有可行性。在融资方面，强调融资需求及资金使用规划。	40
团队情况	主要考察管理团队各成员有关的教育和工作背景、价值观念、擅长领域，成员的分工和业务互补情况；公司的组织构架、人员配置以及领导层成员；创业顾问，主要投资人和持股情况；战略合作企业及其与本项目的关系。	30
创新性	突出原始创意的价值，不鼓励模仿。强调利用互联网技术、方法、思维在销售、研发、生产、物流、信息、人力、管理等方面寻求突破和创新。鼓励项目与高校科技成果转移转化相结合。	20
带动就业情况	考察项目增加社会就业份额，发展战略和扩张的策略合理性，上下产业链的密切程度和带动效率、其他社会效益。	10

评分标准：优秀：100～85分；良好：85～70分；一般：70～55分；差：55～0。

（三）评价创业机会价值的方法

1. 定性方法

定性分析侧重考虑：确定该市场机会所需具备的成功条件；分析本企业在该市场机会上所拥有的优势；公司所拥有的竞争优势；与本公司的发展方向和目标是否一致。

2. 定量方法

定量分析主要是进行商业分析中的经济效益分析，其任务是在初步拟定营销规划的基础上，从财务上进一步判断选定机会是否符合创业目标，一般是通过量、本、利分析法进行。

（1）市场需求量的预测。通过市场需求量的预测，可以了解该机会所面临的市场状况及市场潜量（前提），也是进行经济效益分析的基础。市场需求量的预测可以运用一定的数学方法来进行，主要方法有：趋势预测法、因果预测分析法、市场调查分析法、判断分析法等。

（2）成本分析。成本分析主要研究利用该机会所需付出的代价。应从投资成本、生产成本、营销成本等三个方面分析，可采用专门的成本预测方法，如直线回归法、趋势预测法等。

（3）利润分析。在市场需求量、成本预测的基础上，进行利润测算，一般可采用损益平衡模型、现金流量模型、简单市场营销组合模型、投资收益率等分析方法进行。

3. 阶段性决策方法

这一方法明确要求创业者在机会开发的每个阶段都要进行机会评价。一个机会是否能够通过每个阶段预先设置的“通过门槛”，在很大程度上取决于创业者经常面对的约束或限制，如创业者的目标回报率、风险偏好、金融资源、个人责任心和个人目标等。虽然某个创业者可能会因为某个准则而放弃某机会，但它又会引起其他个人或团队的注意。

一项不能成功通过某一阶段的评价门槛进入下一阶段的机会，将被修订甚至被放弃。因此，通过循环反复的“识别－评价－开发”步骤，一个最初的商业概念或创意就会逐步完善起来。同时，评价过程使创业者在开发过程中的每一阶段都要放弃一些机会。

【二维码链接】现在的90后大学生都在创什么业?

三、创业行业选择与评估

从理论上说，制约大学生行业选择的因素主要分为外在因素和内在因素。外在因素主要包括该行业的发展前景和潜力，具体为利润率、风险性与创新性，竞争的激烈程度，政府对与该行业的政策扶持力度等。内在因素则是大学生自身的因素，包括他们所学的专业特色、自身的兴趣爱好、自身的特长、资金的多少，等等。

创业行业的选择，主要从以下方面进行评估：

（一）行业发展的前景

当今时代，在选择创业行业的时候要认识到选择创业行业不能只注重行业现在的发展情况，还要根据该行业现在的发展势头、政府的相应政策、世界经济的发展趋势、高科技产业的发展速度、该行业自身的特色和经营模式等一系列外在因素综合考虑该行业在未来的世界发展浪潮中所占据的位置，换句话说，就是要关注一下行业的发展前景。

未来比较有发展前景的高科技行业有：人工智能与机器学习、大数据与云计算、机器人与无人机、网络安全、VR/AR、智能硬件和可穿戴设备、电子商务的跨平台发展。

（二）行业利润率

一般的创业者在行业选择的初期，都会把绝大多数的注意力放在备选行业的利润率上。诚然，追求利润本身就是创业者的初衷所在，但是一些高利润行业，如通信类和生物制药类，进入的门槛过高，有较高的科技含量的要求，对于经营的场地和启动资金都有着严格的要求，这对于大学生创业者们是一个不小的挑战。所以大学生创业者在创业初期对于利润率要有一个比较理性的认识，不应盲目地把利润率的高低作为衡量行业优劣的标准。简言之，利润率在行业选择的影响因素中占有一席之地，但不应是唯一的因素。

（三）启动资金

一般地，资金是创业者目前创业活动中遇到的最大障碍，也是制约他们行业选择的主要因素。一些具有极高的科技含量和发展潜力的项目就是因为资金的匮乏，缺少相应的投资而搁浅。创业者应根据自己的资金状况来选择相应的行业，尽量使自己在未来的发展中可以处于行业的较高水平，获得高额利润。

（四）竞争程度

创业者应考虑所选行业的竞争程度。研究表明，现在有很少的创业者会抓住行业的空白进行创业，如果所选的行业比较传统，行业的竞争度就比较高。竞争度的高低决定企业未来在行业中的发展水平。

（五）兴趣和爱好

众所周知，兴趣是最好的老师，爱好是不竭动力的源泉。创业者在创业时如果能结合自己的兴趣，通过创业的方式让自己的爱好转变成现实中的一种职业，将有助于创业的成功。这是因为，创业者是基于自身的兴趣来选择创业行业的，所以对顾客的心理需求有着很好地把握，在顾客服务方面有着优势，能够将心比心，凭借细致入微的服务赢得顾客的认同，就会为创业成功打好基础。

（六）自身的优势

很多大学生在创业的时候希望能够结合自己大学所学的专业知识，因为知识和技能水平高是大学生创业群体最显著的特征。知识和技能对于经济发展和社会进步的推动作用是巨大的。知识和技能是起支配作用的生产要素，缺乏知识和技能，就在很大程度上失去了核心竞争力和生存空间。大学生经历了系统的高等教育，积累了诸如语言表达、写作、管理等技能以及大量的金融、会计、营销等专业知识，是社会中的精英，这为大学生创业搭建了更高、更宽阔的平台。

【二维码链接】五大创新创业热门行业。

【实训活动】

活动一　列举共享经济的创业项目

想一想，或通过网络搜索，说一说你知道哪些共享经济模式的创业项目？并分析这些项目解决的问题或用户的痛点是什么？

活动二　案例分析：人人快递

人人快递是由某公司开发的，借助新一代技术在快递行业中的充分应用而搭建的一个快递行业电子商务平台。旨在将全社会公众都发展成为自由快递人，提倡自由快递人根据自己的行程，随程捎带，使快件不落地，直送直达，并以此节约社会资源，达到快递也环保、低碳、绿色的目的，通过传递人人参与、互帮互助、爱心捐赠、享受公益的生活理念，解决快递不快，快件爆仓，快递企业成本过高的问题，打造行业的高端品牌，塑造服务于社会大众的生活快递。

相比于传统快递，人人快递具有发件快、取件快，送件快的特点。

发件快：下载手机终端，快速注册，手指轻轻一点，智能寄件，轻松、快捷。

取件快：发出寄件需求，附近快递员迅速上门承揽快件。

送件快：直提直送，快件不落地，减少收件等待，不耽误时间。

信息最安全：全程电子化操作，无纸化单据；快递信息不暴露，业务完成后，数据信息自动封存杜绝信息外泄。

货物最安全：快件生成后，冻结快递人信用卡等价资金，确保快件不丢失；保险公司全程投保，货物丢失赔偿有保障；GPS 同步追踪，实时显示快递路由信息，寄件人可随时跟踪查询；一对一直提直送，没有暴力分拣。

发件自由：用户下载手机终端并注册后，可随时随地发快件，不受时间和空间的限制。

快递人工作自由：自由快递人指有固定工作，利用闲暇时间，根据自己的行程，自主选择身边快件并随程捎带的人。

接件自由：人人快递管理平台每天推出的快件信息，自由快递人可以根据自己的时间或行程安排，自主选择接件或放弃，管理平台不做强制规定。

工作时间自由：对于人人快递平台推出的快件信息，自由快递人可以利用下班时间、出差时间、休闲时间自主决定是否接件、派送。

收益自由：随程捎带周边快件，安全及时送达后，即可现场获取全额快递费！收益自主分配，如：互帮互助、爱心捐赠等公益行为。

操作方法：

1. 在人人快递官网或者安卓、苹果市场下载手机终端；手机号码快速注册，便能以发件人身份在线发件，在线跟踪快件，以收件人身份在线签收。

2. 注册成功后，也可在线进一步提供与本人手机号相对应的真实姓名与身份证号码，并在现有自由快递人中选择熟悉您的自由快递人作为自己的推荐人，或者绑定个人信用卡，申请成为自由快递人，平台审核通过后，您便能根据自己的行程自由选择身边的快件捎带，既能丰富自己的行程，又能挣快递费用。

请依据创业机会的评价标准和评估方法，对人人快递项目进行评估分析。

活动三　头脑风暴确定本团队的创业项目

（1）请同学们仔细观察并思考大学校园内有哪些创业机会，记录下来，通过头脑风暴的方式进行小组讨论，分享彼此的思考成果。

（2）在上述的创业想法中，对你而言，最可能成功的一个想法是：

____。

（3）用下面的表格评估你这个想法是否是好的商业机会。

评估方面	盈利时间	市场规模	资金需求	毛利率	成本结构	门槛限制	竞争性	缺陷	可控性
评估结果									
你的结论									

【实战体验】创业项目甄选与评估

小组通过讨论与市场调研，寻找身边的创业机会，并根据本章理论方法，进行分析评估机会的价值。各小组通过介绍自己的创业项目，进行团队评比。

标准	专家与同行评分			
	极好（3 分）	好（2 分）	一般（1 分）	总分

续表

产品生命长久（3 年）				
易操作性				
市场接受度				
不存在任何致命缺陷				
成长潜力				

【专家视点】

克里斯坦森：只有颠覆性创新才能带来价值增长

如今的消费者是要求比较高的需求者。在市场上可以看到，企业在创新发展的过程中产品不断丰富，这体现了企业不断向上的能力，也体现了消费者利用企业进步的这种能力。

最开始企业的产品不够好，达不到消费者的需求，但是随着时间的流逝，企业不断地创新，超越了消费者的需求。在这个过程中，企业不断提升，实现了跨越式发展，这种创新叫做持续性创新。

而颠覆性创新是指把复杂繁冗的细节简单化，使市场底端的消费群体接触到以前不能接触到的产品，使产品能够被大众买得起。

市场分为不同的层级，每个市场中最底层都是很简单的产品。随着产品层级升高，复杂度也随之增加，最终达到高端的产品层级。以钢铁产业为例，从底层的产品到最高精尖的产品。全球各地的钢铁产业主导者都是综合性的大企业，他们的投资需求高达上百亿美元。

然而在新技术的启发下，从市场底层出现了一些小企业，这些企业通过一些电子束熔炉的方式，推动了行业技术的发展。起初这些企业的起点低，产品级别也比较低。后来这些企业通过先进的炼钢技术，包括钢筋制造，不断探索新的技术推动产品升级，以非常简单的产品和技术进入这个领域，通过生产不同类型的钢铁产品包括钢板、型钢、钢筋等，逐渐攀升到市场的不同级别，提高市场占有率。

而综合性的大型钢厂，由于产能过剩逐渐被市场淘汰。小钢厂市场占比只有20%，不受产能困扰，收益较多。1979年，小作坊一步步的在竞争中取胜，取代了综合性钢厂。

整个发展过程包含了一种模式：小的新兴者从底层做起，把市场大鳄打败。早些时候，大公司垄断高端市场，然后小的公司以颠覆性的技术从底层发展，逐渐地提升他们的功能性，不断地攀升市场级别，最后把行业大鳄打败，逐渐占领更多的市场份额。

总结来说，共有三种不同的创新：

持续性创新：就是让已经很好的产品变得更好。如今的绝大部分创新，都是持续性创新。持续性创新可以帮助公司长期赚取利润，赢得更多的市场份额。

颠覆性创新：就是把曾经非常昂贵和复杂的产品，变得简单且便宜。因为这样的创新，才能真正地创造出增长。

效率创新：即用现有投入创造出更多的东西，这个结果会降低就业率，但是会创造出更多的现金流。

【网上精品视频课程】创业机会识别与评估。

用手机“扫一扫”下面的二维码，用浏览器打开相应网址，进入视频课程学习。

【评估练习】

（1）什么是创业机会？创业机会的四大核心来源是什么？

（2）有价值创业机会的特征有哪些？

（3）识别创业机会主要有哪些维度？确定创业机会的四个环节是什么？

（4）创业行业评估主要有哪些方面？

第四章　创业风险识别与防范

【本章地图】

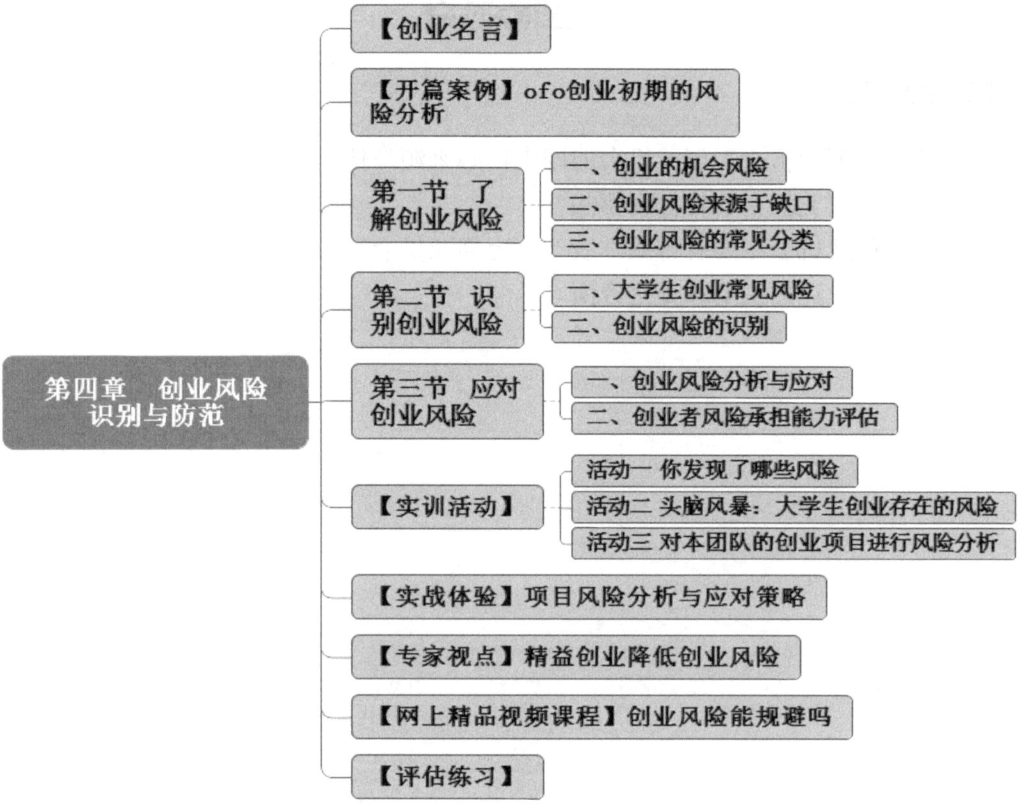

【创业名言】

不要控制失败的风险，而应控制失败的成本。

——美国麦克马斯特大学教授　罗伯特．A．库伯

【开篇案例】

ofo 创业初期的风险分析

创业初期，ofo 运营者面临的风险主要有：

1．诚信风险

ofo 在推广初期选择了名校，且要求进行较为苛刻的实名验证。这是因为该项目天然具有一些显而易见的 bug，在契约精神、诚信意识相对较好的名校，这种 bug 不会被放大，而在一般大学这些 bug 有可能会被无限制的放大。

2．社会治安风险

地处三、四、五线城市，社会治安相对北、上、广、深更差一些，偷窃自行车是非常常见的社会治安问题。以 ofo 车辆目前的防盗水平，无法立足。相比较而言，小城市的市内公交性质的自行车，都是政府采购的安全系数非常高的车辆，管理的科学性也非常强，远远不是 ofo 可以比的。

3．地域性差异和校园差异

小城市和小学校学生的临时性出行需求不强烈。和目前名牌大学的校园环境不同，很多普通高校、高职校园规模较小，城市也小，步行可以解决很多问题，其他出行解决方案也较多，所以在这样的学校推广 ofo 会面临客户群体需求不足的问题。

4. 项目变现面临的难度和风险

无论是通过微信发广告还是通过 APP 发布界面展示广告和其他弹出广告，都可以获取收益，但是这样做对于 ofo 这种高频、低客单价、可替代性太高的项目，会明显影响用户的使用感受，进而造成用户忠诚度下降。

第一节　了解创业风险

【精彩视频链接】创业风险规避——微课案例。

一、创业的机会风险

创业风险，一是指风险因素，即创业过程中有可能遇到某些风险因素的干扰；二是一旦某些风险因素真正发生，创业者即会阶段性遇到很难克服的困难，导致创业活动很难推进，甚至导致创业的失败。面对某个创业机会，创业者将面临相应的技术风险、财务风险、市场风险、政策法律风险、宏观环境风险，特别是团队风险。这是多数创业者都可能面临的问题。

【二维码链接】所谓格调高的创业公司是如何死掉的?

二、创业风险来源于缺口

创业环境的不确定性，创业机会与创业企业的复杂性，创业者、创业团队与创业投资者的能力与实力的有限性，是创业风险的根本来源。

由于创业的过程往往是将某一构想或技术转化为具体的产品或服务的过程，在这一过程中，存在着几个基本的、相互联系的缺口，它们是上述不确定性、复杂性和有限性的主要来源，也就是说，创业风险在给定的宏观条件下，往往就直接来源于这些缺口。

（一）融资缺口

融资缺口存在于将概念转化为有市场的产品原型（这种产品原型有令人满意的性能，对其生产成本有足够的了解并且能够识别其是否有足够的市场）过程中。创业者可以证明其构想的可行性，但往往没有足够的资金将其实现商品化，从而给创业带来一定的风险。通常，只有极少数天使基金愿意鼓励创业者跨越这个缺口，如富有的个人专门进行早期项目的风险投资，以及政府资助计划等。

（二）研究缺口

研究缺口主要存在于仅凭个人兴趣所做的研究判断和基于市场潜力的商业判断之间。当一个创业者最初证明一个特定的科学突破或技术突破可能成为商业产品基础时，他仅仅停留在自己满意的论证程度上。然而，在将预想的产品真正转化为商业化产品（大量生产的产品）的过程中；（即具备有效的性能、低廉的成本和高质量的产品）在能从市场竞争中生存下来的过程中，需要大量复杂而且可能耗资巨大的研究工作（有时需要几年时间），从而形成创业风险。

（三）信息和信任缺口

信息和信任缺口存在于技术专家和管理者（投资者）之间。也就是说，在创业中，存在两种不同类型的人：一是技术专家；二是管理者（投资者）。技术专家知道哪些内容在科学上是有趣的，哪些内容在技术层上是可行的，哪些内容根本就是无法实现的。管理者（投资者）通常比较了解将新产品引进市场的程序，但当涉及到具体项目的技术部分时，他们不得不相信技术专家，可以说管理者（投资者）是在拿钱冒险。如果技术专家和管理者（投资者）不能充分信任对方，或者不能够进行有效地交流，那么这一缺口将会变得更深，带来更大的风险。

（四）资源缺口

资源与创业者之间的关系就如颜料和画笔与艺术家之间的关系。没有了颜料和画笔，艺术家即使有了构思也无从实现。创业也是如此。没有所需的资源，创业者将一筹莫展，创业也就无从谈起。在大多数情况下，创业者不一定也不可能拥有所需的全部资源，这就形成了资源缺口。如果创业者没有能力弥补相应的资源缺口，要么创业无法起步，要么在创业中受制于人。

（五）管理缺口

管理缺口是指创业者并不一定是出色的企业家，不一定具备出色的管理才能。进行创业活动主要有两种：一是创业者利用某一新技术进行创业，他可能是技术方面的专业人才，但却不一定具备专业的管理才能，从而形成管理缺口；二是创业者往往有某种“奇思妙想”，可能是新的商业点子，但在战略规划上不具备出色的才能，或不擅长管理具体的事务，从而形成管理缺口。

【二维码链接】这20个创业失败的原因，总有一个“适合你”。

三、创业风险的常见分类

（一）按创业风险产生的原因划分

按风险产生的原因进行划分，可分为主观创业风险和客观创业风险。

（1）主观创业风险，是指在创业阶段，由于创业者的身体与心理素质等主观方面的因素导致创业失败的可能性。

（2）客观创业风险，是指在创业阶段，由于客观因素导致创业失败的可能性，如市场的变动、政策的变化、竞争对手的出现、创业资金缺乏等。

（二）按创业风险产生的内容划分

按创业风险产生的内容划分，可分为技术风险、市场风险、政治风险、管理风险、生产风险和经济风险。

（1）技术风险，是指由于技术方面的因素及其变化的不确定性而导致创业失败的可能性。

（2）市场风险，是指由于市场情况的不确定性导致创业者或创业企业损失的可能性。

（3）政治风险，是指由于战争、国际关系变化或有关国家政权更迭、政策改变而导致创业者或企业蒙受损失的可能性。

（4）管理风险，是指因创业企业管理不善产生的风险。

（5）生产风险，是指创业企业提供的产品或服务从小批试制到大批生产的风险。

（6）经济风险，是指由于宏观经济环境发生大幅度波动或调整而使创业者或创业投资者蒙受损失的风险。

（三）按创业风险对资金的影响程度划分

按风险对所投入资金即创业投资的影响程度划分，可分为安全性风险、收益性风险和流动性风险。

创业投资的投资方包括专业投资者与投入自身财产的创业者。

（1）安全性风险，是指从创业投资的安全性角度来看，不仅预期实际收益有损失的可能，而且专业投资者与创业者自身投入的其他财产也可能蒙受损失，即投资方财产的安全存在危险。

（2）收益性风险，是指创业投资的投资方的资本和其他财产不会蒙受损失，但预期实际收益有损失的可能性。

（3）流动性风险，是指投资方的资本、其他财产以及预期实际收益不会蒙受损失，但资金有可能不能按期转移或支付，造成资金运营的停滞，使投资方蒙受损失的可能性。

（四）按创业过程划分

按创业过程划分，可分为机会的识别与评估风险、准备与撰写创业计划风险、确定并获取创业资源风险和新创企业管理风险。

创业活动需经历一定的过程，一般而言，可将创业过程分为四个阶段：识别与评估机会、准备与撰写创业计划、确定并获取创业资源、新创企业管理。

（1）机会的识别与评估风险，指在机会的识别与评估过程中，由于各种主客观因素，如信息获取量不足，把握不准确或推理偏误等使创业一开始就面临方向错误的风险。另外，机会风险的存在，即由于创业而放弃了原有的职业所面临的机会成本风险，也是该阶段存在的风险之一。

（2）准备与撰写创业计划风险，指创业计划的准备与撰写过程带来的风险。创业计划往往是创业投资者决定是否投资的依据，因此创业计划是否合适将对具体的创业产生影响。创业计划制订过程中各种不确定性因素与制订者自身能力的限制，也会给创业活动带来风险。

（3）确定并获取资源风险，指由于存在资源缺口，无法获得所需的关键资源，或即使可获得，但获得的成本较高，从而给创业活动带来一定风险。

（4）新创企业管理风险，主要包括管理方式，企业文化的选取与创建，发展战略的制订、组织，技术、营销等各方面的管理中存在的风险。

（五）按创业与市场和技术的关系划分

按创业与市场和技术的关系划分，可分为改良型风险、杠杆型风险、跨越型风险和激进型风险。

（1）改良型风险，是指利用现有的市场、现有的技术进行创业所存在的风险。这种创业风险最低，经济回报有限，即风险虽低，但要想生存和发展，获取较高的经济回报也比较困难，一方面会遭遇已有市场竞争者的排斥或进入壁垒的限制，另一方面即便进入，想要占有一定的市场份额非常困难。

（2）杠杆型风险，是指利用新的市场、现有的技术进行创业存在的风险。该风险稍高，对一个全球性公司来说，这种风险往往是地理上的，常见于挖掘未开辟的市场，如彩电行业，利用原有技术进入农村市场。

（3）跨越型风险，是指利用现有市场、新的技术进行创业存在的风险。该风险稍高，主要体现在创新技术的应用方面，往往反映了技术的替代，是一种较常见的情况，常见于企业的二次创业，领先者可获得一定的竞争优势，但模仿者很快就会跟上。

（4）激进型风险，是指利用新的市场、新的技术进行创业存在的风险。该风险最大，如果市场很大，可能会带来巨大的机会，对于第一个行动者而言，其优势在于竞争风险较低，但是知识产权保护力度很弱，市场需求不确定，确定产品性能有很大的风险。

（六）按创业中技术因素、市场因素与管理因素的关系划分

按创业中技术因素、市场因素与管理因素的关系划分，可分为技术风险、市场风险和代理风险。

代理风险，是指高级经营管理人才、组织结构以及生产管理等能否适应创业的快速增长或战胜创业企业危机阶段的动态不确定性因素的风险。

这三类风险之间相互作用，使得创业企业运作的各个层面上的诸多因素的不确定性更加复杂，并且在创业企业不同的发展阶段上，各因素的风险性质也将产生一定的变化。

创业风险的具体分类如表4-1所示。

表 4-1 创业风险的分类

风险类别	一级风险因素	二级风险因素
系统风险	商品市场风险	新产品市场多是潜在、待开发、待成长的
		很难确定市场接受新产品的具体时间
		很难预测新产品的市场需求成长速度
		很难预测未来同行市场竞争的实际态势
	要素市场风险	资本市场的资金可得性多是不确定的
		技术市场的技术可得性、实用性是不确定的
		人力资源市场存在“趋存而流”的不确定性
		上游产品市场供应商往往存在机会主义行为
	法律及政策规制风险	法律或政府政策的出台有可能超出创业者的预期
		政府许可也具有不确定性
非系统风险	技术风险	新产品研发能否成功是不确定的
		相关行业能否提供技术配套是不确定的
	财务风险	新产品研发的资金需求极难判定
		新产品市场开发的资金需求是不确定的
	团队分化风险	团队成员缺乏共识的利益、目标、规则等
		部分成员的“畏惧心理”和机会主义
		没有形成领袖人物造成的团队风险

【二维码链接】细数创业失败最常见的八大原因。

第二节　识别创业风险

【精彩视频链接】启示录——创新创业？风险平衡？

一、大学生创业常见风险

大学生创业者要认真分析自己创业过程中可能会遇到哪些风险，这些风险中哪些是可以控制的，哪些是不可控制的，哪些是需要极力避免的，哪些是致命的或不可管理的。一旦这些风险出现，你应该如何应对和化解。特别需要注意的是，一定要明白最大的风险是什么，最大的损失可能有多少，自己是否有能力承担并渡过难关。

大学生创业的风险主要有以下几个方面：

风险一：项目选择

大学生创业时如果缺乏前期市场调研和论证，只是凭自己的兴趣和想象来决定投资方向，甚至仅凭一时心血来潮做决定，一定会碰得头破血流。

大学生创业者在创业初期一定要做好市场调研，在了解市场的基础上创业。一般来说，大学生创业者资金实力较弱，选择启动资金不多、人手配备要求不高的项目，从小本经营做起比较适宜。

风险二：缺乏创业技能

很多大学生创业者眼高手低，当创业计划转变为实际操作时，才发现自己根本不具备解决问题的能力，这样的创业无异于纸上谈兵。一方面，大学生应去企业打工或实习，积累相关的管理和营销经验；另一方面，积极参加创业培训，积累创业知识，接受专业指导，提高创业成功率。

风险三：资金风险

资金风险在创业初期会一直伴随在创业者的左右。是否有足够的资金创办企业是创业者遇到的第一个问题。企业创办起来后，就必须考虑是否有足够的资金支持企业的日常运作。对于初创企业来说，如果连续几个月入不敷出或者因为其他原因导致企业的现金流中断，都会给企业带来极大的威胁。相当多的企业会在创办初期因资金紧缺而严重影响业务的拓展，甚至错失商机而不得不关门大吉。

另外如果没有广阔的融资渠道，创业计划只能是一纸空谈。除了银行贷款、自筹资金、民间借贷等传统方式外，还可以充分利用风险投资、创业基金等融资渠道。

风险四：社会资源贫乏

企业创建、市场开拓、产品推介等工作都需要调动社会资源，大学生在这方面会感到非常吃力。平时应多参加各种社会实践活动，扩大自己人际交往的范围。创业前，可以先到相关行业领域工作一段时间，通过这个平台，为自己日后的创业积累人脉。

风险五：管理风险

一些大学生创业者虽然技术出类拔萃，但理财、营销、沟通、管理方面的能力普遍不足。要想创业成功，大学生创业者必须技术、经营两手抓，可从合伙创业、家庭创业或从虚拟店铺开始，锻炼创业能力，也可以聘用职业经理人负责企业的日常运作。

创业失败者，基本上都是管理方面出了问题，其中包括：决策随意、信息不通、理念不清、患得患失、用人不当、忽视创新、急功近利、盲目跟风、意志薄弱等等。特别是大学生知识单一、经验不足，资金实力和心理素质明显不足，更会增加在管理上的风险。

风险六：竞争风险

寻找蓝海是创业的良好开端，但并非所有的新创企业都能找到蓝海。更何况，蓝海也只是暂时的，所以，竞争是必然的。如何面对竞争是每个企业都要随时考虑的问题，而对新创企业更是如此。如果创业者选择的行业是一个竞争非常激烈的领域，那么在创业之初极有可能受到同行的强烈排挤。一些大企业为了把小企业吞并或挤垮，常会采用低价销售的手段。对于大企业来说，由于规模效益或实力雄厚，短时间的降价并不会对它造成致命的伤害，而对初创企业则可能意味着彻底毁灭的危险。因此，考虑好如何应对来自同行的残酷竞争是创业企业生存的必要准备。

风险七：团队分歧

现代企业越来越重视团队的力量。创业企业在诞生或成长过程中最主要的力量来源一般都是创业团队，一个优秀的创业团队能使创业企业迅速地发展起来。但与此同时，风险也就隐藏在其中，团队的力量越大，产生的风险也就越大。一旦创业团队的核心成员在某些问题上产生分歧不能达到统一时，极有可能会对企业造成强烈的冲击。

事实上，做好团队的协作并非易事。特别是与股权、利益相关联时，很多初创时很好的伙伴都会闹得不欢而散。

风险八：核心竞争力缺乏的风险

对于具有长远发展目标的创业者来说，他们的目标是不断地发展壮大企业，因此，企业是否具有自己的核心竞争力就是最主要的风险。一个依赖别人的产品或市场来打天下的企业是永远不会成长为优秀的企业。核心竞争力在创业之初可能不是最重要的问题，但要谋求长远的发展，就是最不可忽视的问题。没有核心竞争力的企业终究会被淘汰出局。

风险九：人力资源流失风险

一些研发、生产或经营性企业需要面向市场，大量的高素质专业人才或业务队伍是这类企业成长的重要基础。防止专业人才及业务骨干流失应当是创业者时刻注意的问题，在那些依靠某种技术或专利创业的企业中，拥有或掌握这一关键技术的业务骨干的流失是创业失败的最主要风险源。

风险十：意识上的风险

意识上的风险是创业团队最内在的风险。这种风险来自于无形，却有强大的毁灭力。风险性较大的意识有：投机的心态、侥幸心理、试试看的心态、过分依赖他人、回本的心理等。

提醒：大学生创业过程中所遇到阻碍并不仅此十点，在企业发展过程，随时都将可能有灭顶之灾的风险。为此，大学生必须始终保持积极的心态，多学习，多汲取优秀经验，并且在此基础上结合自身既有的特长优势，只有这样，创业的步伐才会越走越远，越走越稳。

【案例】

一个眼高手低的大学生

这是一个大学生创业失败的感悟。

我是南方人，由于家里比较穷，从大学开始，我就比其他同学更渴望成功：帮商家跑跑业务，倒卖生活用品……通过自己的勤奋，积累起了第一笔资金。

毕业后，我去了某家电商公司做销售，做了一年多，觉得没太大意思，开始想自己做，但没有明确的方向。这时，原来认识的一位何总，打电话说他想成立一个新公司做电商，问我有什么好的建议。老实说，那个时候我真的以为自己懂互联网。

见到何总了解到一些情况：他有亲戚在浙江办服装厂，但是销量不好，问何总有没有接盘的想法。何总看网上的韩都衣舍卖得非常火，觉得电商大有可为。他希望他来投资，找我来做。何总开出优厚条件：我到上海，他提供住房，同时每月给我1.5万元的固定月薪，另外再加新成立的公司百分之十的股份。我没考虑就答应了。当时，我没有考虑公司控制权、股权这些问题，只觉得条件优厚，自己年轻，输得起。

何总答应会投入200万元用于公司运营。何总在上海人脉广，很快就找到了一个既便宜又不错的写字楼。我买了一些二手电脑和办公桌就开始办公了。那段时间，公司就我一个人，没钱的时候就找何总要。接着是招人。我对自己的能力非常自信，招了四个和我一样没有经验的年轻人，基本都是大学毕业生。

何总按照约定，给我们打来了一个月的工资和基本运营费用20万元，并跟我保证，很快会把200万元全部打过来。我们几个年轻人兴奋十足，准备大干一场。当时我们的确毫无经验，以为只要搭建一个网站，做好CEO，有流量，做好所谓的用户体验，生意自然就会来了。

何总已经有一批服装在手上，这批货物是我们的第一批产品。没有太多选择，只能进入服装电商。这完全违背了市场营销从用户需求出发的基本原理。

我觉得有何总做后盾，单纯淘宝店没有意义，一定要做自己的商城。我带着同事去考察服装厂，第一次有了自己是老板的感觉。考察完全是走马观花，我只是简单地看了看服装质量，又听那个老板鼓吹了一下，脑袋一热，回来就跟何总夸下海口：1年要做到200万元销售额，把投资赚回来。

我把账上的钱全部投入到网站开发中。因为我不懂，网站开发完全依靠技术。技术其实也不知道产品到底怎么做，唯一的办法就是抄别人。我们到处去找别的电商商城模板，然后按最小的成本拷贝了一个模板，网站总算能用了。在网站开发那段时间，事先招聘的几个员工每天除了看看报纸，喝喝茶就没多少事。

网站上线后，我忙着做推广宣传。我把产品图片传到网站上，写软文，去各个论坛发，到各大QQ群去宣传。做了大量宣传推广后，除了认识的朋友之外，几乎没有任何访问。

慢慢地，我内心开始慌了：衣服一件也没卖出去，何总迟迟没有将之前承诺的款项打到公司来，公司的6个人却还需要发工资。我决定发挥自己线下销售的能力。除了留一个人呆在公司负责日常事务外，我带着其他人全部出去推销衣服：把衣服放在各个服装小店免费代销；跟淘宝店主联系，让他们代销。我做过销售，也比较擅长渠道合作，很快打开了一点局面，衣服慢慢有了一些销量，有了很少的收入。

但就在公司业务开始有些起色的时候，我和何总有了分歧。他认为我这种做法违背了他当初的想法。他认为公司必须做电商，否则就不再投资。我在这个公司实际毫无话语权，不得不妥协。这次争吵之后，他派了一个财务过来，规定超过5000元的支出都要财务签字，然后再次告诉我必须要完成销售任务。

我想找电商行业里的人交流，但我根本没有电商圈的资源。我也想过入驻天猫和京东商城，但对方要求是正品且有品牌，而我们售卖的衣服连个正规的品牌都没有。半年后，我们几乎毫无建树，公司不得不关门大吉，我也跟何总解约，离开了上海这个伤心之地。

创业风险在所难免，面对创业路上的风险，大学生应该保持良好的心态。无论是学生还是工作，生活中我们都需要具备一定的抗压能力。大学生创业，更是如此。风险发生前，我们客观分析，做好风险防范预案；风险发生时，我们不急不躁，冷静处理，把风险损失控制到最小；风险发生后，我们及时总结，吸取经验教训，尽最大可能规避风险。总之，我们要学会主动地控制风险，把风险掌握在自己手里。

【二维码链接】且创且珍惜：150家创业失败公司的经验教训。

二、创业风险的识别

创业风险识别是创业者依据企业活动，对创业企业面临的现实以及潜在风险运用各种方法加以判断、归类并鉴定风险性质的过程。创业者必须要掌握风险识别的能力，并不断提高这种能力。

（一）树立风险识别的基本理念

作为创业者，应该正确树立识别企业风险的基本理念，主要具备以下意识：

（1）有备无患的意识。创业风险的出现是正常的，带来一些损失也是正常的，既不能怨天尤人，也不能骄兵轻敌。关键的问题是要密切监视风险、减少损失、化解不利，甚至转化为盈利的机会。

（2）识别风险的能力。发现和识别风险，是为了防范和控制风险。如果创业者在企业未发生损失之前就能够识别风险发生的可能性，那么这个风险是可能被管理的。因此，风险识别是进行风险管理的基点。

（3）未雨绸缪的观念。创业风险需要创业者通过创业活动的迹象、信息归类，认知风险产生的原因和条件，不仅要识别风险所面临的性质及可能的后果，更重要的是（也是最困难的）是识别创业过程中各种潜在的风险，为采取有效措施提供依据。

（4）持之以恒的思想。由于创业风险伴随着整个创业过程，同时风险具有可变性和相关性的特点，所以创业者必须要有“持久战”的准备。风险的识别工作应该是连续地、系统地进行，并成为企业一项持续性、制度化的工作。

（5）实事求是的精神。虽然风险识别是一个主观过程，但是必须遵循客观规律。风险识别是一项复杂而细致的工作，要按特定的程序、步骤，选用适当的方法逐层次地分析各种现象，对企业面临的风险作出实事求是的评估。

（二）掌握风险识别的基本途径

创业风险的识别途径，重点从风险的来源上入手，即自然因素和人为因素两大方面。

（1）自然因素。比如说，地震多发区、台风多发区和炎热地区。这与企业的选址、项目有着密切关系。又如对于许多行业来说，必须注意到影响原材料供应的矿产、能源、农产品以及交通问题。

（2）人为因素。主要应了解一个国家或者地区的政经制度、法律政策、民情民俗以及企业周边的营运环境等。

（三）了解识别风险的方法和步骤

一般而言，风险识别的方法包括：信息源调查法、数据对照法、资产损失分析法、环境扫描法、风险树分析法、情景分析法、风险清单法。

识别风险的步骤如下：

（1）信息收集。首先要通过调查、问询、现场考察等途径获得；其次，需要敏锐地观察和科学地分析对各类数据及现象作出处理。

（2）风险识别。根据对于信息的分析结果，确定风险或潜在风险的范围。

（3）重点评估。根据量化结果，运用定量分析、定性分析、假设、模拟等方法，进行风险影响评估，预计可能发生的后果，提出方案选择。

（4）拟定计划。提出处理风险的方法和行动方案。

风险识别过程中要注意以下问题：

（1）信息收集要全面。收集信息可以通过两个途径，一是内部积累或者专人负责；二是借助外部专业机构的力量。后者可获得足够多的信息资料，有助于较全面、较好地识别面临的潜在风险。

（2）因素罗列要全面。根据企业在运营过程中可能遇到的风险，逐步找出一级风险因素，然后再进行细化，延伸到二级风险因素，再延伸到三级风险因素。例如管理风险属于一级风险因素；管理者素质属于二级风险因素。

（3）最终分析要进行综合。既要进行定性分析，也要进行定量分析。

【二维码链接】这10大原因导致了141家创业公司死亡！

第三节　应对创业风险

【精彩视频链接】创业失败血泪史。

一、创业风险分析与应对

（一）创业环境风险

创业环境风险主要来源于目标行业的进入壁垒。行业进入壁垒包括：（1）生产规模；（2）顾客品牌转移（品牌，消费者的习惯和偏好）；（3）投资量的大小（技术研发、人才等）；（4）销售渠道限制；（5）资源竞争；（6）技术进步速度。

大学生创业环境风险控制：

大学生创业之前要先对创业环境进行仔细分析，首先是金融工具、政策方面的支持。如所在城市是否有对大学生创业提供金融支持的会计事务所或者有无税收优惠政策以及对提高创业知识技能的培训与教育。比如从事制造行业要应留意政府采购项目和科研成果转移的政策，还要对目标市场的开放程度和进入难度进行考察，初步把握市场竞争的情况。其次大概了解当地的基础设施，如土地、交通、网络、法律服务机构的分布和使用情况，最后要确保所创的企业符合当地的社会文化和经济发展趋势。

（二）人力资源管理风险

造成人力资源管理风险的原因主要有：（1）成员的目标与团队目标不一致；（2）创业团队成员关系不和谐；（3）团队角色配置不合理；（4）成员不能很好地遵守团队纪律和制度。

大学生创业人力资源管理风险控制：

（1）用科学手段构建和谐团队（如运用“九型性格”方法组建互补型团队）。

（2）团队成员的股份比例、薪酬待遇方面不要人人平等，因为过于松散的民主气氛常使得管理软弱无力，绝对的平等就是不平等。

（3）企业在试运行阶段通过行动来观察团队成员的能力，将成员的问题尽快暴露出来。

（4）不要单纯以感情投资希望得到回报的心理来处理团队成员的关系，也不要太相信有“背叛”前科的人。

（5）团队应该有动态的发展观，团队组成应随着成员实际贡献的变化而变化，因为具有发展观念的团队才有可能建立一套内部调节机制，也有利于成员体面地离开。

（三）关键员工离职的风险

关键员工拥有专门技术并掌握核心业务，这些员工的离职会使团队的有形和无形资产都遭受损失，削弱核心竞争力；另外，会提高招聘和培训成本，甚至影响到企业的正常运转和发展的连续性。

大学生创业对关键员工离职风险的防范：

（1）定时或不定时地了解员工的情况（待遇、工作成就感、自我发展、人际关系、公平感、地位、生活、信心与认同感等）。

（2）用培训激发员工，因为对于高素质的关键员工而言，这比提高薪水更有意义。

（3）契约约束，如签订“竞业禁止”协定，要求员工在离职后一段时间内不得从事与本企业有竞争关系的工作，并要为企业保守商业、技术机密。

（四）创业项目选择的风险

创业项目选择风险是指在创业初期因选择的创业项目不当，导致企业无法盈利而难以生存的风险。创业项目选择的风险来源：（1）项目市场需求量的不确定性；（2）项目市场接受时间的不确定性；（3）项目产品的市场扩散速度的不确定性。

大学生创业项目选择风险防范：

创业前进行详细的市场评估和预测，对商业模式进行实践论证，设计并写好创业计划书等。

（五）市场营销风险

市场营销风险是指企业制定并实施的营销计划与其营销环境的不协调，从而使营销策略无法顺利实施，导致目标市场缩小，无法实现盈利的可能性。市场营销风险来源：（1）营销模式落后；（2）盲目依赖广告；（3）缺乏危机管理。

大学生创业市场营销风险控制：

（1）建立市场监测及策略调整机制，也就是在企业运营过程中，定期分析市场，保持对关键市场信号的敏感度，结合试销阶段，调整前期制定的营销策略。

（2）借助行业中强势企业的力量，借船出海，能有效规避市场风险。

（六）管理风险

创业管理风险是指在创业管理运作过程中因信息不对称、管理不善、判断失误等影响管理的水平，而导致创业失败的风险。管理风险来源：（1）创业者的素质；（2）决策风险；

（3）管理跟不上企业的迅速发展。

大学生创业管理风险防范：

（1）创业者要培养创业家的精神，提升创业素质。

（2）学习科学的管理理念和方法，并运用到创业管理中去。

（七）财务风险

财务风险是指公司财务结构不合理、融资不当使公司可能丧失偿债能力而导致投资者预期收益下降的风险。企业财务风险产生的原因很多，既有企业外部的原因，也有企业自身的原因，而且不同的财务风险形成的具体原因也不尽相同。

大学生创业财务风险防范：

（1）建立一套规范的财务风险预警机制和财务管理制度。

（2）保持自有资金和借入资金的比例和适当的负债结构（长短结合，避免还款期过于集中或处于销售淡季）。

（3）制定还款计划，谨慎负债，加速资金周转，努力降低资金占用额，尽力缩短生产周期，提高产销率，降低收账款项。

【二维码链接】创业路上一直在试错。

二、创业者风险承担能力评估

当同学们必须对两个或更多潜在结果不明确的备选方案进行主观评估、决定取舍的时候，就产生了风险情景。风险就意味着既可能成功也可能失败。潜在的损失或收益越大，存在的风险就越大。

风险承担者要对不确定的情况作出决定，需要平衡潜在的成功与损失。在对某个可能的选择进行决策的过程中需要考虑一下这些因素：

（1）这一选择有多么的吸引人。

（2）风险承担者可以接受的损失底线。

（3）成功和失败的相对概率。

（4）个人努力对增加成功可能性、减少失败可能性的影响程度。

每个人对于风险的承受能力是不一样的，有的人有足够的能力和资源去驾驭风险，那么风险因素对他来说影响并不是最重要的考量指标；而有的人可能自身无法承受创业失败带来的损失（包括物质和心理上），那么就应该分析一下现在选择创业时机是否正确，又或者是自己根本不适合创业。对于风险的承受能力其实更多的是对创业者心理素质的考量，因为创业者一旦选择创业，那么他面对的将不再是自己个人的事情：家庭、员工、社会责任、个人前途每一个环节都需要认真仔细地考虑、衡量。

创业者风险承担能力的评估，主要通过以下几个方面进行综合评估：

（一）与个人目标契合程度

创业过程中遭遇的困难与风险极大，因此有必要了解创业者的创业动机，以利于判断他愿意为创业活动付出的代价程度。一般认为，新创业机会与个人目标的契合程度越高，则创业者投入意愿与风险承受意愿自然也会越大，新创业目标最后获得实现的几率也相对较高。

（二）机会成本

一个人一生的黄金岁月大约只有30年光景，期间可分为学习、发展与收获等不同阶段，而为了这项创业机会，自己将需要放弃什么？可以由其中获得什么？得失的评价如何？参与创业，需要仔细思考创业所要付出的机会成本，经由机会成本的客观判断，可以得知新创业机会是否真的对于个人生涯发展具有吸引力。

（三）对于失败的底线

古人说，留得青山在，不怕没柴烧。创业必然需要面对可能失败的风险，但创业者不宜将个人全部资源都押在一次的创业活动上。理性的创业者必须要自己设定承认失败的底线，以便保留下次可以东山再起的机会。失败的底线，可以有效判断创业者的风险承受能力。

（四）个人风险偏好

创业者个人的风险偏好不同。一般来说，喜欢冒险，具有风险意识的创业者要比安全保守的创业者风险承受能力强。

（五）风险承受度

每个人的风险承受度都不一样。一般而言，风险承受度太高或太低均不利于新创业的发展。风险承受度太低的创业者，由于决策过于保守，相对拥有的创新机会也会比较少。但风险承受度太高的创业者，也会因为孤注一掷的举动，而将企业陷入险境。一个能以理性分析面对风险的人，才是比较理想的创业者。

（六）负荷承受度

创业者的耐压性与负荷承受度，也是评量创业者风险承担能力的一项重要指标。负荷承受度与创业者愿意为新创业投入工作量多寡，以及愿意忍受的辛苦程度密切相关。

【二维码链接】101个失败案例背后。

【实训活动】

活动一 你发现了哪些风险

（1）你了解下面哪个事件？任选一个或多个项目，指出你发现的风险。

（2）试着分析引起该风险的因素和可能出现的损失，并给该风险归类。

马云玩足球——2014年6月，马云12亿收购恒大俱乐部50%股权。

三大咖携手挺进O2O——2014年8月，万达与百度、腾讯共同成立电商公司，首期投资50亿。

贝思客——互联网烘焙品牌。“极致蛋糕”原料进口、云订单系统、价格游戏、2小时云配送。

37健康——以高血压为切入点，专注于构建高血压病人需求的健康管理服务平台，采集数据、提供服务、精准推荐。

乐博乐博——通过线下培训班的形式，教4～12岁的小朋友组装搭建和运行机器人，目前已有21家直营店；38家加盟店。

蓝橡树——垃圾收集者将含有贵金属的垃圾送到公司。公司收取前期加工费，在提炼了金属并出售后，将大部分利润回馈给垃圾收集者。

活动二 头脑风暴：大学生创业存在的风险

问题：大学生创业毕竟不同于社会人创业，依据大学生的普遍特点，或通过案例分析，说说大学生创业可能存在哪些风险？

风暴观点与梳理：

大学生创业者要认真分析自己创业过程中可能会遇到哪些风险，这些风险中哪些是可以控制的，哪些是不可控制的，哪些是需要极力避免的，哪些是致命的或不可管理的。一旦这些风险出现，你应该如何应对和化解。特别需要注意的是，一定要明白最大的风险是什么，最大的损失可能有多少，自己是否有能力承担并渡过难关。

大学生创业的风险主要有以下几个方面。

风险一：项目选择

风险二：缺乏创业技能

风险三：资金风险

风险四：社会资源贫乏

风险五：管理风险

风险六：竞争风险

风险七：团队分歧

风险八：核心竞争力缺乏的风险

风险九：人力资源流失风险

风险十：意识上的风险

活动三　对本团队的创业项目进行风险分析

同学们自己的分析：

（1）该决策的风险主要有：____。

（2）以上风险，哪些可以规避：____________________________________；哪些不能规避：________________________________。

（3）要实现该决策的销售目标，除了该方案，请你设计一个备选方案：____________________________________。

（4）权衡这两个方案，还需要搜集哪些方面的信息：____。

（5）如果使风险最小化，你认为有哪些应对措施：______________________________________。

【实战体验】项目风险分析与应对策略

各小组基于自己的创业项目，利用本章的风险分析知识方法，分析项目的主要风险，并给出规避和应对的策略。注意，创业主要风险不能太多，一般只有一个。因为，如果创业项目到处都是风险，这项目谁还能做成，谁还会投资呢？

【专家视点】

精益创业降低创业风险

最近出现了一种反传统的创业模式，可极大地降低创业风险。这种模式叫做“精益创业”，它注重实验而非精心计划，聆听用户反馈而非相信直觉，采用迭代设计而非“事先进行详细设计”的传统开发方式。精益创业所阐述的一些概念，例如最简化可行产品，已经快速在创业圈生根发芽。

精益创业模式的核心定义是：一个为寻找可重复和可扩展的商业模式而设立的临时组织。

精益创业有三个主要原则：

首先，创业者承认他们在创业第一天只有一系列未经检验的假设，也就是一些不错的“猜测”。创始人一般会在一个被称为“商业模式画布”的框架中总结出其假设，而不是花几个月来做计划和研究，并写出一份完备的商业计划书。从本质上说，这是一张展示公司如何为自己及客户创造价值的图表。

其次，精益创业者积极走出办公室测试他们的假设，即所谓的客户开发。他们邀请潜在的使用者、购买者和合作伙伴提供反馈，这些反馈应涉及商业模式的各个方面，包括产品功能、定价、分销渠道以及可行的客户获取战略。该方法的关键在于敏捷性和速度，新公司要快速生产出最简化且可实行产品，并立即获取客户的反馈，然后根据消费者的反馈对假设进行改进。创业者会不断重复这个循环，对重新设计的产品进行测试，并进一步做出调整，或者对行不通的想法进行转型。

最后，精益创业者采取“敏捷开发”的方式。“敏捷开发”最早源于软件行业，是一种以人为核心、迭代、循序渐进的产品开发模式，它可以与第一步中的客户开发有机结合。传统的开发方式是假设消费者面临的问题和需求，周期常常在一年以上。敏捷开发则完全不同，通过迭代和渐进的方式，它预先避开无关紧要的功能，杜绝了浪费资源和时间。这是初创公司创建最简化可行产品的过程。

【网上精品视频课程】创业风险能规避吗?

用手机“扫一扫”下面的二维码，用浏览器打开相应网址，进入视频课程学习。

【评估练习】

（1）创业风险有哪些分类？创业风险主要有哪些来源？

（2）大学生创业常见风险有哪些？

（3）创业风险识别的方法步骤是什么？

（4）如何进行风险的防范、分析与控制？

第五章　创业资源整合与融资

【本章地图】

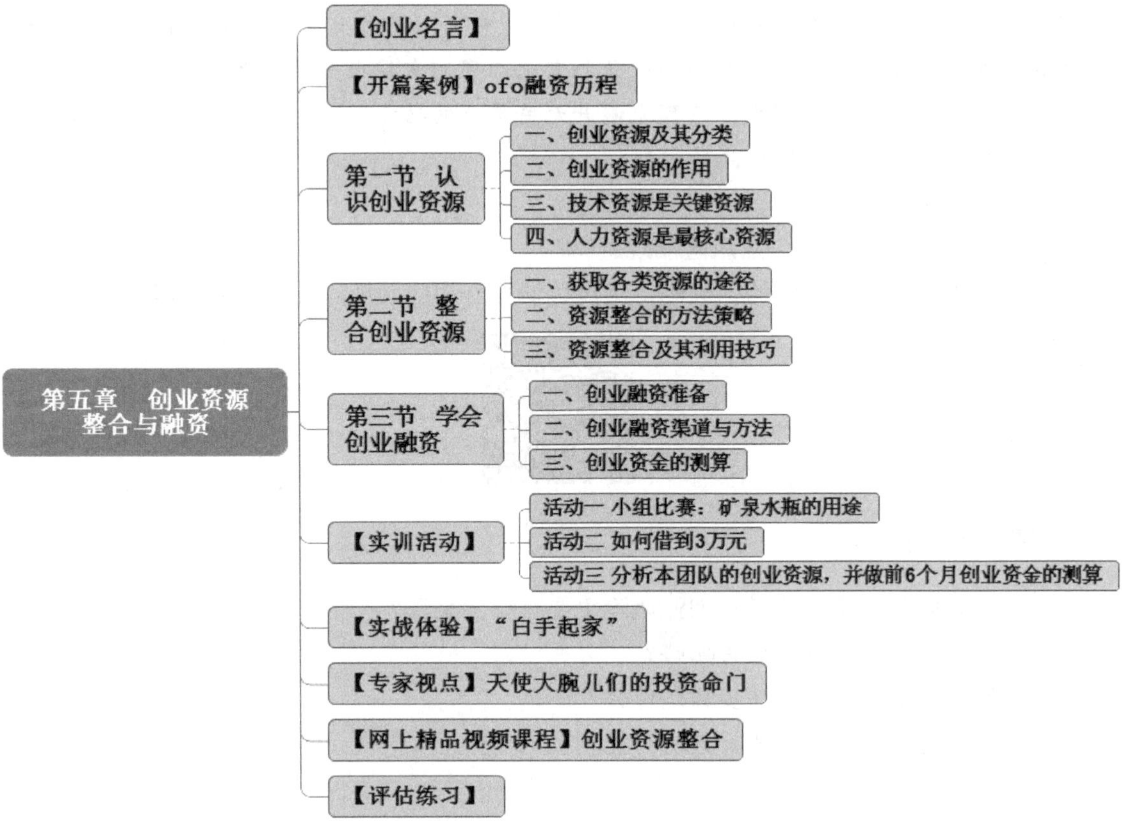

【创业名言】

创业者在企业成长的各个阶段都会努力争取用尽量少的资源来推进企业的发展，他们需要的不是拥有资源，而是要控制这些资源。

——哈佛商学院教授　霍华德·史蒂文森

【开篇案例】

ofo 融资历程

ofo 小黄车的融资总额已超过40亿元，共享单车也成为互联网行业的新“风口”。

但在最初创业的整整1年零7个月，戴威和他的同伴们“非常迷茫”，每一个创业方向都是信心满满地推出来，但没什么响应。他们空想过“生态闭环”“烧钱”拉过用户，目标是融到 A 轮。“但资本一眼就看明白了，现实把这些不切实际的想法给浇灭了”。

2014年年底，ofo 将方向转向骑行旅游，将自行车租给游客，带着他们到处骑行，在这个项目上，ofo 拿到了100万元天使投资，之后赶上了2015年上半年资本市场的疯狂。

被疯狂的资本市场驱使，ofo 决定：“烧钱！”给每一个注册 ofo 骑游应用的用户送一瓶脉动饮料。“烧了1个月就没钱了。现在想想,100万元人民币‘烧钱’那不是开玩笑吗？”但团队当时颇为自得，“当时想，照这个烧钱速度，再给我们500万元，就能做出100万用户来，那就是挺厉害的公司啦”。

但资本给年轻人上了严厉的一课。

“我每天见好几个投资人，居然连一个感兴趣的反馈都没有，非常打击人。我们一开始想，A 轮融2000万，两周之后觉得不行，就说融1500万，然后再降到800万、400万，还是不行。你拿脉动换了几千个注册用户，资本一眼就看明白了，现实把这些不切实际的想法给浇灭了。”

2015年4月底，ofo 账面上只剩400元钱，但2个程序员、5个运营还等着发工资。马上就要从北大考古专业毕业的张巳丁颇为忧伤：“觉得这个公司要死了，自己毕业后还是要去修文物了。”

“好的投资者能够问出非常尖锐的问题，让你被问得很疼，他一下挖到的都是我们在现在这个模式中暂时没有解决的问题，但他不会上来就跟你提‘对赌’‘回购’之类的条款，不会这抠一点儿那扣一点。只要聊得好，我们不会纠结估值，甚至会打折让大家进入。”

2016年1月29日，ofo 日峰值订单接近两万单，一个自称是“投资人”的人打电话到 ofo 客服。戴威第一反应是，“这位罗先生绝对是骗子”。当时他对融资这件事已经丧失信心了。他本打算春节后再启动融资，但还是抱着怀疑的态度回了信息，“感谢关注，有机会上门拜访”。

意外的是，对方秒回，“明天早上10点，国贸三期56层。”在金沙江创投办公室的那次见面，是戴威和朱啸虎的第一次见面，也成了改变戴威和 ofo 的重要时刻。

二十多分钟的谈话中，“每天的使用频率是多少，未来的市场规模和成长空间有多大”，都是朱啸虎最关心的问题。戴威回忆，金沙江创投最初给的估值并不高，和他的预期有一定差距，“我们当时的预期是1亿人民币估值，但最后打了六七折的样子。”

虽然过去的时间里，戴威所带领的 ofo 迅速完成了七轮融资。但他坦言，“我依然不是一个擅长融资的人，我的判断主要基于双方的价值观是否有认同感，但这不是一个常规的融资办法。尤其是在 B 轮融资的时候，我们选择的甚至不是价格最高的那个，而是和公司的感觉最像的那个。”

第一节　认识创业资源

【精彩视频链接】李志林：资源不足如何创业?

一、创业资源及其分类

（一）创业资源的内涵

常言道："巧妇难为无米之炊。"同样，没有必要的创业资源，创业者也只能望（商）机兴叹。

资源就是任何一个主体，在向社会提供产品或服务的过程中，所拥有或者所能够支配的能够实现自己目标的各种要素以及要素组合。简单地说，"创业资源"就是创业者在创业过程中，为保证创业活动的开展所需具备的一些创业条件。创业资源通常包括有形资产与无形资产，主要表现为人才、资本、生产或服务设施与技术等方面。对创业企业来说，创业者是其独特的资源，也是无法用钱买到的资源。

比如，有同学想开发一款 APP，通过 APP 构建一个为在校大学生提供各种生活服务的平台。要顺利启动这个创业项目，前期需要必要的资金、APP 开发技术和一定的办公条件；为保证项目的运营，需要 APP 开发运营和支持线下交易活动的人员，需要聚集提供产品与服务的商家资源等等。这些项目启动和运行所必需的环境与条件，就是创业资源。

（二）创业资源的分类

1. 直接资源和间接资源

一般来说，财务资源、经营管理资源、市场资源、人才资源是直接参与创业企业经营活动的要素资源，称为直接资源；政策资源、信息资源、科技资源这三类资源对创业活动的影响更多的是提供便利和支持，而非直接参与创业活动，对创业活动起到间接作用，称为间接资源。

财务资源：是否有足够的启动资金？是否有资金支持创业最初几个月的亏损？

经营管理资源：凭什么找到客户？凭什么应对变化？凭什么确保企业运营所需能够及

时足量地得到？凭什么让创业企业内部能有效地按照最初设想运转起来？

人才资源条件：是否有合适的专业人才来完成所有的任务？

市场资源：包括营销网络与客户资源、行业经验资源、人脉关系。凭什么进入这个行业？这个行业的特点是什么？赢利模式是什么？是否有起码的商业人脉？市场和客户在哪里？销售的途径有哪些？

政策资源：可不可以有一个“助推器”或“孵化器”推进我们的创业，比如某些准入政策、鼓励政策、扶持政策或者优惠等。

信息资源：依靠什么来进行决策？从哪里获得决策所需的信息？从哪里获得有关创业资源的信息？

科技资源：创业的企业凭什么在市场上去竞争，为社会提供什么样的产品和服务？大学生创业造就了惠普公司、英特尔公司等今天的高科技企业，造就了硅谷神话，创造了巨大的社会财富，首先依靠就是核心的科技技术。

2. 人力和技术资源、财务资源、生产经营性资源

从资源的性质来分，创业资源主要为以下几种：(1) 人力和技术资源，包括创业者及其团队的能力、经验、社会关系及其掌握的关键技术等；(2) 财务资源即以货币形式存在的资源；③其他生产经营性资源，即在企业新创过程中所需的厂房、设施、原材料等。

3. 自有资源和外部资源

根据资源的来源来分，创业资源可分为自有资源和外部资源。自有资源是来自创业者内部的积累，是创业者自身所拥有的可用于创业的资源，如创业者的自有资金，自己拥有的技术，自己掌握的信息，自建的营销网络，控制的物质资源等。极端情况下，创业者所发现的创业机会有可能是其所拥有的唯一创业资源。

外部资源可以包括：朋友、亲戚、商务伙伴或其他投资者、投资人资金，或者包括借到的人、空间、设备或其他原材料，或通过提供未来服务、机会等换取到的，有些还可能是社会团体或政府的资助。

创业者在创业初期往往面临资源不足的问题。创业者只有利用创业机会，从外部获取到相应的创业资源，才能实现项目启动和运营，进而获得企业的快速成长。对创业者来说，运用外部资源，是一种非常重要的方法，在企业的创立和早期成长阶段尤其如此。其关键是要有资源的使用权并能控制或影响资源的部署。

自有资源的拥有状况将在很大程度上影响甚至决定我们获取外部资源的结果。“打铁还要自身硬”，创业者首先要致力于扩大、提升自有资源。拥有核心资源帮助创业者更易获得和运用外部资源。

4. 要素资源和环境资源

按照资源对创业活动的作用我们将其分为两大类，对于直接参与日常生产、经营活动的资源，称之为要素资源；未直接参与生产，但其存在可以极大地提高运营效率的有效性资源，称之为环境资源。要素资源和环境资源的具体分类，见表5-1。

表 5-1　要素资源和环境资源的分类

资源分类		资源内容
要素资源	场地资源	场地内部的基础设施建设，便捷的计算机通信系统，良好的物业管理和商务中心，以及周边方便的交通和生活配套设施等
	资金资源	及时的银行贷款和风险投资，各种政策性的低息或无偿扶持基金，以及写字楼或者孵化器所提供的便宜的租金等
	人才资源	高科技人才和管理人才的引进，高水平专家顾问队伍的建设，合格员工的聘用等
	管理资源	企业诊断、市场营销策划、制度化和正规化企业管理的咨询等
	科技资源	对口的研究所和高校科研力量的帮助，与企业产品相关的科技成果以及进行产品开发时所需要用到的专业化的科技试验平台等
环境资源	政策资源	允许个人从事科技创业活动，允许技术入股，支持海外与国内的高科技合作，为留学生回国创业解决户口、子女入学等后顾之忧，简化政府的办事手续等
	信息资源	及时的展览会宣传和推介信息，丰富的中介合作信息，良好的采购和销售渠道信息等
	文化资源	高科技企业之间相互学习和交流的文化氛围，相互合作和支持的文化氛围，以及相互追赶和超越的文化氛围等
	品牌资源	借助大学或优秀企业的品牌，借助科技园或孵化器的品牌，以及借助社会上有影响力的人士对企业的认可等

【二维码链接】创业的核心资源与非核心资源。

二、创业资源的作用

创业者获取创业资源的最终目的是为了运用资源开发创业机会，提高创业绩效，进而获得创业成功。无论是要素资源还是环境资源，无论它们是否直接参与经营活动，它们的存在都会对创业活动的结果产生积极影响。

（一）要素资源支撑并直接促进创业活动

1. 场地资源

任何创业都要有生产和经营的场所，这是首要条件之一。如为科技创业项目提供必要的研究开发环境、为市场人员提供便捷的商务条件、为产品生产提供生产车间等。良好的场地资源，有助于创业活动更快更好地开展。

2. 资金资源

充足的资金有助于加速创业活动的开展和创业企业的成长速度。创业企业无论是进行产品研发还是生产销售，都需要资金。创业企业往往面临资产不足、融资难的问题，这更使得资金资源成为创业企业高速发展的瓶颈。

3. 人才资源

人是创业活动的第一能动要素，人才对于创业企业的成长和发展至关重要。高素质人才的获取和开发，已经成为现代企业可持续发展的关键，而对于创业企业来说，人才资源则更为重要。

4. 管理资源

很多创业者具备技术能力或市场能力，但往往缺乏管理实战能力，企业管理知识欠缺，很多创业企业都失败于管理不善，这意味着拥有完整而高效的管理资源是创业企业的宝贵资源。当然，缺乏这一资源时，有很多办法和途径可以弥补。

5. 科技资源

创业企业主要是提供更优的产品和服务来赢得市场，而产品和服务的竞争力主要来自技术创新。科技资源的重要性不言而喻。积极寻找引进有商业价值的科技成果，加强和高校科研院所的产学研合作，将有助于加快产品研制和成型的速度，缩短产品和服务进入市场的时间，为创业企业的市场竞争提供有力支持。

（二）环境资源影响要素资源，间接促进创业活动

1. 政策资源

从中国的创业环境看，各级政府出台了很多推动创业的扶持政策。在这些政策的允许和推动下，创业企业可获得更多的人才和资金，高效获得具有明确产权关系的科技成果、各种服务和帮助以及场地优惠等。政策资源是公共资源，所有同质的创业企业都可以享受，创业企业应重视政策资源的获取与利用。

2. 信息资源

专业机构对于信息的搜集、处理和传递，可以为创业者制订研发、采购、生产和销售的决策提供指导和参考。对于创业企业来说，由于竞争十分激烈，就更加需要丰富、及时、准确的信息，以争取到更多的要素资源。这种信息如果由创业者自身获取，成本可能过高。因此，常常由专业机构提供。

3. 文化资源

文化资源是创业企业发展中的重要组成部分。对于创业企业来说，文化资源尤为珍贵。硅谷成功的一个很重要的原因是其具有浓厚的创业文化氛围，如鼓励冒险、容忍失败等。文化，对于创业企业和创业者有着极大的精神激励作用，促进创业企业以更强的动力和能力有效组合要素资源，创造更多价值。

4. 品牌资源

创业企业所置身的环境也往往具有一定的品牌效应。例如，优秀的孵化器能为创业企业提供品牌保证，可以提高政府、投资商和其他企业对在孵企业信誉度的评估，有助于创业企业获取资金、人才、科技、管理等资源。创业者要善于利用品牌资源，扩大创业企业和品牌之间的互动，以增强社会影响力。

【二维码链接】浅谈创业过程之创业资源重要性。

三、技术资源是关键资源

技术资源能回答这样的问题：我们能提供什么样的产品或者服务？它能满足人们什么样的需求？谁会需要我们提供的产品或者服务？

在创业初期，技术资源是最关键的创业资源之一。其原因有三：一是技术是决定产品市场竞争力和获利能力的根本因素；二是技术壁垒往往决定了所需创业资本的大小；三是创业企业规模较小，对管理及人才的需求度不像成熟企业那样高。创业企业是否掌握创业需要的“核心技术”，是否拥有技术的所有权，决定着创业的成本，以及创业企业能否在市场中取得成功。尤其对依托高科技创业而言更是如此。美国的微软公司和苹果公司，最初创业资本都不过几千美元，创业人员也只有几人。它们之所以走向成功，就是因为它们拥有独特的核心技术。

很多时候，拥有了核心技术，就拥有了获得资金支持的资本。2016年“互联网+”大学生创新创业大赛中，西北工业大学的“商业小卫星”项目，拥有多项世界领先的核心技术。许多投资人认为这一项目极具商业前景，如能推广，会给风险投资带来丰厚的回报，竞相投资。

一些看起来很有前景的“商机”，如果没有拥有或者控制核心技术就贸然进入，必然很快遭受重创。比如现在VR产业很火，市场前景很好，但很多创业团队没有拍摄、制作以及内容创意的核心技术，导致服务质量差，往往以失败告终。

需要特别指出的是，关于技术的外延应该比较宽广一些，做菜、按摩、养猪等都有技术可言，不一定非要高精尖的技术。成都研究生面馆的失败就是典型案例。六位研究生，虽然在开业前两个月，曾分头到成都大街小巷的面店去“明察暗访”，先后跑了几百家面馆，吃了一千多碗面，发现了“成都的快餐吃得最多的还是面条”的事实，但他们并没有拥有提供“好味道”面条的技术，顾客评价其提供的面条“量少、难吃”。四个多月后，面馆怅然转手他人。

【二维码链接】创业初期技术：创业公司如何把握三大核心资源。

四、人力资源是最核心资源

人力资源不仅仅指创业者及其团队的特长和知识，还包括创业者及其团队拥有的能力、经验、技术、激情、社会关系、市场渠道等。美国苹果电脑公司创始人史蒂夫·乔布斯曾经说过："刚创业时，最先录用的10个人将决定公司成败。小公司对优秀人才的依赖要比大公司大得多。"

（一）人力资源是创业的第一能动要素

在第一章已经介绍过，创业活动有三个核心要素：创业者（团队）、创业机会和创业资源。在这三个核心要素中，只有创业者（团队），即人力资源是能动要素。只有依靠人力资源的主观能动性，才有创业机会的开发，创业资源的整合与利用，才能实施创业活动的开展。

创业企业的真正优势，最终体现在其拥有的人力资源。技术是人掌握的，是靠人力资源来研究开发出来的；产品是靠人力资源来组织生产的；市场资源是靠人力资源来开拓和维护的。本质上说，创业企业的所有经营活动，都依赖人力资源的利用而实现，经营的绩效都是发挥人力资源的积极性与创造性才能获得的。

（二）人力资源直接决定其他资源的获取和利用

无论是财务资源，还是技术资源，创业所需的必备要素资源都是由人力资源直接决定的。创业初期，财务资源不是最重要的约束。资金是可以通过团队的能力以及团队所拥有的技术去获得的。如果创业企业不拥有核心技术，往往可以通过招募掌握或有研发相关核心技术能力的人才来获取。拥有这样的技术人才，就真正掌握了技术资源。

创业资源往往不在于拥有，而在于整合与利用。整合资源，需要人力资源去完成；而资源的优化配置与高效利用，则更依赖人力资源效能的发挥。

投资人在投资创业项目时，特别是天使投资人，他们投资的往往不是项目，而是团队。投资者真正看中的是能把创业项目做成的有潜能的创业团队。拥有与创业项目匹配优势的人力资源，不仅可以成功融资，还可以保证创业企业的顺利发展与快速成长。

【二维码链接】“大众创业，万众创新”背后的“六大核心资源”。

第二节　整合创业资源

【精彩视频链接】正哥职场——三国职场故事之刘备。

一、获取各类资源的途径

（一）获取技术资源的途径

获取起步项目所依赖技术的途径方式有：

（1）吸引技术持有者加入创业团队。

（2）购买他人的成熟技术，并进行技术市场寿命分析等。

（3）购买他人的前景型技术，再通过后续的完善开发，使之达到商业化要求。

（4）同时购买技术和技术持有者。

（5）自己研发，但这种方式需要时间长，耗资大。

创业者应该随时关注各高校实验室、老师或者学生的研发成果，定期去国家专利局去查阅各种申请专利，养成及时关注科技信息，浏览各种科技报道，留意科技成果，从中发现具有巨大商机的技术的习惯。政府机构、同行创业者或同行企业、专业信息机构、图书馆、大学研究机构、新闻媒体、会议及互联网等，都是我们获取这些信息的渠道，可以根据自己的实际情况与各种方式的特点，选择一种或多种方式，尽可能获取有效的、需要的信息。

（二）获取人力资源的途径

这里的人力资源不是指创业企业成立以后需要招募的员工，而是指创业者及其团队拥有的知识、技能、经验、人际关系、商务网络等。可以通过以下途径提高创业团队的各项能力。

1. 刻苦学习相关知识

知识可以促进能力的发展。任何能力的形成和提高都是在掌握和运用知识的过程中完成的，创业能力也不例外。在学习文化专业知识的过程中，认真思考，吸取前人的经验，同时也锻炼了自己综合分析问题的能力。“知识就是力量”，要使知识变成力量，一定要有能力。不能死读书，读死书，成为书呆子。要学会将学习、思考、实践结合起来，经过自己的消化、吸收，转化为运用知识的手段和本领，进而为创业能力的形成和提高打下坚实的基础。

2. 实践是提高创业能力的唯一途径

创业能力的形成和提高必须在创业实践中才能实现。创业者，应根据自身和专业特点，在培养自己强烈的创业意识、成功意识，认真学习专业文化知识的基础上，积极参与创业实践活动。

（1）利用空闲时间进行尝试性、见习性的实践活动。可以和家人、朋友或同学合伙也可独立投入一点小资本进行经营活动；参与家庭或他人的创业活动；到小企业打工等。

（2）模拟实践。可以参加创业实践情景模拟，进行有关创业活动的情境体验。如招、应聘雇员的面试，产品推销等。

（3）利用实习期间进行创业实践训练。进入创业活动正式启动阶段前后，可以单独或与同学轮流租赁或承包一个小店铺，或加工、修理；或销售、服务等，在真刀真枪的创业实践中提高自己的创业能力。实习期间，不仅要训练提高自己的专业技能，更要有意识地观察体验经营管理方面的技能，以及营销方面的技巧。

3. 参加各种创业或相关的培训

创业培训是对具有创业愿望和相应条件的人员所进行的开办小企业等创业活动所必备的基础知识和能力的培训，是近年来国家在促进创业中逐渐发展起来的一种新的培训。

（三）获取外部资金资源的途径

对于外部资金资源的获取，一般可通过以下五种途径获得：（1）依靠亲朋好友筹集资金，双方形成债权债务关系；（2）抵押、银行贷款或企业贷款；（3）争取政府某个计划的资金支持；（4）所有权融资，包括吸引新的拥有资金的创业同盟者加入创业团队，吸引现有企业以股东身份向新企业投资、参与创业活动，以及吸引企业孵化器或创业投资者的股权资金投入等；（5）一个详尽可行的创业计划，以吸引一些大学生创业基金甚至风险投资基金的目光。

在获取外部资源之前，记住一个企业家曾经说过的一段话：“创业首先要用自己的钱干起来，你自己的钱不先投进去，凭什么让别人为你投钱？”

（四）获取市场与政策信息资源的途径

一般而言，获取市场及政策信息的途径主要有：政府机构、同行创业者或同行企业、专业信息机构、图书馆、大学研究机构、新闻媒体、会议及互联网等。对于这些信息的获得，创业者可以根据自己的实际情况与各种方式的特点，选择一种或多种方式，尽可能获取有效的、需要的信息。

【二维码链接】挑选适合自己的创业融资渠道？

二、资源整合的方法策略

（一）人脉整合，善用人际关系

《行销致富》的作者史坦利教授说："我成功是源于一本厚厚的名片薄。更重要的是我广结人际网络的能力。"同学们有没有这样的经历？资金周转不过来，找朋友借一些，朋友很爽快地答应了；遇到一个很重要的客户，可关系若即若离，很难把握住这次交易，经朋友介绍认识后和客户很快成了朋友，交易顺利完成了。这些都是人脉资源价值的体现。有人脉获得财富就像坐电梯，没人脉获得财富就好比爬楼梯。丰富的人脉资源能帮助同学们节省更多的时间和精力，使同学们畅通无阻地实现创业梦想。

（二）资金整合，快速启动项目

资金是企业运营的血液，没有资金，企业及管理团队就无法生存。对创业者来说，资金整合过程中能够快速、高效地筹集资金，是企业站稳脚跟的关键。资源整合大师周嵘说："缺钱的人缺的不是钱，而是缺少有钱的人脉和朋友，缺好项目及把好项目运作成功的团队和能力。"

在整合资金前，同学们可以认真分析一下，自己缺的是什么。如果缺的是有钱的人脉和朋友，则需要找到一个人或圈子愿意帮助你，而如果自身的项目不好，团队能力不行，到哪里都不会有人投资。资金整合的关键点是展示信誉，因为个人或者企业的信誉好坏，直接影响到向银行申贷及寻找投资人的成功与否。

（三）团队整合，发挥集体优势

比尔·盖茨说："永远不要靠自己一个人花100%的力量，而要靠100个人每个人花1%

的力量。”现在的社会已经不再是单打独斗的年代，而是靠团队取胜。

只有靠优秀的团队才能在激烈的竞争中获胜。要打造一个优秀的团队并非一件简单的事情。打造一个优秀的团队，不是只要找到人就可以了，除了找到人，还要找对人，找对人之后还要放对位置，放对位置之后还要做对事。只有这样效果才会真正显现，如果找到的是不合适的人，反而会给公司带来很大麻烦。

（四）渠道整合，借势借力

占领市场高地整合渠道资源，可以为各个渠道成员提供更高的价值，使其获取更高的渠道效率。渠道整合体现在两个方面：一是对企业内部资源的整合，二是对企业外部营销体系的整合。如果自己有一个好产品却没有销售渠道，这时有两个方法：一是招聘一个渠道高手，让他负责训练一个团队，全国各地自建直销渠道；二是去整合别人花了几年和无数心血建成的渠道，通过他们的渠道，将赚的钱分一部分给他们。这一整合策略告诉我们：别人的销售团队、渠道一样可以帮自己卖产品。

（五）异业整合，获取更大收益

“异业”，代表不同行业。不同行业的企业，也能整合。所谓“异业整合”，简单来说就是取长补短和强强联合。通过分享各自的资源，通过整合对方的资源，降低成本、提高效率、增强市场竞争力。如果有一类客户，在购买自己产品的同时还购买其他公司的产品，那就可以把产品卖给拥有同一类客户的公司，做最有效的客户资源整合。在这个整合中，最好的方法是：整合这一类公司，这样他们公司全部的客户就会转化成自己的客户。如果不能整合公司，就整合他们主管客户的营销负责人，还不能整合，就整合营销经理，如果也不能整合，就整合他们公司的业务员，如果依然行不通，就只能整合一部分客户了。

（六）淡旺季整合：互补互利

很多行业都存在淡季和旺季的问题。在进行淡旺季整合时，首先要问自己两个问题：我忙时谁闲？谁忙时我闲？这两个看似不起眼的问题，却道出了淡旺季整合的关键。比如有一位来自哈尔滨做松花江游船的创业者，他的企业淡旺季很明显，因为他做游船生意，一年中只有半年的时间能运营，其他时间冰冻封江，运营团队很不稳定。他想到可以整合滑雪场，找了几家滑雪场老板，其中一家对他的整合方案非常认同，双方一拍即合，彼此都省下了一大笔人员工资，并且团队也稳定了。

【二维码链接】初创团队一般需要哪些创业服务和资源，该怎么获取？

三、资源整合及其利用技巧

创业者能否成功地开发出机会，进而推动创业活动向前发展，通常取决于他们掌握和能整合到的资源，以及对资源的利用能力。许多创业者早期所能获取与利用的资源都相当匮乏，而优秀的创业者在创业过程中所体现出的卓越创业技能之一，就是创造性地整合和运用资源，尤其是那种能够创造竞争优势，并带来持续竞争优势的战略资源。对创业者而言，一方面要借助自身的创造性，用有限的资源创造尽可能大的价值，另一方面更要设法获取和整合各类战略资源。

（一）善用资源整合技巧

为了确保公司持续发展，创业者在每个阶段都要问自己，怎样才能用有限的资源获得更多的价值创造？

1. 学会拼凑

很多创业者都是拼凑高手，通过加入一些新元素，与已有的元素重新组合，形成在资源利用方面的创新行为，进而可能带来意想不到的惊喜。创业者通常利用身边能够找到的一切资源进行创业活动，有些资源对他人来说也许是无用的、废弃的，但创业者可以通过自己的独有经验和技巧，加以整合创造。例如：很多高新技术企业的创业者并不是专业科班出身，可能是出于兴趣或其他原因，对某个领域的技术略知一二，却凭借这个略知的“一二”敏锐地发现了机会，并迅速实现了相关资源的整合。

整合已有的资源，快速应对新情况，是创业的利器之一。拼凑者善于用发现的眼光，洞悉身边各种资源的属性，将它们创造性地整合起来。这种整合很多时候甚至不是事前仔细计划好的，而往往是具体情况具体分析，“摸着石头过河”的产物。而这也正体现了创业的不确定性特性，并考验创业者的资源整合能力。

2. 步步为营

创业者分多个阶段投入资源并在每个阶段投入最有限的资源，这种做法被称为“步步为营”。“步步为营”的策略首先表现为节俭，设法降低资源的使用量，降低管理成本。但过分强调降低成本，会影响产品和服务质量，甚至会制约企业发展。比如：为了求生存和发展，有的创业者不注重环境保护，或者盗用别人的知识产权，甚至以次充好。这样的创业活动尽管短期可能赚取利润，但肯定不会长久。所以，需要“有原则地保持节俭”。

“步步为营”策略表现为自力更生，减少对外部资源的依赖，目的是降低经营风险，加强对所创事业的控制。很多时候，步步为营不仅是一种做事最经济的方法，也是创业者在资源受限的情况下寻找实现企业理想目的和目标的途径，更是在有限资源的约束下获取满意收益的方法。习惯于步步为营的创业者会形成一种审慎控制和管理的价值理念，这对创业型企业的成长与向稳健成熟发展期的过渡，尤其重要。

（二）发挥资源杠杆效应

杠杆资源效应就是以尽可能少的付出获取尽可能多的收获。杠杆资源效应的发挥是一个创造性产生的过程。美国著名的投资银行家罗伯特·库恩说过：一个创业者要具有发现价值和创造价值的能力，要具有在沙子里找到钻石的工夫，识别一种没有被完全利用的资源。杠杆资源效应体现在以下方面：延长使用资源的时间，充分地利用别人没有意识到的资源，利用他人或者别的企业的资源来完成自己创业的目的，用一种资源补另一种资源，产生更高的复合价值，利用一种资源获得其他资源。

对创业者来说，容易产生杠杆效应的资源主要包括人力资本和社会资本等非物质资源。创业者的人力资本由一般人力资本与特殊人力资本构成，一般人力资本包括受教育背景、以往的工作经验及个性品质特征等。特殊人力资本包括产业人力资本（与特定产业相关的知识、技能和经验）与创业人力资本（如先前的创业经验或创业背景）。调查显示，特殊人力资本会直接作用于资源获取，有产业相关经验和先前创业经验的创业者能够更快地整合资源，更快地实施市场交易行为。而一般人力资本使创业者具有知识、技能、资格认证、名誉等资源，也提供了同窗、校友、老师以及其他连带的社会资本。

相比之下，社会资本有别于物质资本、人力资本，是社会成员从各种不同的社会结构中获得的利益，是一种根植于社会关系网络的优势。在个体分析层面，社会资本是嵌入来自于并浮现在个体关系网络之中的真实或潜在资源的总和，它有助于个体开展目的性行动，并为个体带来行为优势。外部联系人之间社会交往频繁的创业者所获取的相关商业信息更加丰富，从而有助于提升创业者对特定商业活动的深入认识和理解，使创业者更容易识别出常规商业活动中难以被其他人发现的顾客需求，进而更容易获得财务和物质资源，这正是其杠杆作用所在。

（三）设置合理利益机制

资源通常与利益相关，创业者之所以能够从家庭成员那里获得支持，就是因为家庭成员之间不仅是利益相关者，更是利益整体。既然资源与利益相关，创业者在整合资源时，就一定要设计好有助于资源整合的利益机制，借助利益机制把包括潜在的和非直接的资源提供者整合起来，借力发展。因此，整合资源需要关注有利益关系的组织或个人，要尽可能多地找到利益相关者。同时，分析清楚这些组织或个体和自己以及自己想做的事情有利益关系，利益关系越强、越直接，整合到资源的可能性就越大，这是资源整合的基本前提。

利益关系者之间的利益关系有时是直接的，有时是间接的，有时是显性的，有时是隐性的，有时甚至还需要在没有的情况下创造出来。另外，有利益关系也并不意味着能够实现资源整合，还需要找到或发展共同的利益，或者说利益共同点。为此，识别到利益相关者后，逐一认真分析每一个利益相关者所关注的利益非常重要，多数情况下，将相对弱的利益关系变强，更有利于资源整合。

然而，有了共同的利益或利益共同点，并不意味着就可以顺利实现资源整合。资源整合是多方面的合作，切实的合作需要有各方面利益真正能够实现的预期加以保证，这就要求寻找和设计出多方共赢的机制。对于在长期合作中获益、彼此建立起信任关系的合作，双赢和共赢的机制已经形成，进一步的合作并不很难。但对于首次合作，建立共赢机制尤其需要智慧，要让对方看到潜在的收益，为了获取收益而愿意投入资源。因此，创业者在设计共赢机制时，既要帮助对方扩大收益，也要帮助对方降低风险，降低风险本身也是扩大收益。在此基础上，还需要考虑如何建立稳定的信任关系，并加以维护管理。

（四）充分利用已经拥有的创业资源

高校大学生创业存在甚至是严重存在信息不对称的问题。有不少身边的创业资源，还没有被我们大学生知晓、了解，更谈不上加以运用了。目前高校系统聚集了大量的可以帮助大学生创业的资源。有创业意愿的大学生应该留意这些在身边的资源，加以充分利用，不但能更好地提高自己创业判断分析和把握机遇的能力，而且也可能孕育着很好的机会。

1. 高校创业教育与创业指导

首先是各高校几乎都有创业课程、创业者协会、科技和发明协会以及讨论或者实践创业的学生社团、沙龙、论坛和讲座等。在这些团队里有规章，有固定的活动时间，学生们可以和志同道合的朋友交谈，甚至有时候可能会有向成功企业家请教的机会。记学分的创业创新课程不仅由学校的老师来讲，也会邀请校外企业家授课，采取大班讲座、小班操练、案例剖析、创业比赛、专家辅导、实战模拟等一系列创新的教育方法和手段，帮助同学们对创业要素、创业过程，以及创业者所涉及的问题有更为透彻全面的了解。

2. 创业基金

为鼓励创业，政府出台了一系列支持计划，不同部门设置了不同的大学生创业基金。各地也先后出台了有关计划或者设置相应的基金。比如上海市还出台了“上海市高校学生科技创业基金”（即天使基金）。其政策措施以及计划、基金切实地帮助了很大一部分青年大学生的创业。另外，很多高校或者学团组织也设置有大学生创业基金。

（五）有限资源的创造性利用

1. 资源的利用效率

经营活动的效率，就是对各种资源的利用效率，但是资源的利用效率总是达不到百分之百，即企业内部总是存在未利用资源。资源利用效率是指投入资源与产出与收益之比较指标。资源的利用效率最终是体现在财务的收入上，很多财务指标可以用于衡量资源的利用效率，如单位总资产与净资产的销售收入和销售利润；劳动生产率（人均收入或人均利润）；存货周转率与应收账款周转率。

2. 资源重复利用

资源重复利用包括技术资源、品牌资源、制造资源、营销网络资源、管理资源的重复利用。

（1）技术资源的重复利用。特定技能或技术的使用次数越多，就表示资源杠杆运用越充分，资源的利用效率越高。如夏普将本身开发成功的液晶显像技术，陆续应用于计算机、电子记事簿、迷你电视、大荧幕投射电视及手机。

（2）品牌资源的重复利用。再生利用并不限于科技基础的竞争力。品牌可以再生利用，利用高知名度的“企业名称”推出全新的产品，至少可以让顾客“考虑购买”大牌制造商制造的产品，和其他默默无闻的同期新产品比起来，高知名度已经占有一项竞争优势了。

（3）制造资源的重复利用。保持制造资源的充分弹性，即迅速调整生产线改而制造另一种产品的能力是制造资源重复利用的前提条件。在网络经济下通过把高度分散的制造能力组合成必要的制造资源以响应市场机遇的协作式伙伴关系将迅速发展。创业企业保持制造资源的弹性，保持制造资源的重复利用非常重要。

（4）营销网络资源的重复利用。对多系列产品的中小企业共用一个销售网络，可以降低成本，充分利用营销网络资源。但当产品差异化比较大时，特别在售后服务环节存在巨大差异时，存在不同产品对营销网络资源有差异化的要求时，实现营销网络资源的重复利用有一定障碍。

（5）管理资源的重复利用。转移工厂的作业改善经验应用于其他工厂；同一系统应用于同一产品系列；迅速广泛应用一线员工的良好构想，以改善对顾客的服务，以及暂调有经验的主管赴供应商处驻厂指导等均是管理资源的重复利用。

【案例】梦想小厨

杭州有位大学生创业者潘利静，她开始的创业项目是经营快餐店。由于店面在下沙高教园区，通过调研，她发现大学生创业者很多。她创立了全国首家创业主题餐厅——创巢·梦想小厨以美味鲜辣的建德菜为主体，菜品丰富，口味正宗。餐厅经营的很不错。

但她发现，花了大笔装修费用，环境舒适优雅的餐厅，只要过了饭点，就空下来了。她总觉得很浪费，因为许多餐厅的地理位置都非常好，旁边的写字楼租金不菲，许多创业公司不得不挤在一个狭窄的空间里。所以，她想出一个主意，把空间资源再利用，把餐厅空闲时段出租给创业者办公。梦想小厨很快聚集了30多家大学生创业企业。

“下沙学校多，创业大学生多，打造这家创业主题餐厅，旨在为创业者提供一个聚餐、交流、整合资源的空间。”现在，梦想小厨定位于汇聚创业者、投资圈的创业平台，设有专门的创业洽谈区域，定期推出创业沙龙分享，资源对接等活动。随着对入驻办公的大学生创业团队的了解，潘利静开始投资孵化一些自己看好的项目，把餐厅升级为创巢创业园。

潘利静把有限的资源，通过创造性思维和资源整合，实现了创造性利用，获得了极大成功。她的成功，值得我们借鉴。

3. 资源的快速回收

加快资源回收是资源杠杆运用的重要领域，公司赚钱越快，回收的资源就越快，就越能再加利用。如果投入的资源相同，甲公司回收利润的时间只是乙公司的一半，则表示甲公司享有两倍于乙公司的杠杆运用优势。

4. 资源的融合

通过融合不同种类的资源，各种资源的价值将随之提升。抢先进入一个科技领域，并得到领导地位固然重要，但公司如拙于调和这些科技，使既有科技能力不能持续扩充，就是没有进行资源杠杆运用。因此，就算公司在许多单项科技领域领先，也无多大实质意义。只有培养出一批通才，有效整合不同技能、科技与功能，才能建立真正的竞争优势。

【二维码链接】连接资源：创新资源整合方式。

第三节　学会创业融资

【精彩视频链接】YC 创业课：《如何融资》

一、创业融资准备

企业在创业阶段风险较大，融资相对较难，如果不认真做好准备工作，成功的希望非常渺茫。在创业者缺乏相关经验的情况下，即使意外成功，交易结构和投资条款也对企业很不利，为今后的发展埋下隐患。所以，要成功实现创业企业融资必须预先做好融资准备工作。

（一）融资准备

所谓“知己知彼，百战不殆”，融资准备工作也必须从“内外”两大因素入手：做好内部建设，对企业现状和发展前景有清晰的认识；同时逐步了解外部的融资环境，可以通过聘请专业融资顾问获得帮助，为成功融资创造条件。具体包括以下几项：

1. 企业自身建设

涉及盈利模式、管理团队、市场客户和产品技术等几大要素。其中管理团队具有管理能力、凝聚力和进取心，是创业成功的重要保证。

2. 制订融资战略

需要考虑的问题有：融资的时机、所需资金的数量、融资采取的方式等。企业还应当根据不同的发展阶段来考虑融资数量和资金投入的时机。融资方式的选择需要结合自身条件和各种融资渠道的风险、成本综合考虑。

3. 资料和人员的准备

将企业的情况和融资计划表达成简明、有说服力的书面文档，凸显企业价值，使投资者通过相关材料对企业有清楚的认识。需要注意的是，随着融资各项工作的到位，内部操作人员专业素质缺乏亦可能导致融资谈判失败，所以适时地组织内部人员参加专业培训也是重要的准备。

4. 聘请外部专家

由于创业者往往缺乏融资经验与时间精力，聘请专业融资顾问应该是最好的选择，他们将为融资的各个步骤提供专业意见，并利用积累的融资渠道为企业引荐合适的投资者。

5. 接触潜在投资者

创业者和投资者之间是一种长期合作关系，需要达成充分的相互了解与信任。企业应在广泛调研的基础上，根据自身的发展模式和价值取向进行选择与接触。事实上在与投资者的交流中，创业者往往能够获得很多有利于企业发展的宝贵建议。

（二）融资资料的准备和策划

融资资料是资金方要求企业提供的各种形式的文字、数据、图片的总称。其核心是计划书。计划书是把资金方关注的主要问题以一定格式描述出来的重要信息载体。其主要内容包括企业概况、优势、资金的用途、项目的风险和效益测算、融资工具、还款来源或投资退出方式等。融资资料准备与策划就是按照特定的融资工具、融资渠道的要求，为资金方安全保障考虑，对融资有关的信息进行收集、挖掘、加工处理，并按一定格式加以表述的过程。

【二维码链接】创业者通过哪些方面来判断一个投资人的好坏。

二、创业融资渠道与方法

融资渠道是指企业筹措资金的方向和通道，体现了资金的来源和流量。了解企业的融资类型和融资方式，对企业的生存和发展是极其关键的。常见的融资渠道有以下几种：

（一）私人资本融资

私人资本包括：

1. 个人积蓄

个人资金成本最为低廉，而且还因为创业者在试图引入外部资金时，外部投资者一般都要求企业必须有创业者的个人资金投入其中。所以，个人积蓄是创业融资最根本的渠道，几乎所有的创业者都向他们新创办的企业投入了个人积蓄。

创业者可以通过转让部分股权的方式从合伙人那里取得创业资金。将个人合伙人或个人股东纳入自己的创业团队，利用团队成员的个人积蓄是创业者最常用的筹资方式之一。

2. 亲友资金

除了个人积蓄之外，身边亲朋好友的资金是最常见的资金来源。亲朋好友由于与创业者个人的关系而愿意向创业企业投入资金，因此，亲友资金是创业者经常采用的融资方式之一。

在向亲友融资时，创业者必须要用现代市场经济的游戏规则、契约原则和法律形式来规范融资行为，保障各方利益，减少不必要的纠纷。创业者还要在向亲友融资之前，仔细考虑这一行为对亲友关系的影响，要将日后可能产生的有利和不利方面告诉亲友，尤其是创业风险，以便将来出现问题时对亲友的不利影响降到最低。

3. 天使投资

天使投资指个人出资协助具有专门技术或独特概念但缺少自有资金的创业者进行创业，并承担创业中的高风险和享受创业成功后的高收益；或者说是自由投资者或非正式风险投资机构对小型初创企业进行的前期投资，是一种非组织化的创业投资形式。

天使投资分为两类，一类是有行业背景的天使投资，一类是没有行业背景的天使投资。这两类天使投资，从行为及预期，到和创业团队的合作都非常不一样。从资本的角度来说，这两类投资人都是非常好的来源。倘若创业团队早期并非单纯缺乏资金，则寻找具有行业背景的天使投资会更好。

（二）机构融资

机构融资的途径有以下几种：

1. 银行贷款

比较适合创业者的银行贷款形式主要有抵押贷款和担保贷款两种。

抵押贷款指借款人以其所拥有的财产作抵押，作为获得银行贷款的担保。在抵押期间，借款人可以继续使用其用于抵押的财产。抵押贷款有以下几种：（1）不动产抵押贷款；（2）动产抵押贷款；（3）无形资产抵押贷款。无形资产抵押贷款是一种创新的抵押贷款形式，适用于拥有专利技术、专利产品的创业者，创业者可以用专利权、著作权等无形资产向银行作抵押或质押获取贷款。

担保贷款指借款方向银行提供符合法定条件的第三方保证人作为还款保证的借款方

式。其中较适合创业者的担保贷款形式有：（1）自然人担保贷款；（2）专业担保公司担保贷款；（3）政府无偿贷款担保。

2. 非银行金融机构贷款

非银行金融机构指以发行股票和债券、接受信用委托、提供保险等形式筹集资金，并将所筹资金运用于长期性投资的金融机构。根据法律规定，非银行金融机构，包括经银监会批准设立的信托公司、企业集团财务公司、金融租赁公司、汽车金融公司、货币经纪公司、境外非银行金融机构驻华代表处、农村和城市信用合作社、典当行、保险公司、小额贷款公司等机构。

3. 交易信贷和租赁

交易信贷指企业在正常的经营活动和商品交易中由于延期付款或预收货款所形成的企业间常见的信贷关系。企业在筹办期以及生产经营过程中，均可以通过商业信用的方式筹集部分资金。如企业在购置设备或原材料、商品过程中，可以通过延期付款的方式，在一定期间内免费使用供应商提供的部分资金；在销售商品或服务时采用预收账款的方式，免费使用客户的资金等。

创业者也可以通过融资租赁的方式筹集购置设备等长期性资产所急需的资金。它是指出租人根据承租人（用户） 的请求，与第三方（供货商） 订立供货合同，根据此合同，出租人出资购买承租人选定的设备。同时，出租人与承租人订立一项租赁合同，将设备出租给承租人，并向承租人收取一定的租金。融资租赁是指实质上转移与资产所有权有关的全部或绝大部分风险和报酬的租赁，是集融资与融物、贸易与技术更新于一体的新型金融业务。

4. 从其他企业融资

一些从事公用事业业务的企业，或者已经发展到成熟期的企业，现金流一般会比较充足，甚至会有大量资金需要通过对外投资的方式实现较高收益。对于有闲置资金的企业，创业者既可以吸收其资金作为股权资本，还可以向这些企业借款，形成债权资本。

（三）风险投资

根据美国风险投资协会的定义，风险投资是指职业的金融家投入到新兴的、迅速发展的、有巨大竞争潜力的企业中的股权资本。在我国，对于风险投资尚未形成统一的看法，比较普遍的观点是：风险投资是由专业机构提供的投资于极具增长潜力的创业企业并参与其管理的权益资本。

1. 创业者寻求风险投资的步骤

一般来说，创业者寻求风险投资需要经过以下十个步骤：

（1）创业者了解自身资金需求。

（2）了解、分析创业投资市场和相应机构。

（3）确定寻求创业投资的可能性，初步确定寻求融资的目标创业投资机构。

（4）准备创业计划。

（5）联系接洽创业投资机构，提交创业计划执行总结。

（6）最终确定关键的创业投资机构。

（7）接受创业投资机构的尽职调查。

（8）就企业价值和投资的股权架构进行谈判。

（9）确定最终投资协议。

（10）获得创业投资，投资方参与企业发展。

2. 创业者获得风险投资的渠道

创业者获得风险投资的渠道主要有以下几种：

（1）给投资人发邮件。想获得风险投资最简单的方法就是给投资人发邮件，一般的风险投资都有自己的网站，上面公布有自己的邮箱，创业者可以将自己的创业想法或者商业计划书发到公开的邮箱中，期待能够得到投资者的关注，并最终获得投资。采用这种方式的成本最低，但效率也最低，成功融资的只有1%。

（2）参加相关行业的会议或者创业训练营。这些行业会议或训练营上会有很多投资人，创业者可以利用茶歇或者休息的时间尽可能接触较多的风险投资者，或者接触自己感兴趣的投资者。这种方式的优点是在短时间内能够见到很多的投资者，但由于时间短，不一定有机会认识或结识他们，此外，这种场合对创业者的说服能力要求较高。

（3）请朋友帮忙介绍。如果身边有朋友做过融资的，或者已经得到风险投资的，可以请他们帮忙介绍，这种方式较前两者成功的几率稍大，毕竟接受过风险投资并且取得经营成功的人的介绍本身就是一种名片，投资者可以借由介绍人的介绍对创业者或创业项目有一定了解，通过对介绍人的了解对创业者给以初步的肯定。但是，这种方式接触的面可能较窄，朋友认识的投资者可能并不是我们需要的类型，而真正适合的人未必是朋友认识的人。

（4）聘用投行帮助做融资。通过投行或融资中介的帮助寻找风险投资的成功率较高，一是他们对中国活跃的投资人很了解，能够帮助创业者和投资者进行沟通；另一方面，信誉高的投行本身就为创业者的项目成功性增加了砝码；最后，投行会运用自己的经验帮助创业者挑选更合适的投资人。但是采用这种方式的成本也较高。

（四）政府扶持基金

创业者还可以利用政府扶持政策，从政府方面获得融资支持。政府的资金支持是中小企业资金来源的一个重要组成部分。政府的资金支持一般能占到中小企业外来资金的10%左右，资金支持方式主要包括：税收优惠、财政补贴、贷款援助、风险投资和开辟直接融资渠道等。

常见的政府扶持基金有：

1. 小额担保贷款

目前小额担保贷款的适用范围包括：在法定劳动年龄内，诚实守信、有创业愿望和具备创业条件的失业人员、转业退役军人、大中专毕业生、残疾人、回乡创业农民工、被征地农民等自主创业、自谋职业人员；符合上述条件的人员合伙经营，组织起来就业创办的经济实体；合法经营和有一定的自有资金，吸纳符合上述条件人员达到规定要求的劳动密集型小企业。小额担保贷款额度（各地政府规定不尽相同）：自主创业、自谋职业申请的小额担保贷款额度一般不超过5万元；对合伙经营和组织起来就业的，可按照人均5万元合理确定贷款规模、总额一般不超过50万元；对符合条件的小企业或集中使用残疾人的企业，可根据企业实际招用符合条件的人数，按照人均5万元合理确定贷款额度，一般不超过200万元。

2. 科技型中小企业技术创新基金

科技型中小企业技术创新基金是于1999年经国务院准设立的，为扶持、促进科技型中小企业技术创新，用于支持科技型中小企业技术创新项目的政府专项基金，由科技部科技型中小企业技术创新基金管理中心实施。创新基金重点支持产业化初期（种子期和初创期）、技术含量高、市场前景好、风险较大、商业性资金进入尚不具备条件、最需要由政府支持的科技型中小企业项目，并将为其进入产业化扩张和商业性资本的介入起到铺垫和引导作用。根据中小企业和项目的不同特点，创新基金通过无偿拨款、贷款贴息和资本金投入等方式扶持和引导科技型中小企业的技术创新活动，促进科技成果的转化。

3. 中小企业国际市场开拓资金

中小企业国际市场开拓资金是由中央财政和地方财政共同安排的专门用于支持中小企业开拓国际市场的专项资金。市场开拓资金用于支持中小企业和为中小企业服务的企业、社会团体和事业单位（以下简称“项目组织单位”）组织中小企业开拓国际市场的活动。该资金的主要支持内容包括：举办或参加境外展览会；质量管理体系、环境管理体系、软件出口企业和各类产品的认证；国际市场宣传推介；开拓新兴市场；组织培训与研讨会；境外投（议）标等方面。市场开拓资金支持比例原则上不超过支持项目所需金额的50%，对西部地区的中小企业，以及符合条件的市场开拓活动，支持比例可提高到70%。

中小企业申请项目数在一年不得超过10个项目，每个中小企业得到国家的资金支持在5年内不得超过50万元至70万元。

4. 天使基金

政府有关部门和社会各界有识之士还纷纷出资，设立了鼓励和帮助大学生自主创业、灵活就业的一些天使基金。如北京青年科技创业投资基金由北京科技风险投资股份有限公司出资设立，与共青团北京市委、北京市青年联合会和北京市工商局共同管理的一项基金。资助要求和额度每个基金要求不尽相同。

5. 其他基金

科技部的863计划（http：//www.863.gov.cn/）、火炬计划（http：//program.most.gov.cn/）等，连同科技型中小企业技术创新基金一起，每年都有数十亿资金用于科技型中小企业的研发、技术创新和成果转化；财政部设有利用高新技术更新改造项目贴息基金，国家重点新产品补助基金；国家发展和改革委员会设有产业技术进步资金资助计划、节能产品贴息项目计划；工业和信息化部设有电子信息产业发展基金（http：//www.itfund.

gov.cn/）等。

各省市等为支持当地创业型经济的发展，也纷纷出台政策，支持创业。主要有人力资源和社会保障部设立的开业贷款担保政策、小企业担保基金专项贷款、中小企业贷款信用担保、开业贷款担保、大学生科技创业基金等。

创业者应结合自身情况，利用好相关政策，获得更多的政府基金支持，降低融资成本。

（五）知识产权融资

知识产权融资也是创业者值得关注的融资方式，在国内外已有诸多成功案例。知识产权融资可以采用知识产权作价入股、知识产权抵押贷款、知识产权信托、知识产权证券化等方式。

【二维码链接】股权众筹：大众创业创新的融资新途径。

三、创业资金的测算

（一）启动资金的类型

启动资金用来支付场地（土地和建筑）、办公家具和设备、机器、原材料和商品库存、营业执照和许可证、开业前广告和促销、工资以及水电费和电话费等费用。

这些支出可以归为两类：

投资（固定资产）是指你为企业购买的价值较高、使用寿命长的东西。有的企业用很少投资就能开办，而有的却需要大量的投资才能启动。明智的做法是把必要的投资降到最低限度，让企业少担些风险。

流动资金指企业日常运转所需要支出的资金。

（二）投资（固定资产）预测

投资一般可以分为企业用地和建筑与设备两类。

1. 企业用地和建筑

办企业或开公司，都需要有适用的场地和建筑。也许是用来开工厂的整个建筑，也许只是一个小工作间，也许只需要租一个铺面。如果你能在家开始工作，就能降低投资。

理清需要什么样的场地和建筑后，要作出以下选择：

（1）造房。如果你的企业对场地和建筑有特殊要求，最好自己造，但这需要大量的资金和时间。

（2）买房。如果你能在优越的地点找到合适的建筑，则买现成建筑既简单又快捷。但现成的房子往往需要经过改造才能适合企业的需要，而且需要花大量的资金。

（3）租房。租房比造房和买房所需的启动资金要少，也更灵活。当你需要改变企业地点时，租房就会容易得多。不过租房不像自己的房那么安稳。

（4）在家开业。在家开业最便宜，但即使这样也少不了要做些调整。在确定你的企业是否成功之前，在家开业是起步的好办法，待企业成功后再租房和买房也不晚。但在家工作，业务和生活难免互相干扰。

2. 设备

设备是指企业需要的所有机器、工具、车辆、办公家具等。对于制造商和一些服务行业，最大的需要往往是设备。一些企业需要在设备上大量投资，因此了解清楚需要什么设备，以及选择正确的设备类型就显得非常重要。即使是只需要少量设备的企业，也要慎重考虑你确实需要哪些设备，并把它们写入创业计划。

（三）流动资金预测

企业开张后要运转一段时间才能有销售收入。制造商在销售之前必须先把产品生产出来；服务企业在开始提供服务之前要买材料和用品；零售商和批发商在卖货之前必须先买货。所有企业在招揽顾客之前必须先花时间和费用进行促销。总之，同学们需要流动资金支付开销：购买并储存原材料和成品、促销、工资、租金、保险和其他费用。

有的企业需要足够的流动资金来支付6个月的全部费用，也有的企业只需要支付3个月的费用。同学们必须预测，在获得销售收入之前，自己的企业能够支撑多久。一般而言，刚开始的时候销售并不顺利，因此，流动资金计划要宽裕些。

1. 原材料和成品储存

制造商生产产品需要原材料；服务行业的经营者也需要些材料；零售商和批发商需要储存商品来出售。库存越多，需要用于采购的流动资金就越大，应将库存降到最低限度。

如果允许赊账，资金回收的时间就更长，同学们需要动用流动资金再次充实库存。

2. 促销

新企业开张，需要促销自己的商品或服务，而促销活动需要流动资金。同学们需要做促销计划并对促销活动预算费用。

3. 工资

如果需要雇用员工，在起步阶段就得给他们付工资。此外，还要以工资方式支付自己家庭的生活费用。计算流动资金时，要计算用于发工资的钱，通过用每月工资总额乘以还没到达收支平衡的月数就可以计算出来。

4. 租金

正常情况下，企业一开始运转就要支付企业用地用房的租金。计算流动资金里用于房租的金额，还要考虑到租金可能一付就是3个月或6个月，这样会占用更多的流动资金。

5. 其他费用

在企业起步阶段，还要支付一些其他费用，例如电费、文具用品费、交通费等。一般来说，在销售收入能够收回成本之前，微小企业事先至少要准备3个月的流动资金。为使预算更加准确，同学们可制订一个现金流量计划。

【二维码链接】白手起家在我们这个年代还适用吗？

【实训活动】

活动一　小组比赛：矿泉水瓶的用途

请同学们以身边的普通矿泉水瓶为例做小组讨论，看看矿泉水瓶除了做容器之外，还有哪些用途？想得越多越好。

反思：矿泉水瓶代表大家身边的资源。身边从来不以为意的事物，如果换个思路和视角，同学们将会发现其会有意想不到的价值和功用。突破资源限制，从创新思维开始。

活动二　如何借到3万元

融资实际就是借钱。如果让同学们筹集3万元，同学们准备向谁借，怎么借呢？在借款之前，同学们会做哪些准备呢？现在，打电话、微信或者面对面沟通一下自己借钱的想法，看看对方怎么说，同学们会如何沟通呢？

不管结果如何，请同学们反思自己的借钱过程和策略，都有哪些收获？

活动三　分析本团队的创业资源，并做前6个月创业资金的测算

活动目标：认识创业需要的资源，练习创业前期资金测算。

活动过程：

（1）小组成员列出各自掌握的创业资源。

（2）根据创业项目，列出创业前期的成本投入。

创业资源：
成本类别： 总成本：
收入类别： 总收入：
利润：

【实战体验】“白手起家”

基于找到的创业项目和组建的创业团队，挑战“白手起家”这个项目，假设现在团队只有50元，看能创造多少利润？

（1）和自己的团队讨论并设计出行动方案。注意：这50元是创业团队拥有的唯一种子资金，此资金不能从事非法活动（包括赌博），不能参与抽奖活动（包括买彩票）；在活动期间，不能筹集资金。团队的计划要尽可能详细、具体，并估算出可能赚取的利润额。

（2）展示团队的计划，并描述自己的团队是如何产生“创意”的？ 50元发挥了什么作用？

（3）评选出利润额最高的团队和最有创造力的团队。

（4）行动起来，实施自己团队的计划！ 1周后，再来看一看哪个团队赚得了最多的利润？

（5）反思：在这次活动中最令自己感到意外的是什么？是否顺利地实施了计划？成功或失败的因素有哪些？

（6）讨论：如何“白手起家”？

【专家视点】

天使大腕儿们的投资命门

（一）雷军：三条投资原则

在同行眼中，雷军有两个特点，一个他偏喜欢大公司出来，有一定管理经验的人。第二，你要想办法找到他身边熟悉的人来做介绍人，具备这两点基本上就能说服他。

对于项目，雷军不是特别关注商业模式，而关注市场规模。雷军更偏爱平均35岁的创业者。雷军总结自己的三个投资原则：第一是人要靠谱、不熟不投；第二是大方向没问题；第三是小方向被验证。

（二）徐小平：投资如看人

在徐小平看来，天使投资最深的哲学，就是坚定不移地判断人，而不是判断模式。徐小平认为，天使投资人，应该有一颗天使的心，即对创业者无条件的爱和关怀。

如何判断人，徐小平有自己的四个角度：

（1）学习力：包括过去、现在和未来的学习能力，比如学历就代表一个人过去的学习能力。

（2）工作力：包括工作经验、技能和资源等。

（3）影响力：也叫个人魅力，就是感染他人的能力。

（4）坚持力：能够克服困难走过去。

另外，徐小平会从三个角度来判断团队：

（1）团队吸引力：团队成员之间是否有互相爱慕、仰慕的情感，觉得能跟这个人一起工作很棒。

（2）团队互补力：团队成员间互补，不单纯指能力，也包括性格。

(3) 团队协调力：一堆人一起做事，一定会有冲突，团队从冲突走到妥协的能力非常重要。

（三）蔡文胜：喜欢草根和千万用户

天使投资人蔡文胜在寻找和挑选创业者时从三个方面看：一是从用户角度看产品价值；二是观察用户规模，规模越大，赚钱就容易；三是看团队。

(1) 用户角度。“你做的这个事情，未来可发展的用户空间有多大。比如你做的产品是基于PC方面的项目，我就没有多大兴趣。因为在我看来PC已经开始没落，这个趋势很清楚。”

(2) 用户规模。“产品初期，比如小游戏项目，一天100万的流量是没有意义的，因为赚不到多少钱。但如果对于某些行业，比如钢铁，虽然网站一天的访问量在三万，但它是有价值的，因为中国钢铁厂也就几百家，它的访问量足够，这个行业的价值太大了，你要赚它的钱就容易。”

(3) 团队。“今天，大家每天都在想做什么公司赚钱，包括大公司也虎视眈眈，很少有那种让你有三年的时间慢慢来的机会，所以我们需要有一个团队，能够很快地把事情做起来，包括找到一些互补。”

（四）熊晓鸽：只琢磨3件事

在熊晓鸽看来，风投就像漂流，一定要选对河流，选对河流往前划就行了，只要不被淹死，总能游到目的地，到早一点儿赚钱就多一点儿，到晚一点儿赚得就少一点儿。

“我做投资，只琢磨3件事：一是市场，二是产品，三是管理团队。实际上，最根本的是琢磨人，琢磨一个项目进入的时机，还要观察团队对资本的复杂态度。”

熊晓鸽认为，选对了河流（项目），团队就是划船的舵手，本事好一点儿就不翻船，能很快到达终点；本事差一点儿可能就会翻船，所以团队是最重要的。

【网上精品视频课程】创业资源整合。

用手机“扫一扫”下面的二维码，用浏览器打开相应网址，进入视频课程学习。

【评估练习】

（1）创业资源有哪些分类？创业资源有哪些作用？

（2）如何理解技术资源和人力资源在创业中的作用？

（3）资源整合有哪些方法策略？资源整合的技巧有哪些？

（4）融资渠道有哪些？如何做创业融资的准备？

（5）如何测算创业所需资金？

第六章　商业模式设计及创业市场

【本章地图】

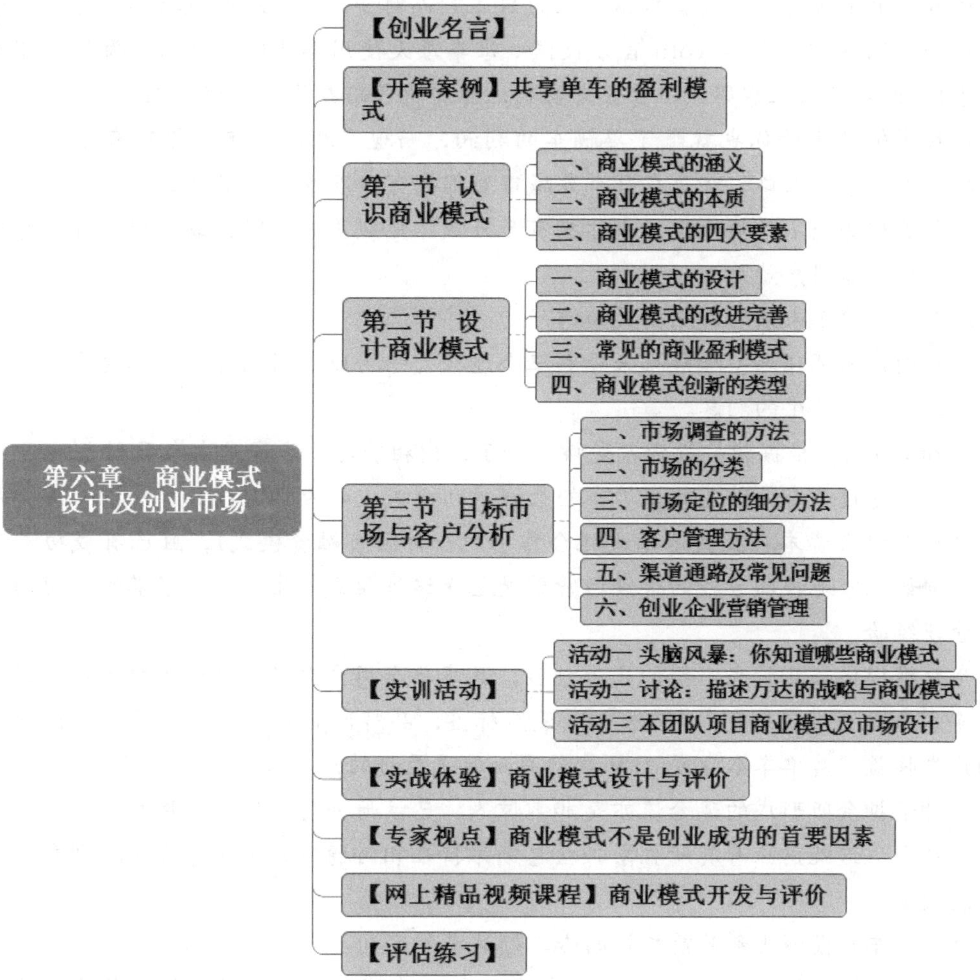

【创业名言】

商业模式就是一个企业如何赚钱的故事。与所有经典故事一样，商业模式的有效设计和运行需要有人物、场景、动机、地点和情节。为了使商业模式的情节令人信服，人物必须被准确安排，人物的动机必须清晰，最重要的是情节必须充分展示新产品或服务是如何为顾客带来了实惠和便利，同时又是如何为企业创造了利润。

——《什么是管理》作者　玛格丽特

【开篇案例】

共享单车的盈利模式

当我们讨论一辆3000元成本的摩拜单车（第1代）得多久才回收成本、值不值得时，你就真的默认了它们只是单纯地靠租赁费盈利，然而并非这样。

半小时1元或0.5元的租赁费，说实话，对于摩拜这种重资产模式，连单车硬件成本都难以回收，更别说背后的运营成本、人力成本。而对于ofo一众普通单车而言，单车成本可在短期时间内回收成本（ofo官方数据：每车每天使用率达10次以上，两月即可回收单车成本），但是若只依靠那点租赁费去盈利，你觉得各路投资方会埋单吗？

以往卖辆单车给你也就赚了单辆车的利润，而现在租辆单车给你则有可能赚了一个“入口”，而这个“入口”就是在每个大城市里都拥有百万量级的用户量。

摩拜王晓峰毫不隐晦地说，当你拥有千万或上亿级用户量时，最后想不挣钱都难。可见共享单车是以用户量为王。

那么共享单车未来的商业模式如何？

摩拜创始人胡玮炜：摩拜未来盈利三个途径，一为政府财政补贴；二为广告费用；三为押金与预存费产生的利息。

而ofo方面，根据相关投资人受访时表示，出租费与广告费是未来盈利点。

显然，通过政府补贴是共享单车的最好盈利模式，即为PPP模式，公私合作关系，是一种政府和社会资本在公共基础设施合作中的一种项目融资模式），且已有成功案例作为参考，例如北京地铁四号线的建设运营就是基于这种模式而生，引进了港铁公司的投资和运营管理经验。

用户规模化必然带来不错的广告效益，共享单车用户群遍及社会主要的消费群体，共享单车本来就自带“绿色”“环保”等天然标签，品牌间的互动或跨界营销或许能带来可观的广告收益，其单车车身或APP启动界面就是最好的广告载体。

而对于押金所形成的现金流亦是非常惊人，已注册并持续使用的用户，一般都不会轻易退还押金，这就意味着其所积累押金总额维持在相对稳定的水平，可获取利息或进行其他风险投资。

共享单车在模型上和此前烧钱的专车领域截然不同。

“商业本质最后是数学，如果分别计算一辆汽车资本的投入对应的每单价格的比例和一辆自行车资本的投入对应的每单的价格的比例，你会发现后者是前者的10倍”，戴威说，资本就看商业模型里利润率是多少，自行车一次一块钱，但它成本低；汽车一次100，但一辆车往往十几万。

戴威认为，从这个简单的比例上看，就可以明白单车的商业模型很有潜力。

不仅如此，由于共享单车领域人力参与的程度更低，相应的成本也会大幅下滑。

“共享单车最大的突破在于它的产品服务提供的时候，没有人参与”，戴威说。在他看来，外卖不可能自己飞过去，打车不可能无人驾驶，人的成本很高，且对人的需求是跟着订单严格对应的。在共享单车的模型里，虽然需要调度师傅和修车师傅，但一个师傅可以管几百辆，效率高太多。

由这两个层面，戴威认为，共享单车会是一个“接近于10倍于传统O2O行业效率和利润率的行业”。

不仅如此，除了用车费，共享单车带来的大量数据，将来也会为其带来庞大的想象空间。

事实上，随着定位车的逐步上线，ofo的数据必定会越积累越多，“我们是一个普惠到老百姓的产品，可能以后有几亿用户，这么大的用户量，对应带来的价值，我相信一定是存在的”，戴威说。

第一节　认识商业模式

【精彩视频链接】马云揭秘商业模式。

一、商业模式的涵义

前时代华纳CEO迈克尔·邓恩说：“在经营企业过程当中，商业模式比高技术更重要，因为前者是企业能够立足的先决条件。”一个不可争辩的事实是，企业必须选择一个适合自己的、有效的和成功的商业模式，并且随着客观情况的变化不断加以创新，才能获得持续的竞争力，从而保证自己的生存与发展。商业模式具有“点石成金”的功能。

商业模式是指为实现客户价值最大化，把能使企业运行的内外各要素整合起来，形成一个完整的高效率的具有独特核心竞争力的运行系统，并通过最优实现形式满足客户需求、实现客户价值，同时使系统达成持续赢利目标的整体解决方案。商业模式是一个非常宽泛的概念，与商业模式有关的说法很多，包括运营模式、盈利模式、B2B模式、B2C模式、“鼠标加水泥”模式、广告收益模式等，不一而足。商业模式是一种简化的商业逻辑。

清华大学雷家骕教授概括企业的商业模式是：一个企业如何利用自身资源，在一个特定的包含了物流、信息流和资金流的商业流程中，将最终的商品和服务提供给客户，并收回投资、获取利润的解决方案。

二、商业模式的本质

从本质上看，商业模式是一系列制度结构和制度安排的连续体，其核心直指企业组织的价值产生机制。价值创造是企业组织存在的根本理由和发展的必要条件，也是经营活动的核心主题。一般主要有三个来源，即组织自身价值链、技术变革和价值网络。

静态地来看：（1）在组织自身价值链层面，商业模式从制度上决定业务流程，而业务流程又与信息系统密切相关，两者适应与否决定了组织能否实现价值预期；（2）在技术层面，商业模式是技术开发与价值创造之间的转换机制，其成本 / 收益结构也即决定了技术开发成本能够获取的价值收益；（3）随着信息技术和电子商务的发展，组织边界日益模糊，大大增加了交易和协作创造价值网络增值的可能性。

动态地来看，上述三个方面是商业模式在特定时间和空间下的静态实现。但事实是今天的模式也许并不适用于明天，甚至成为发展的障碍。为了使企业组织获得长期的、韧性的核心优势，商业模式必须提供基于制度结构和制度安排的动态连续性，必须始终保持必要的灵活性和应变能力——动态匹配的商业模式才能获得成功。

【二维码链接】认知价值，决定网红商业模式。

三、商业模式的四大要素

著名商学教授与作家加里·哈默尔认为，商业模式由四个要素构成：核心战略、战略资源、伙伴网络和顾客界面。

（一）核心战略

核心战略从企业的使命、产品 / 市场范围、差异化基础等方面描述了企业如何与竞争对手进行竞争。

企业的使命，描述了企业为什么存在及其商业模式与其实现的目标。例如，戴尔公司的使命是成为世界上最成功的电脑公司，在所服务的市场上传递最佳的顾客体验；星巴克公司的使命是把星巴克建成世界第一流的高品质咖啡店。通过企业使命陈述，可以很容易看出这些企业的意图。在不同程度上，使命表达了企业优先考虑的事项，并设置了衡量企业绩效的标准。

企业的产品 / 市场范围定义了企业集中关注的产品和市场。首先，产品的选择对企业商业模式的选择有重要影响。例如，亚马逊网站起初是作为网上书店而创建的，不过它逐渐开始销售CD、DVD、珠宝盒、服装等其他产品。它的商业模式现在已经拓宽，涉及对出版商之外的其他很多供应商和伙伴关系的管理。企业从事经营活动的市场也是其核心战略的重要因素。例如，戴尔公司把企业客户与政府机构作为它的目标市场，Gateway电脑公司则把个人、小企业和首次购买电脑的客户看成目标顾客。对这两个企业来说，他们的选择对形成自己的商业模式有重要作用。

企业选择的战略会对它的商业模式产生很大影响。成本领先战略要求商业模式专注于效率、成本最小化和大批量。由于专注于低成本而非舒适性，成本领先的企业不会追求产品的新颖。相反，差异化战略要求商业模式集中于开发独特的产品和服务，索要更高的价格。而且，采用差异化战略的企业把大量精力和财力用于创造品牌忠诚上，即顾客对某个品牌产品的忠诚，如苹果电脑。

（二）战略资源

如果缺乏资源，企业难以实施其战略，企业拥有的资源会影响其商业模式的持续性。企业的核心竞争力和战略资产是两种重要的战略资源。

核心竞争力是一种资源或者能力，是企业胜过竞争对手的竞争优势的来源。它是超越产品或市场的独特技术或能力，对顾客的可感知利益有巨大的贡献，并且难以模仿。企业的核心竞争力在短期和长期内都很重要。在短期内，正是核心竞争力使得企业能够将自己差异化，并创造独特价值。例如，戴尔公司的核心竞争力包括供应链管理、有效装配产品和服务于企业客户，所以它的商业模式使它能够向企业客户提供价格便宜、技术新颖、售后服务优良的计算机。从长期看，通过核心竞争力获得成长以及在互补性市场上建立优势地位也很重要。例如，戴尔公司已经建立了装配和销售个人计算机方面的核心竞争力，并开始将它们移向计算机服务和其他电子设备市场。

战略资产是企业拥有的稀缺、有价值的事物，包括工厂和设备、位置、品牌、专利、顾客数据信息、高素质员工和独特的合作关系等。一项特别有价值的战略资产是企业的品牌。例如，星巴克花了很大力气来建立品牌形象，其他咖啡零售商要想获得同等的品牌认知需要付出极大努力。企业最终会把自己的核心竞争力和战略资产综合起来以创造可持续竞争优势。

（三）伙伴网络

企业的伙伴网络是商业模式的第三个构成要素。新创企业往往不具备执行所有任务所需的资源，因此需要依赖其他合作伙伴以发挥重要作用。在很多时候，企业并不愿独自做所有事情，因为完整地完成一项产品或交付一种服务会分散企业的核心优势。例如，戴尔公司因其装配计算机的专业技术而具有差异化优势，但它却从英特尔公司那里购买芯片，戴尔公司当然可以自己制造芯片，但它在这方面不具有核心竞争力。同样，戴尔公司依靠联合包裹服务公司和联邦快递公司递送产品，而不是自己建立一个遍布全球的物流系统。

企业的伙伴网络包括供应商和其他合作者。

1. 供应商

供应商是向其他企业提供零部件或服务的企业。例如，英特尔公司是向戴尔公司提供芯片的供应商。几乎所有的企业都有供应商，它们在企业商业模式的运作中起重要作用。

传统上，企业与供应商维持着一定距离的关系，并把它们看作竞争对手。需要某种零部件的生产企业往往与多个供应商联系，以寻求最优价格。如今，企业更多地将精力放在如何推动供应商高效率运作的层面上来。

2. 其他合作者

除了供应商，企业还需要其他合作伙伴来使商业模式有效运作。合资企业、合作网络、社会团体、战略联盟和行业协会是合作关系的一些常见形式。合作关系给企业带来更多的创新产品、更多有益的机会和高成长率。

创业者创建具有可持续竞争优势的新企业的能力，依赖于企业自身技能，也依赖于外部合作伙伴的技能。例如，合作伙伴关系有助于企业保持敏捷，集中精力发展核心竞争力。

当然，合作伙伴关系也包含着风险，在仅有的合作关系成为企业商业模式的关键要素时更是如此。由于种种原因，很多合作关系没能实现参与者初期的愿望。企业联盟也有一些潜在劣势，如专有信息丢失、管理复杂化、财务和组织风险、依赖伙伴的风险以及决策自主权的部分丧失等。

（四）顾客界面

顾客界面是指企业如何与顾客相互作用。与顾客相互作用的类型依赖于企业选择如何在市场上竞争。例如，当当网只通过互联网销售书籍，而新华书店则通过传统书店和网络两种途径来售书。

对新创企业来说，顾客界面的选择对于它如何与对手竞争以及将它定位于产品或服务价值链的哪个环节非常重要。下面分别从目标市场、销售实现与支持、定价结构三个方面来表述顾客界面的内容。

1. 目标市场

目标市场是企业在某个时点追求或尽力吸引的有限的个人或企业群体。企业选择的目标市场影响它所做的每件事情，如获得战略资产、培育合作关系以及开展推广活动等。拥有清晰界定的目标市场将使企业受益。由于目标客户的明确界定，公司能够将自己的营销和推广活动聚焦于目标顾客，并且能够发展与特定市场匹配的核心竞争力。

2. 销售实现与支持

销售实现与支持描述了企业产品或服务“进入市场”的方式，或如何送达顾客的方法。它也指企业利用的渠道和它提供的顾客支持水平。所有这些都影响到企业商业模式的形式与特征。

假定有一家新创企业开发出一项移动电话技术，并为此申请了专利。为了形成自己的商业计划，企业在如何把该技术推向市场的问题上有几种选择。它可以：(1) 将技术以特许经营方式转让给现有移动电话企业，如苹果公司和三星公司；(2) 自己生产移动电话，并建立自己的销售渠道；（3）与某个移动电话公司（如 HTC）合作生产，并通过与移动电话服务提供商的合作关系来销售电话。

企业对销售实现与支持的选择，深刻地影响企业演化的类型以及开发的商业模式。例如，如果企业对它的技术进行特许经营，那么它很可能建立起一种强调研发的商业模式，从而使它不断获得领先的技术。

企业愿意提供的服务内容，也影响它的商业模式。有些企业将自己的产品和服务差异化，通过高水平的服务和支持向顾客提供附加价值。例如，送货和安装、财务安排、顾客培训、担保和维修、便利的经营时间、方便的停车场、通过免费电话和网站提供信息等。

3. 定价结构

企业的定价结构随企业目标市场与定价原则的不同而变化。例如，有些租车企业收取日租金，另一些企业则按照行驶的公里数收取租金。有的咨询企业按照提供服务的次数收费，而另一些企业则按照时间收费。在某些情况下，企业还必须决定是直接向顾客收费，还是通过第三方间接收费

总之，新创企业要从整体角度审视自己，理解商业模式的重要作用，根据自身核心战略及资源优势构建适合的、有效的商业模式。

【二维码链接】互联网 + 金融三大商业逻辑。

第二节　设计商业模式

【精彩视频链接】商业模式做好这三点，你不成功都难。

一、商业模式的设计

设计商业模式的方法有很多，比较常用的是商业模式画布。商业模式画布是一种关于

企业商业模式的思想，直观、简单、可操作性强。在创业项目和大公司中，商业模式画布都起到了健全商业模式、将商业模式可视化及寻找已有商业模式漏洞的作用，在项目运作前常通过头脑风暴避免错误，减少失败决策带来的损失。

商业模式画布按照一定的顺序被分成九个方格，其内容如下：

客户细分——你的目标用户群，一个或多个集合。

价值主张——客户需要的产品或服务，商业上的痛点。

渠道通路——你和客户如何产生联系，不管是你找到他们还是他们找到你，比如实体店、网店、中介。

客户关系——客户接触到你的产品后，你们之间应建立怎样的关系，一锤子买卖抑或长期合作。

收入来源——你怎样从你提供的产品服务中取得收益。

核心资源——为了提供并销售这些价值，你必须拥有的资源，如资金、技术、人才。

关键业务——商业运作中必须要从事的具体业务。

重要伙伴——哪些人或机构可以给予战略支持。

成本结构——你需要在哪些方面付出成本。

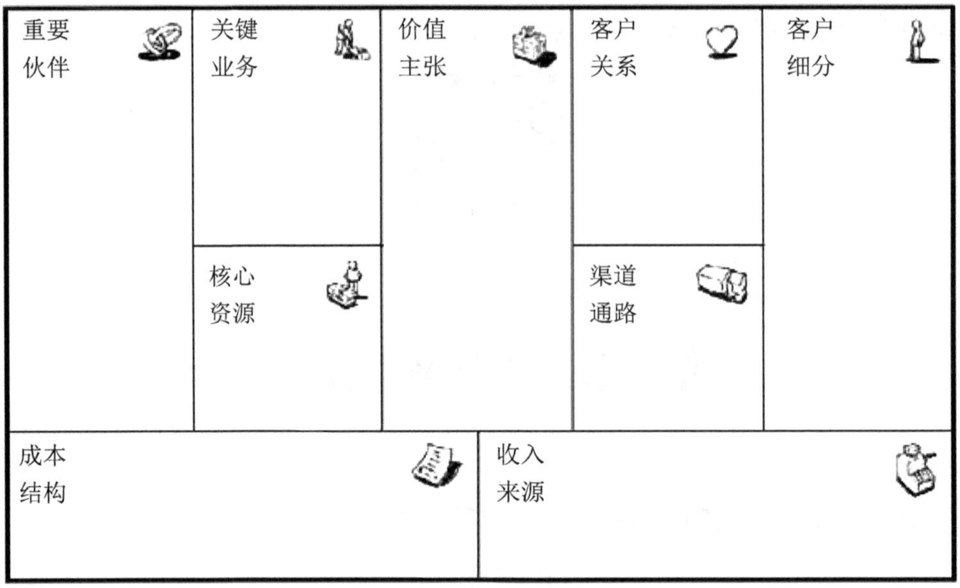

同学们可以按照以上的顺序依次在九个板块里填写内容——最好是以便签纸的形式，每张纸上只写一个点，直到每个板块拥有大量可选答案。然后，摘掉不好的便签纸，留下最好的那些，最后按照顺序让这些便签上的内容互相产生联系，就能形成一套或多套商业模式。商业模式设计就是这么简单。

【二维码链接】孙为民：构筑基于互联网平台的新盈利模式。

二、商业模式的改进完善

当有了商业模式的初步设计之后，创业者需要对建立的商业模式进行改进和完善，以实现商业模式的进一步优化升级或创新，规避项目的致命问题和风险。

改进与完善商业模式的思路方法主要是：

（一）从客户的角度来推演商业模式

在设计商业模式的过程中，创业者往往会从自己的角度看问题，忽略客户是怎么看问题的。例如，创业者认为客户需要的是一个产品或者一个服务，而客户则需要的是一个问题的整体解决方案。iPhone 战胜诺基亚手机就是典型案例。诺基亚认为顾客需要的是一台质量更好的移动电话，而客户实际需要的是一个拿在手上能解决和通话相关的所有问题（上网、下载、联系、语音和视频等等）的解决方案。这是 iPhone 大获全胜的原因。

从客户的角度来考虑问题，就是切换视角，需要向客户“移情”。客户看到的是什么，客户听到的是什么，客户说的是什么，客户做的是什么，客户想的是什么，客户希望获得的是什么，他们的痛点和难点在哪里。通过这些视角来让客户决定他们需要的价值主张、渠道通路、客户关系和收入来源。

（二）以批判思维的模式来完善商业模式

以批判或否定原有设计的思维角度来重新思考商业模式，最重要的关键词是“假如”。假如提供免费服务？假如不从银行那里贷款？假如客户自己组装家具（宜家家具）？面对初步设计的商业模式，通过不断质疑，比如，如果增加一个客户细分群体，商业模式会变成什么样？如果去掉一些成本很高的业务，商业模式又是什么样？如果加入一些免费的产品，又会变什么样子？通过不断地质疑，得到不同的结果，得出相对合理的商业模式。

批判否定思维模式，并不代表没有原则。创业者还需要遵循“我的目前或者将来有什么样的资源”“可以提供什么样的服务和产品”“客户需要什么”“我们要怎么得到收入”等焦点问题来思考。

（三）采用可视化工具帮助改进商业模式

可以使用的可视化工具比较多，比如前面讲到的商业模式画布和思维导图等工具，利用这些工具帮助创业者去重新思考和改进初步设计的商业模式。这需要团队有共同的语言规则，能够互相理解相互之间在表达和交流什么。良好的可视化图像可以向参与商业模式设计的核心团队直观表达思路和问题。

（四）通过场景故事验证商业模式的合理性和可行性

团队可以假设自己是一名客户，也可以是公司的合作伙伴，从不同的角度来告诉大家故事主角的感受和需求。通过角色扮演、视频、图像等方法来演示整个故事。这样，通过一个个的故事场景，来模拟和推演商业模式，从具体的场景中发现问题，找到商业模式的更优方案。

（五）通过事实来推测将来的商业情景

根据商业模式的9个模块，依次分析初步设计的商业模式各部分的关键描述，从描述信息中，看是否可以找到相关事实，然后通过这些具体事实来推测原有描述是否合理，是否现实可行，比较其优势与劣势，是否有可实现的具体商业情景，以此来完善改进原有商业模式的设计。

这种方法，可结合 SWOT 分析法，提高事实列举和推测后的决策科学性。这种方法，需要创业者全面地理解拟开发的产品特点和行业状况等信息，把相关细节列举出来，然后做深入分析或者预测，从而来改进原有的商业模式设计。

【二维码链接】6个问题，诊断“免费增值”模式。

三、常见的商业盈利模式

商业模式的核心关键是盈利模式，即通过什么方式来实现稳定可持续的商业收益。下面介绍十种常见的盈利模式，供参考。

（一）B2B 电子商务模式

代表：阿里巴巴

关键词：在线贸易、信用分析、商务平台

模式概述：阿里巴巴被誉为全球最大的网上贸易市场，不仅推动了中国商业信用的建立，也为广大的中小企业在激烈的国际竞争中带来更多的可能性。阿里巴巴汇聚了大量的市场供求信息，同时通过增值服务为会员提供了市场服务。

难题：中国电子商务整体环境始终困扰着 B2B 电子商务模式的发展，信用管理问题也同样突出。

（二）娱乐经济新模式

代表：湖南卫视“超级女声”

关键词：娱乐营销、整合营销、事件营销

模式概述：超级女声构筑了独特的价值链条和品牌内涵。从2004年起，超级女声通过全国海选的方式吸引能歌善舞、渴望创新的女孩子参赛，突破了原有电视节目单纯依靠收视率和广告赢利的商业模式，植入了网络投票、短信、声讯台电话投票等多个赢利点，并整合了大量媒体资源。赞助商、电信厂商和组织机构成为最大赢家。而在节目结束后，电视台所属的经纪公司又开始对超女进行系列的包装、运作，进行品牌延伸营销。

难题：如同所有的电视节目的规律一样，海选节目很容易进入疲劳期。消费者喜好的转移和市场的千变万化，是这类商业模式的“死穴”。

（三）新直销模式

代表：玫琳凯

关键词：多层次直销

模式概述：多层次人力直销网络是直销模式的根基，这张庞大的销售网上的每一个节点——每一个直销员，都具备经销商和消费者的双重身份。与面向终端消费者以产品消费价值招徕顾客的常规企业不同，这种销售是面向小型投资主体——个人与家庭，招募他们为经销商，加入直销大军。

难题：政策约束和道德风险，是直销企业在中国发展的主要瓶颈。

（四）国美模式

代表：国美

关键词：资本运作、专业连锁、低价取胜

模式概述：家电在中国是成长性较好的商品之一，低价连锁的销售模式深得消费者的青睐。国美依靠资金的高周转率，以惊人的速度扩张，至今国美电器在多个城市拥有几百家直营门店。国美的扩张速度是世界知名的家电连锁巨擘百思买公司的4倍，利润主要来自供应商的返利和通道费。

难题：低价之外还需要更多的精细化管理，而凭借供应商的应收账款维持高速运转，不是长久之计。

（五）C2C 电子商务模式

代表：淘宝网、易趣网

关键词：网上支付、安全交易、免费模式、网络营销

模式概述：淘宝网以连续数年免费的模式，将最大的竞争对手置于被动地位，并吸引

了众多网上交易的爱好者到淘宝开店。淘宝网还打造了国内先进的网上支付平台“支付宝”，其实质是以支付宝为信用中介，在买家确认收到商品前，由支付宝替买卖双方暂时保管货款的一种增值服务。

难题：易趣网被淘宝网的免费战略打败，说明中国的消费环境尚不成熟。另外，网络支付的安全性也是挑战。

（六）分众模式

代表：分众传媒

关键词：新媒体、新蓝海、眼球经济

模式概述：其商业价值来源于让等电梯的写字楼白领观看液晶屏广告，给广告主提供准确投递广告的新媒体。IZO企业电视台有效地结合了网络、电视、视频通话技术，可谓最先进的技术手段相互融合造就的高品质的即时互动多媒体整合平台，是架构在企业网站上最新的媒体广告方式。它能够在企业网站上将宣传片等内容透过视频窗口在线播放，让企业可以轻松透过声音、影像及文字随时随地享受与世界互动互通。网民通过搜索引擎寻找到企业网站，并观看企业电视，了解企业文化，产品介绍等资讯，受众完全是自主选择的，不带有任何强制性的，这样的主动寻求而非被动接受使得受众更易产生兴趣及购买欲望。无论是对政府网站、城市门户网站还是数以千万的企业网站，IZO企业电视都是一个极佳的广告宣传方式。IZO企业电视台被业内认为是唯一有望超越分众的网络新媒体。

（七）虚拟经营模式

代表：耐克

关键词：虚拟经营、外包

模式概述：美国耐克公司是服装业虚拟经营的典范。耐克公司把精力主要放在设计上，具体生产则承包给劳动力成本低廉的国家和地区的厂家，以此降低生产成本。这种虚拟制造模式使耐克得以迅速在全球拓展市场。近年来，耐克试图转变既有的产品驱动型的商业模式，进而发展成为通过全球核心业务部门的品类管理，推动利润增长的，以客户为中心的组织。

难题：由于中国各地OEM厂商产能有限，供货商队伍过于庞大分散，引起了品牌企业的经营和管理成本上升，对创业企业的管理能力也提出了挑战。

（八）经济型连锁酒店模式

代表：如家

关键词：酒店连锁、低价

模式概述：如家未必是中国经济型酒店的“第一人”，却是迅速地将连锁业态的模式运用于经济型酒店的革命者。由于快速地加盟、复制、扩张，如家快捷酒店及时地占据了区位优势，在众多的同行业竞争者中率先赢得华尔街的青睐，于2006年10月26日成功登陆纳斯达克。

难题：中国的不同城市差异巨大，如何在维持低成本运作的前提下，以相对统一的服务品质，保证在各个城市均获得成功是个难题，而众多的加盟店管理不善也会影响品牌形象。

（九）网络游戏模式

代表：盛大

关键词：免费模式、互动娱乐

模式概述：盛大独自开创了在线游戏的商业模式。在2005年12月，盛大主动宣布转变商业模式，将自己创造的按时间收费的点卡收费模式，改为实施道具增值服务的计费模式。盛大希望以一种有效的运转模式发现和满足用户需求，延长游戏的生命期，并为公司的互动娱乐战略提供更持久的现金流。

难题：无论收费还是免费，只有依靠好的游戏产品，才能在市场上长期立足。

（十）网络搜索模式

代表：百度

关键词：竞价排名、网络广告、搜索营销

模式概述：搜索引擎已彻底改变了人们的生活方式，其中竞价排名是搜索最主要的收入来源。百度的收入对竞价排名的依赖程度很高，实质类似于做广告，即客户通过购买关键词搜索排名来推广自己的网页，并按点击量进行付费。由于网页左右两边都包含有竞价排名的结果，搜索者很难清晰地辨别哪些搜索结果是付费的。

难题：单一搜索门户所采用的竞价排名商业模式，很容易影响搜索结果的客观性，造成用户的忠诚度下降。另外，如何识别无效点击或欺骗性点击的技术，也是竞价排名搜索模式需要解决的问题。

【二维码链接】智能商业：数据时代新范式。

四、商业模式创新的类型

美国德布林咨询公司在研究了近2000个最佳创新案例后，发现所有伟大的创新都是十种基本创新类型的某种组合。

这十种创新类型是：

（一）盈利模式创新

盈利模式创新指的是公司寻找全新的方式将产品和其他有价值的资源转变为现金。这种创新常常会挑战一个行业关于生产什么产品、确定怎样的价格、如何实现收入等问题的传统观念。溢价和竞拍是赢利模式创新的典型例子。

（二）网络创新

在当今高度互联的世界里，没有哪家公司能够独自完成所有事情。网络创新让公司可以充分利用其他公司的流程、技术、产品、渠道和品牌。悬赏或众包等开放式创新方式是网络创新的典型例子。

（三）结构创新

结构创新是通过采用独特的方式组织公司的资产（包括硬件、人力或无形资产）来创造价值。它可能涉及从人才管理系统到重型固定设备配置等方方面面。结构创新的例子包括建立激励机制，鼓励员工朝某个特定目标努力，实现资产标准化从而降低运营成本和复杂性，甚至创建企业大学以提供持续的高端培训。

（四）流程创新

流程创新涉及公司主要产品或服务的各项生产活动和运营。这类创新需要彻底改变以往的业务经营方式，使得公司具备独特的能力，高效运转，迅速适应新环境，并获得领先市场的利润率。

（五）产品性能创新

产品性能创新指的是公司在产品或服务的价值、特性和质量方面进行的创新。这类创新既涉及全新的产品，也包括能带来巨大增值的产品升级和产品线延伸。产品性能创新常常是竞争对手最容易效仿的一类。

（六）产品系统创新

产品系统创新是将单个产品和服务联系或捆绑起来创造出一个可扩展的强大系统。产品系统创新可以帮助你建立一个能够吸引并取悦顾客的生态环境，并且抵御竞争者的侵袭。典型案例是宝洁公司。

（七）服务创新

服务创新保证并提高了产品的功用、性能和价值。它能使一个产品更容易被试用和享用；它为顾客展现了他们可能会忽视的产品特性和功用；它能够解决顾客遇到的问题并弥补产品体验中的不愉快。海底捞火锅是其中的典型案例。

（八）渠道创新

渠道创新包含了将产品与顾客和用户联系在一起的所有手段。虽然电子商务在近年来成为了主导力量，诸如实体店等传统渠道还是很重要——特别是在创造身临其境的体验方面。这方面的创新老手常常能发掘出多种互补方式将他们的产品和服务呈现给顾客。

（九）品牌创新

品牌创新有助于保证顾客和用户能够识别、记住你的产品，并在面对你和竞争对手的产品或替代品时选择你的产品。好的品牌创新能够提炼一种“承诺”，吸引买主并传递一种与众不同的身份感。

（十）顾客契合创新

顾客契合创新是要理解顾客和用户的深层愿望，并利用这些了解来发展顾客与公司之间富有意义的联系。顾客契合创新开辟了广阔的探索空间，帮助人们找到合适的方式把自己生活的一部分变得更加难忘、富有成效并充满喜悦。

只选择一两种创新类型的简单创新不足以获得持久的成功，尤其是单纯的产品性能创新，很容易被模仿，被超越。企业需要综合应用上述多种创新类型，才能打造可持续的竞争优势。

【二维码链接】《爆款，如何打造超级 IP》：漫威如何将 IP 打造成金矿?

第三节　目标市场与客户分析

【精彩视频链接】目标市场与目标客户的区别。

一、市场调查的方法

你知道如何进行市场调查吗？有哪些方法？

市场调查的方法主要有观察法、实验法、访问法和问卷法。

（一）观察法

是社会调查和市场调查研究的最基本的方法。它是由调查人员根据调查研究的对象，利用眼睛、耳朵等感官以直接观察的方式对其进行考察并搜集资料。例如，市场调查人员到被访问者的销售场所去观察商品的品牌及包装情况。

（二）实验法

由调查人员跟进调查的要求，用实验的方式，对调查的对象控制在特定的环境条件下，对其进行观察以获得相应的信息。控制对象可以是产品的价格、品质、包装等，在可控制的条件下观察市场现象，揭示在自然条件下不易发生的市场规律，这种方法主要用于市场销售实验和消费者使用实验。

（三）访问法

可以分为结构式访问、无结构式访问和集体访问。

结构式访问是实现设计好的、有一定结构的访问问卷的访问。调查人员要按照事先设计好的调查表或访问提纲进行访问，要以相同的提问方式和记录方式进行访问。提问的语气和态度也要尽可能地保持一致。

无结构式访问没有统一问卷，由调查人员与被访问者自由交谈。它可以根据调查的内容，进行广泛交流。如：对商品的价格进行交谈，了解被调查者对价格的看法。

集体访问是通过座谈的方式听取被访问者的想法，收集信息资料。可以分为专家集体访问和消费者集体访问。

（四）问卷法

是通过设计调查问卷，让被调查者填写调查表的方式获得所调查对象的信息。在调查中将调查的资料设计成问卷后，让接受调查对象将自己的意见或答案，填入问卷中。在一般进行的实地调查中，以问答卷采用最广，同时问卷调查法在网络市场调查中运用的较为普遍。

二、市场的分类

市场类型是指按照市场的主体或消费客体的性质对市场进行分类而得出的结果。

一直以来，失败的企业都把创业失败归结于自己不够勤奋，或者缺少激情，其实还有可能是因为不懂得区分三种市场类型。其实，征服不同的市场必须采用不同的手段，市场类型决定了一切，不加区别地对待是不明智的。

（一）现有市场

现有市场的概念很容易理解。如果你打算生产市面上已有的产品，比如眼镜、笔记本电脑，而又不打算对它们进行大的改良和创新，只是有限地提高产品的性能或者性价比，那么你可以选择现有市场。选择现有市场有利的一面是客户和市场是现成的，不利的一面是竞争对手也是“现成的”。事实上，正是竞争对手界定了现有市场，你们将与产品及产品功能展开竞争。如果向现有市场推出改良产品，则称为进一步细分市场。

（二）细分市场

大多数创业公司选择进一步细分现有市场。通常有两种方式：低成本策略和小众策略。顾名思义，低成本策略的目标是显著降低产品成本，向低端用户提供更高性能的产品。由于高端市场利润最大，低端市场常常被人遗弃，如果创业公司在保盈利的前提下，能有效降低产品成本，那么通常会出奇制胜。

小众策略有所不同。小众策略的目标是解决现有产品未能解决的特殊需求（或者大幅提高现有产品某方面的性能），哪怕会增加成本。要确保新产品有足够的吸引力，就要改变原有的市场规则，占领细分市场。与低成本策略不同，小众策略通常会沿用现有市场的盈利模式。

虽然多数创业公司选择进一步细分市场，但是这并不容易。低成本策略要求创业者制订长期计划，以低成本赢得市场份额，最终实现盈利；选择小众策略意味着必须面对盘踞市场的竞争者，虎口夺食。

（三）全新市场

什么是全新市场？这是指公司开发了一种新的产品或服务，让用户做以前无法做到的事，或者以前所未有的方式大幅提高可用性和便利性，解决空间障碍问题等。

开拓新市场有利的一面是没有竞争对手，因而产品性能是次要因素；不利的一面是市场情况不明朗。开拓新市场面临的困难不是与同类产品竞争，而是要说服客户接纳产品。开创新市场的要求很多：发现待解决的用户问题、说服顾客接纳产品、寻找有耐心和有实力的投资者、长时间有效控制现金流等。

三、市场定位的细分方法

市场定位是由美国营销学家艾·里斯和杰克特劳特在1972年提出的，其含义是指企业根据竞争者现有产品在市场上所处的位置，针对顾客对该类产品某些特征或属性的重视程度，为本企业产品塑造与众不同的，给人印象鲜明的形象，并将这种形象生动地传递给顾客，从而使该产品在市场上确定适当的位置。

（一）区域定位

区域定位是指企业在进行营销策略时，应当为产品确立要进入的市场区域，即确定该产品是进入国际市场、全国市场，还是在某市场、某地等。只有找准了自己的市场，才会使企业的营销计划获取成功。

（二）产品定位

在当前市场中，有很多的人对产品定位与市场定位不加区别，认为两者是同一个概念，其实两者还是有一定区别的，具体说来，目标市场定位（简称市场定位），是指企业对目标消费者或目标消费者市场的选择；而产品定位，是指企业对应什么样的产品来满足目标消费者或目标消费市场的需求。从理论上讲，应该先进行市场定位，然后才进行产品定位。产品定位是对目标市场的选择与企业产品结合的过程，也即是将市场定位企业化、产品化的工作。

（三）价格定位

现代企业的价格定位是与产品定位紧密相联的。所谓价格定位，就是营销者把产品、服务的价格定在一个什么样的水平上，这个水平是与竞争者相比较而言的。价格定位一般有三种情况：一是高价定位，即把不低于竞争者产品质量水平的产品价格定在竞争者产品价格之上。这种定位一般都是借助良好的品牌优势、质量优势和售后服务优势。二是低价定位，即把产品价格定得远远低于竞争者价格。这种定位的产品质量和售后服务并非都不如竞争者，有的可能比竞争者更好。之所以能采用低价，是由于该企业要么具有绝对的低成本优势，要么是企业形象好、产品销量大，要么是出于抑制竞争对手、树立品牌形象等战略性考虑。三是市场平均价格定位，即把价格定在市场同类产品的平均水平上。

（四）属性定位

各种利益的实现，在很大程度上取决于产品属性定位。因此，在研究了顾客或消费者关注和重视的利益之后，还必须具体研究用哪些产品属性来实现这些利益。产品属性是保证产品利益的条件，是生产过程必须考虑的要素，因此在与目标顾客沟通过程中，常常不必强调产品属性的定位，而是强调产品利益和价值的定位，因为一般没有与利益定位相一致的属性定位。

（五）阶层定位

每个社会都包含有许多社会阶层，不同的阶层有不同的消费特点和消费需求，企业的产品究竟面向什么阶层，是企业在选择目标市场时应考虑的问题。根据不同的标准，可以对社会上的人进行不同的阶层划分，如按知识分，就有高知阶层、中知阶层和低知阶层。

进行阶层定位，就是要牢牢把握住某一阶层的需求特点，从营销的各个层面上满足他们的需求。

（六）职业定位

职业定位是指企业在制定营销策略时要考虑将产品或劳务销售给什么职业的人。将饲料销售给农民及养殖户，将文具销售给学生，这是非常明显的，而真正能产生营销效益的往往是那些不明显的、不易被察觉的定位。在进行市场定位时要有一双善于发现的眼睛，及时发现竞争者的视觉盲点，这样可以在定位领域内获得巨大的收获。

【二维码链接】市场创新不为人知的七大关键。

四、客户管理方法

客户是创业企业生存与发展的根本，客户管理不仅是创业企业获得稳定销售收入的保障，而且也是创业企业提高竞争力的有效手段。销售人员必须根据客户的不同特点有针对性地开展工作。为此，一般应建立完善的客户档案，对其分类管理，以便确定不同的拜访时间、拜访方式和销售方式，并通过必要的保证措施，实现销售任务。

（一）客户关系的类型

客户关系是指企业为达到其经营目标，主动与客户建立起的某种联系。这种联系可能是单纯的交易关系，也可能是通讯联系，也可能是为客户提供一种特殊的接触机会，还可能是为双方利益而形成某种买卖合同或联盟关系。因此，客户关系可以从以下两个角度考虑：

1. 从营销角度，横向考虑分为4个主要类型

买卖关系：企业与其客户之间的关系维持在买卖关系水平，客户将企业作为一个普通的卖主，销售被认为仅仅是一次公平交易，交易目的简单。例如：餐饮行业中，饭店项目的客户关系，就是饭店企业卖餐饮及服务，食客买进食品和服务的关系。

供应关系：企业与客户的关系可以发展成为优先选择关系。例如：餐饮行业的上游企业——面粉销售企业，企业的客户可以是散客消费者，但企业需要优先选择饭店作为大客户进行供应服务。在散客短期内无法大量获取的情况下，优先大客户可以加快面粉销售企业的市场开拓。

合作伙伴：双方的关系存在于企业的最高管理者之间，企业与客户交易长期化，双方

就产品与服务达成认知上的高度一致时，双方进入合作伙伴阶段。还以餐饮行业为例：餐饮企业与上游供应商长期合作，形成一种稳定的供应链，甚至达到信用互通的情况，合作伙伴关系就是十分明晰。合作伙伴的关系断裂，将使双方付出巨大代价。

战略联盟：双方有着正式或非正式的联盟关系，双方的目标和愿景高度一致，双方可能有相互的股权关系或成立合资企业。两个企业通过共同安排争取更大的市场份额与利润，竞争对手进入这一领域存在极大的难度。例如：互联网企业投资，最终做大为独角兽的创业项目，都有战略联盟的客户关系。

2. 从项目阶段，纵向考虑分为4个类型

（1）助理型客户关系。由项目的客户代表（客户经理、客户顾问）与客户进行业务维系的客户关系。例如：银行大储户、企业咨询服务（crm 软件销售、股市信息咨询对接等）。

（2）自助服务型客户关系。平台类项目，一般提供自助对接服务（上下游信息、货物对接）。例如：淘宝为卖家和买家提供了交易的保证中介平台服务。

（3）社区、社团类客户关系。互联网发展中，社区和社团方向的发展一直未曾断过。早期的论坛、人人网等互联网产品，正是这种关系维系，现在的朋友圈、脉脉等互联网产品也属于这种类型。

（4）共赢型客户关系。我们不生产内容，我们只是原创内容的搬运工。现在的自媒体平台、豆瓣网，都是依存于客户的创造内容进行互存共赢。

所以说，了解客户的分类，有助于梳理自己的客户关系描述，锁定主要客户，分析客户心理，并制定出客户营销策略。

（二）创业企业开展客户管理的原则

在客户管理的过程中，需要注意以下原则：

第一，动态管理。客户关系建立后，置之不顾，就会失去它的意义。因为客户的情况是在不断地发生变化的，所以客户的资料也要不断地加以调整，剔除过时的或已经变化了的资料，及时补充新的资料，对客户的变化要进行跟踪，使客户管理保持动态性。

第二，突出重点。不同类型的客户资料很多，我们要透过这些资料找出重点客户。重点客户不仅要包括现有客户，而且还应包括未来客户或潜在客户。这样可为企业选择新客户、开拓新市场提供资料，为企业进一步发展创造良机。

第三，灵活运用。客户资料的收集管理，目的是在销售过程中加以运用。所以，在建立客户资料卡或客户管理卡后，不能束之高阁，应以灵活的方式及时全面地提供给推销人员及其他有关人员，使他们能进行更详细地分析，使死资料变成活资料，提高客户管理的效率。

第四，专人负责。由于许多客户资料是不宜流出企业的，只能供内部使用。所以，客户管理应确定具体的规定和办法，应由专人负责管理，严格客户情报资料的利用和借阅。

【二维码链接】从共享到经济，共享经济究竟改变了什么？

五、渠道通路及常见问题

渠道通路就是指商品和服务，从生产者转移到经销商，再由经销商转移到消费者的过程。渠道通路的任务就是在适当的时间，把适当的产品送到适当的销售点，以利消费者购买。

（一）渠道通路的内涵

一般以下述三个参数来描述渠道通路：

1. 渠道通路的广度

指厂商的产品，需经过几种类型的通路。例如因市场密度不同而分别设置门市部与批发制；或因客户购买数量不同，大客户通过直接销售，小客户则通过经销店销售。

2. 渠道通路的长度

依所采用的中间商不同，可将渠道通路长度区分如下：

一般传统的销售通路由厂商销予批发商，再销予零售商，最后再销给消费者。“直销法”是采用最短的通路，由制造者直接供应至最终消费者。

3. 渠道通路的深度

指公司在每一通路类型中不同阶段所使用的中间商数目。有关通路分配的深度，可区分为：

密集性的通路：采用广泛的分配通路，方便消费者购买。如汽水、牙膏等产品。

选择性的通路：在特定的市场中，仅挑选少数的中间商，如家电产品。

独家性通路：在一定的市场范围内，产品仅由一家中间商代理销售。

在以往的营销工作中，渠道通路是经常被肤浅对待的一环。而事实上，营销本来就是一场整体战，营销必须对“4Ps”作最佳组合，才能发挥真正的营销战斗力。况且，若销售渠道没有建立，企业的广告、营销传播、定价等决策也是不起任何作用的。

（二）影响渠道通路的因素

1. 产品因素

单位价值：产品单位价值愈低，一般渠道通路愈长。

大小与重量：必须考虑运输贮藏的成本。

易腐性：容易腐败之农产品，或流行产品如衣服问题。

定制品或标准品：若为定制品，往往由厂商直接贩售至最终消费者。

产品线宽狭问题：产品线愈宽，通路愈短。

新产品：考虑产品知名度与可利用企业内现成销售通路。

产品性质：考虑是消费品（便利品、选购品、特殊品）、工业产品原料，还是物料。

2. 市场因素

区分市场性质为工业品或消费品市场，或农业品服务业市场。

潜在市场消费人数多寡。

市场的地理集中性。

顾客购买数量。

顾客购买习惯（频率、地点、价格、服务要求）。

销售的季节性。

3. 公司本身因素

信誉与财务能力、规模。

市场营运管理能力与经验。

所愿提供之服务。

整体营销政策要求。

产品线宽狭。

4. 竞争因素

市场竞争激烈程度。

竞争商品的渠道通路方式。

有否专卖独卖权。

5. 中间商

中间商所能提供之服务（运送、贮存设备、人员训练、退货等）。

中间商对制造厂商的态度（配合程度）。

中间商的销售可能性与销售量限制因素。

渠道通路的成本多寡。

6. 环境限制

政府法令规章的限制。

六、创业企业营销管理

（一）销售渠道与方式选择

销售渠道是企业把产品向消费者转移的过程中所经过的路径。这个路径包括企业自己设立的销售机构、代理商、经销商、零售店等。对企业来说，销售渠道起到物流、资金流、信息流、商流的作用。合理选择分销渠道的实质，是合理选择中间商，它对企业开展生产经营活动和开拓市场具有十分重要的意义。

合理的销售渠道有利于企业降低营销费用，扩大销量，提高供给能力和经济效益，可以帮助企业掌握市场供求信息，扩大服务项目，提高市场占有率，还可以有效地平衡供求关系，简化流通渠道，方便顾客购买。

网络销售、电话订购和电视购物频道等模式的成熟，给渠道带来新的变革，消费者的行为习惯也随之发生改变。若创业企业能抓住新的机遇，及时调整营销渠道、战略方向，与时俱进、不断创新，必然取得创业成功。

（二）新创企业的定价策略

新产品的定价是营销策略中一个十分重要的问题。它关系到新产品能否顺利进入市场，能否站稳脚跟，能否获得较大的经济效益。新产品的定价策略，主要有三种：

1. 取脂定价策略

取脂定价策略，又称撇油定价策略，是指企业在产品寿命周期的投入期或成长期，利用消费者的求新、求奇心理，抓住激烈竞争尚未出现的有利时机，有目的地将价格定得很高，以便在短期内获取尽可能多的利润，尽快地收回投资的一种定价策略。其名称来自从鲜奶中撇取乳脂，含有提取精华之意。

2. 渗透定价策略

渗透定价策略，又称薄利多销策略，是指企业在产品上市初期，利用消费者求廉的消费心理，有意将价格定得很低，使新产品以物美价廉的形象，吸引顾客，占领市场，以谋取远期的稳定利润。

3. 满意价格策略

满意价格策略，又称平价销售策略，是介于取脂定价和渗透定价之间的一种定价策略。由于取脂定价法定价过高，对消费者不利，既容易引起竞争，又可能遇到消费者拒绝，具有一定风险；渗透定价法定价过低，对消费者有利，对企业最初收入不利，资金的回收期也较长，若企业实力不强，将很难承受。而满意价格策略采取适中价格，基本上能够做到供求双方都比较满意。

（三）新创企业的品牌策略

新创企业的品牌设计要求：

第一，简洁醒目，易读易懂，使人在短时间内产生印象，易于理解记忆并产生联想。

【案例】

“M”这个很普通的字母，对其施以不同的艺术加工，就形成表示不同商品的标记或标志：棱角圆润、鲜艳金黄色拱门的“M”是麦当劳的标记，给人以亲切之感，已出现在全世界许多国家和地区的数百个城市的闹市区，成为人们喜爱的快餐标志。

第二，构思巧妙，暗示属性。品牌应是企业形象的典型概括，反映企业个性和风格，产生信任。

【案例】

Benz（本茨）先生作为汽车发明人，以其名字命名的奔驰车，100多年来赢得了顾客的信任，其品牌一直深入人心。那个构思巧妙、简洁明快、特点突出的圆形的汽车方向盘似的特殊标志，已经成了豪华优质高档汽车的象征。

第三，富蕴内涵，情意浓重。品牌可引起顾客强烈兴趣，诱发美好联想，产生购买动机。

【案例】

“红豆”是一种植物，是人们常用的镶嵌饰物，是美好情感的象征。同时，“红豆”也是江苏红豆集团的服装品牌和企业名称，其英文是“The seed of love”（爱的种子）。提起它，人们就会想起王维的千古绝句和牵动人的思乡及相思之情。红豆服装正是借助“红豆”这一富蕴中国传统文化内涵、情意浓重的品牌“红”起来的。

第四，避免雷同，超越时空。在我国品牌雷同的现象非常严重。据统计，我国以“熊猫”为品牌名称的有311家，“海燕”和“天鹅”两个品牌分别由193家和175家同时使用。

超越空间的限制是指品牌要超越地理文化边界的限制。由于世界各国的历史文化传统、语言文字、风俗习惯、价值观念和审美情趣不同，对于一个品牌的认知、联想必然会有很大差异。

（四）新创企业的商品包装策略

1. 包装要求

在新创企业市场营销中，为适应竞争的需要，包装要考虑不同对象的要求。

消费者的要求。由于社会文化环境不同，不同的国家和地区的消费者对产品的包装要求不同。因此，包装的颜色、图案、形状、大小、语言等要考虑不同国家、地区、民族等消费者的习惯和要求。

运输商的要求。运输商考虑的是商品能否以最少的成本安全到达目的地。所以要求包装必须便于装卸、结实、安全，不至于在到达目的地前损坏。

分销商的要求。分销商不仅要求外包装便于装卸、结实、防盗，而且内包装的设计要合理、美观，能有效利用货架，容易拿放，同时能吸引顾客。

政府要求。随着人们绿色环保意识的加强，要求企业包装材料的选择要符合政府的环保标准，节约资源，减少污染，禁止使用有害包装材料，实施绿色包装战略。同时要求标签符合政府的有关法律和规定。

2. 包装策略

等级包装策略。一是不同质量等级的产品分别使用不同包装，表里一致；二是同一商品采用不同等级包装，以适应不同购买力水平或不同顾客的购买心理。

异类包装策略。指企业各种产品都有自己独特的包装，设计上采用不同风格、不同色调、不同材料。它使企业不致因某一种商品营销失败而影响其他商品的市场声誉，但增加了包装设计费用，新产品进入市场时需更多的销售推广费用。

配套包装策略。指企业将几种相关的商品组合配套包装在同一包装物内。它方便消费者购买、携带与使用；利于带动多种产品销售及新产品进入市场。

再使用包装策略。指包装物内商品用完之后，包装物本身还可用作其他用途。它通过给消费者额外的利益而扩大销售，同时包装物再使用可起到延伸宣传的作用。但这种刺激只能收到短期效果。

附赠品包装策略。指在包装物内附有赠品以诱发消费者重复购买。

更新包装策略。指企业的包装策略随市场需求的变化而改变的做法。可以改变商品在消费者心目中的地位，进而收到迅速恢复企业声誉之效。

【实训活动】

活动一　头脑风暴：你知道哪些商业模式

问题：你知道哪些商业模式？把他们列出来，与同学分享。

活动二　讨论：描述万达的战略与商业模式

万达产品	第一代	第二代	第三代
产品种类	纯商业	纯商业	商业、酒店、写字楼、住宅
选址	核心商圈黄金地段	核心商圈黄金地段	城市副中心、城市的开发区及 CBD
规模	5 万平方米	15 万平方米	40 ～ 80 万平方米
业态	购物功能组合	购物功能组合	24 小时不夜城 + 集成功能组合
主力商家	超市 + 家电 + 影院	超市 + 建材 + 家电 + 影院	百货 + 超市 + 家电 + 影院
建筑形态	单个盒子式	组合式	综合体、盒子 + 街区 + 高层的组合
案例	长沙、南昌、青岛	沈阳、天津	宁波、上海、北京、成都

针对以上万达商业模式变迁的描述，讨论其商业模式完善调整的思路与逻辑。

活动三　本团队项目商业模式及市场设计

项目	分析
目标市场	
渠道通路	
客户关系	
营销策略	
总结：	

【实战体验】商业模式设计与评价

1. 设计并创新商业模式，制作出商业模式画布

基于小组选择的创业项目，并根据本章理论方法，设计并创新一个符合逻辑的商业模式，凝练概要并制作自己的商业模式画布，填写在下图中：

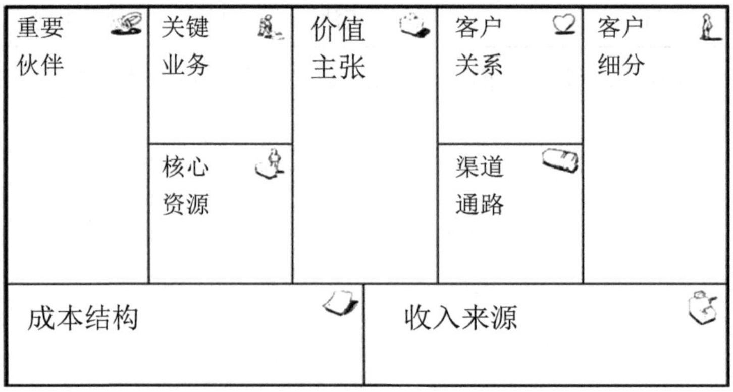

2. 检验与评价商业模式，完善改进商业模式画布

根据本章内容方法，对上述设计的商业模式进行检验与评价。

3. 路演展示与比赛

各小组展示并路演自己的商业模式画布，并进行评比。评比标准如下：

主营业务	模式名称	指标分值									模式点评
		独特价值	不可复制	可操作性	持续稳定	扩展延伸	整体协调	具盈利性	具创新性	总分	
		20	15	15	15	10	5	5	15	100	

【专家视点】

商业模式不是创业成功的首要因素

格罗斯，全球债券市场主要操盘手，华尔街称他是“安静的巨鲨”。在20年内，他把一个小创业公司打造成由100多个公司组成的商业帝国。格罗斯相信创业组织是美化世界的最伟大方式之一，如果给一群人适当的股权激励，让他们一起创业开公司，他们将前所未有地释放潜能，并取得不可思议的成就。

格罗斯总结出了5个决定创业成败的关键因素，具体分析如下：

第一重要的是时机，决定公司成败的因素中，时机独占42%，团队和执行力排第二位，然后是创意。当然并不是说创意不重要，但创意不是最重要的，有时时机恰当更重要。最后两个是商业模式和资金。商业模式排名靠后可以理解，因为没有商业模式也可以创业，如果产品有销量，可以再增加商业模式。融资也是这样，如果一开始资金不足，但你受欢迎，尤其是在当今时代，融到大量资金轻而易举。

众所皆知，Airbnb 极其成功，很多聪明的投资者却与之失之交臂，因为那时人们想：没人会把自家房间租给陌生人，当然事实证明这个想法错了。但促使 Airbnb 成功的，除了好的商业模式、创意和执行力，剩下的莫过于时机了。Airbnb 公司在经济萧条顶峰中应运而生，那时人们需要额外收入，这种需要大概促使大家克服了拒绝把家租给陌生人的心理障碍。

Uber 也一样，它一问世，就展现了不可思议的公司形象和商业模式，还有出色的执行力，但最完美的是他们把司机纳入系统的时机，司机急需赚外快，这点非常重要。

格罗斯认为，执行力和创意至关重要，但相比，时机乃重中之重。评估时机的最好方法，是真正地审视消费者是否真正准备好去接受提供的产品，在评估过程中要遵循对时机坦诚相待的原则。

【网上精品视频课程】商业模式开发与评价。

用手机“扫一扫”下面的二维码，用浏览器打开相应网址，进入视频课程学习。

【评估练习】

（1）你如何理解商业模式的本质？商业模式的四大要素是什么？

（2）商业模式的价值逻辑是什么？商业模式画布9大模块是什么？

（3）改进与完善商业模式思路的方法主要有哪些？

（4）市场调查的主要方法有哪些？

（5）在客户管理的过程中，需要注意哪些原则？

（6）新产品的定价策略主要有哪几种？请简要阐述。

第七章　创业计划与路演展示

【本章地图】

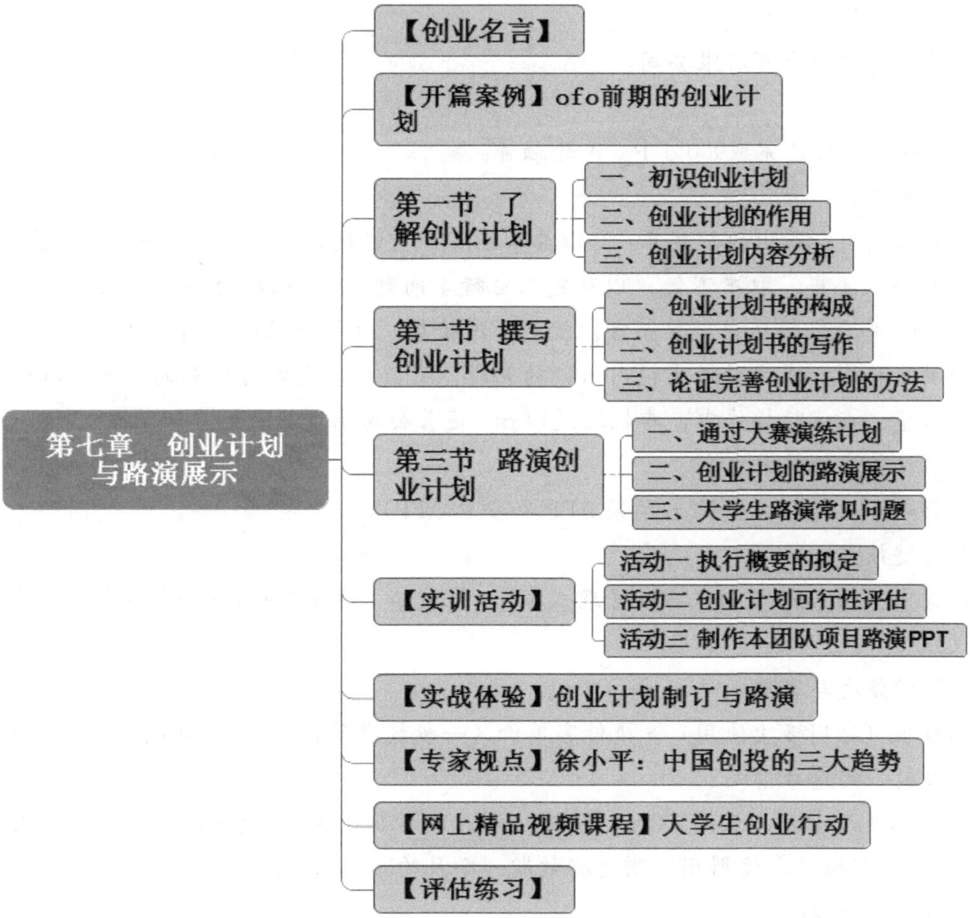

【创业名言】

创业对大多数人而言是一件极具诱惑力的事情，同时也是一件极具挑战的事。不是人人都能成功，也并非想象中那么困难。但任何一个梦想成功的人，倘若他知道创业需要策划、技术及创意的观念，那么成功已离他不远了。

——哈佛大学教授　拉克

【开篇案例】

ofo 前期的创业计划

1. 成立时间

2015年春。

2. 发起团队

北京大学几个硕士生。

3. 公司实体

西宁转动惯量商贸有限公司。

4. 融资情况

2015年底宣布已完成900万 Pre-A 轮融资。

5. 基本业务

大学校园自行车出租与共享——以共享经济 + 智能硬件，解决最后一公里的出行问题。

面对个人丢车、取车不便，以及废旧自行车问题，ofo 正在为高校师生创造新的出行方式。“ofo 平台”的功用简单而言，就是通过收集、改装一批校园闲置自行车，将其变成校园公共自行车，在方便师生校内出行的同时，有效控制校内自行车的总量，减少“僵尸车”的数量。在实际操作中，车辆还是以 ofo 运营公司出资投放的车辆为主。

6. 项目依存的技术生态

纯移动互联网（纯微信 + 苹果 APP 和安卓 APP）。

7. 关键技术

车身内置的 GPS 定位（存在管理成本）+ 机械锁（存在漏洞）+ 微信端的业务系统（极简主义）。

8. 消费频次与客单

高频低（每周多次使用）+ 极低客单价（一般校内骑行都是在2毛钱左右的开支）。

9. 红包、优惠券情况

往往都是几十元，最高100元（受邀注册，即可获得100元的低用金，足够使用一个学期），最低的奖励是新注册用户赠送有效期一个月的5元优惠券。

10. 实名验证机制

有，必须上传学生证或者校内邮箱，完成实名验证。

11. 运营成本

投放的车辆（200元左右）以及网络运营工作开支（不详）。

12. 获客效果与订单情况

一般一个大学投放300～500辆车，即可有效获取校园内相当数量的大学生用户（预计在数千,一般情况下有车的学生不会用，但也有好奇的学生会用），目前投入了3万余辆车（含车主共享的约数千辆车，官网截止到2016年6月23日的数字是31441辆），累计获得约30～50万用户，出行交易订单日均约8～12万次。

(1) 按车辆计算：一般投入200辆车，可以满足10倍左右的用户使用，也就是一辆200元左右的车，投入作为获客工具，可以获得10个用户，实际形式上获客成本是20～30元。

(2) 按其融资额计算：投入数百万资金，获得了30万左右用户，平均获客成本20元左右。与上面的计算方法相差不大。

13. 推广中使用的合伙人计划：主要是领养计划，350元领养一辆，一年后返还。领养计划，每一辆有50元左右的现金补贴给到合伙人，合伙人一般再返给领养人30元。

第一节　了解创业计划

【精彩视频链接】创业导航。

一、初识创业计划

创业计划，又称“商业计划”，是引领创业的纲领性文件，是创业者具体行动的指南。创业计划是创业的行动导向和路线图，既为创业者行动提供指导和规划，促使创业团队及雇员团结一心地工作，也为创业者与外界沟通提供基本依据。创业计划书的撰写可以迫使创业者系统思考新创企业的各个因素，促使创业团队定期沟通讨论将要从事的工作。一般情况下，撰写创业计划书主要有两大原因：在企业内部，创业计划书为企业执行战略和计划提供了值得借鉴的“蓝图”，能够迫使创业团队一起努力工作，全力以赴地解决创业风险的各个细节；对企业外部来说，它能够向潜在投资者和其他风险投资者介绍企业正在追寻的商业机会，赢得对方支持。

创业计划是对构建一个企业的基本思想以及与企业创建有关的各种事项进行总体安排的文件，它从企业内部的人员、制度、管理以及企业的产品、营销、市场等各个方面对即将创建的企业进行可行性分析。创业计划包含创业定位、营销计划、财务计划、组织管理等，用以描述创办一个新的风险企业时所有相关的外部及内部要素。创业计划有时也叫行路图。创业计划主要回答三个问题：自己现在哪里？自己将去哪里？如何到达那里？

计划可以是短期的，也可以是长期的，可以是战略性的，也可以是操作性的。尽管不同的计划服务于不同的职能，但所有的计划都有一个重要目的，即在快速变化的市场环境下，为创业者提供指导准则和管理架构。

【二维码链接】商业计划书（BP）的革命：一次倒序的尝试。

二、创业计划的作用

（一）创业计划书是企业创建的共同纲领和行动指南

通过制定创业计划，创业者能够明确创业方向、理清创业思路。在谈论创业机会细节的过程中，会迫使创业团队一起工作，将其抽象的创业理念转换为产品的功能和质量、销售的策略和方式、资金筹集和盈亏平衡点等具体的现实问题，通过反复论证和调整，使团队成员统一思想，也使得最终形成的创业计划成为创业引领的纲领性文件和具体行动的指南。同时，创业计划的写作是一个长期的过程，可能需要创业团队根据企业的实际情况进行不断地调整和完善。在这一过程中，创业者或者改变销售策略，或者更新经营思路，或者认识到某一方面的错误与不足，甚至改变了总目标下的某一分支，这都有利于企业良性发展。

（二）撰写创业计划书是使创业团队及雇员团结一心的方式或手段

一份清晰的创业计划书对企业的愿景和未来均作了详细地陈述，无论对创业团队还是普通员工都具有十分重要的意义。尽管市场的快速变化经常发生，创业计划也会根据变化的情况适当调整，但是撰写创业计划的过程的确非常有用，会使得团队成员团结一心，为了共同的创业目标而努力，同时发现团队中可能存在的问题，从而通过对创业计划书这样一个重要方案的论证，使团队成员更加团结，配合更加默契，使普通员工和创业者保持配合一致的运动过程，保持统一有目的的行动方向。因此，创业计划书的撰写过程和创业计划本身同样有价值，是使创业目标变成现实的重要途径，使普通员工理解企业目标、完成企业计划的重要措施。

（三）创业计划可以作为推销性文本，为企业向潜在投资者、供应商、重要的职位候选者以及其他人介绍拟创办的企业

实际上，向创业者索要创业计划书的组织数量一直在不断上升，越来越多的由大学或社会团体主办的创业园和商业孵化机构会要求获得候选的企业提供创业计划书。有研究表明，拥有创业计划书和新创企业获得资助之间呈正相关关系。作为一种推销性文本资料，创业计划书有助于帮助企业建立可信度，尤其是在由大学、教育部、团中央以及一些基金组织举办的创业大赛中获奖的项目，可以使其更容易获得投资者的关注。即使是一个学生

或者团队在创业计划大赛中取得好成绩，最终并没有决定创办新企业，但这种参赛经历也能产生积极效果。

【二维码链接】手把手教你写商业计划书。

三、创业计划内容分析

制订创业计划，主要从以下七个方面着手：

（一）所在行业分析

行业分析应包括对该行业的展望，即该行业的历史成就和将来的发展趋势。创业者也应该提供关于该行业新产品开发的看法。竞争分析也是重要内容，创业者应该识别每一个主要的竞争对手，分析他们的优势与劣势，特别是分析竞争对手将如何影响本企业在市场上潜在的成功。

做行业分析时，下面是值得创业者考虑的关键问题：

（1）在过去的五年中，该行业的销售总额是多少？

（2）该行业预计的增长率如何？

（3）在过去的三年中，该行业有多少新进入的公司？

（4）该行业最近有什么新产品上市？

（5）最接近的竞争者是谁？

（6）你的企业如何经营才能超过该竞争者？

（7）你的每个竞争者的优势和劣势是什么？

（8）你的每个竞争者的销售额是在增长、减少还是保持稳定？

（9）你的客户的特点是什么？

（10）你的客户与你的竞争者的客户有什么区别？

（二）所创企业的描述

对新创企业进行的描述主要明确企业经营的范围和规模。关键要素应包括产品和服务、企业的地点和规模、所需人员和办公设备、创业者的背景以及该企业的历史。

（三）生产计划

如果新创企业是属于制造业，则必须制订一个生产计划，这个计划应该描述完整的生产过程。如果新创企业准备将某些甚至所有制造工序分包给其他企业，则应该在生产计划中对分包商加以说明。对于创业者自己将要实施的全部或部分制造工序，也需要描述厂房的布局，制造运营过程中所需要的机器设备，所需原材料及供应商的姓名、地址、供货条件、制造成本以及任何资本设备将来的需求等。

如果新企业是零售店或服务型企业，则这一部分计划内容为“经商计划”，其内容应包括对货物购买、存储控制系统以及库存需求等的具体描述。

这部分创业计划的关键问题有：

（1）你将负责全部还是部分制造工序？

（2）如果某些制造工序被分包，谁将成为分包者？（给出分包商的姓名和地址）

（3）为什么选择这些分包者？

（4）分包制造的成本怎样？（包括几份书面合同）

（5）生产过程的布局怎样？（如果可能，应列出步骤）

（6）产品的制造需要什么设备？

（7）产品的制造需要什么原材料？

（8）原材料的供应商是谁？相应的成本怎样？

（9）产品制造的成本是多少？

（10）新企业将来的资本设备需求怎样？

（11）如果是零售或服务型企业，货物将从谁那里购买？

（12）存储控制系统如何运营？

（13）存货需求怎样？存货如何被促销？

（四）市场营销计划

市场营销计划是创业计划中的一个重要组成部分，它主要描述产品或服务将如何被分销、定价以及促销。营销计划是新企业成功的关键。因此，创业者应该尽一切努力把该计划准备得尽可能的全面而具体，以便投资者弄清新企业的目标是什么，以及为了有效地实现这个目标将实施什么战略。

营销计划包括的内容：

（1）市场机构和营销渠道的选择。

（2）营销队伍和管理。

（3）促销计划和广告策略。

（4）价格决策。

对新创企业来说，很难进入其他企业已经稳定的销售渠道中去。因此，企业不得不暂时采取高成本低效益的营销战略。营销计划应该每年制订，并把它当作制订短期决策的行路图。

（五）组织计划

组织计划主要描述新企业的所有制形式，即新创企业的所有制将是独资形式的、合伙制的还是公司制的。如果新创企业是合伙制企业，计划中就应该加上合伙的有关条款。如果新创企业是一个公司，就应该明确被核准的股份份额、优先认股权、公司的经理及高层管理者的姓名、地址及简历。除此以外，还应提供组织结构图，用以表明组织内成员的授权及责任关系。

这部分计划需要创业者回答的关键问题有：

（1）组织的所有制形式是什么？

（2）如果是合伙制企业，谁是合伙者以及合伙协议的条款是什么？

（3）如果是股份公司，谁是主要的股票持有者以及他们拥有多少股票？

（4）发行什么类型的股票，以及发行了多少有表决权股和非表决权股？

（5）谁是董事会成员？（给出姓名、地址和简历）

（6）谁有支票签字权和控制权？

（7）谁是管理小组的成员？他或她的背景怎样？

（8）管理小组的每个成员的角色和责任是什么？

（9）管理小组每个成员的薪水、红利或其他形式的工资怎样？

（六）风险估计

创业者有必要进行风险估计以便制订有效的策略来应对这些威胁。新企业主要的风险可能来自于竞争者的反应，来自于自身在市场营销、生产或管理方面的弱势，来自于技术的进步带来的其产品的过时。创业者也有必要提供备选战略以应对上述风险因素的发生。

（七）财务计划

财务计划也是创业计划的重要组成部分，它表明新企业所需要的潜在投资承诺，并表明创业计划在经济上是可行的。

财务计划通常要包括三个项目：

（1）新创企业开始三年中的预计销售额及相应的支出，其中第一年的有关预测还应按月提供。

（2）需要预测开始三年的现金流量，其中第一年的预测也要按月提供。

（3）需要预测资产负债表。

【二维码链接】商业计划书撰写的6条经验。

第二节　撰写创业计划

【精彩视频链接】创业百问：如何撰写一份好的商业计划?

一、创业计划书的构成

创业计划书通常包括封面、保密要求、目录、摘要、正文（综述）、附录几部分。

（一）封面（标题页）

标题页可以放一张企业的项目或产品彩图，但需留出足够的版面排列以下内容：创业计划书编号、公司名称、项目名称、项目单位、地址、电话、传真、电子邮件、联系人、公司主页、日期等。

（二）保密要求

保密要求可放在标题页，也可放在次页，主要是要求投资方项目经理妥善保管创业计划书，未经融资企业同意，不得向第三方公开创业计划书涉及的商业秘密。

（三）目录

目录标明各部分内容及页码，要注意确认目录页码同内容的一致性。

（四）摘要

摘要是对整个创业计划书的概括，目的在于用最简练的语言将计划书的核心、要点、特色展现出来，吸引阅读者仔细读完全部文本，因而一定要简练，一般要求在两页纸内完成。摘要十分重要，它是出资者首先要看的内容，因而必须能让读者有兴趣并渴望得到更多的信息，能给读者留下长久的印象。计划摘要应从正文中摘录出投资者最关心的问题：包括对公司内部的基本情况，公司的能力以及局限性，公司的竞争对手、营销和财务战略，公司的管理队伍等情况的简明而生动的概括。如果公司是一本书，它就像是这本书的封面，做得好就可以把投资者吸引住。

（五）正文

正文是创业计划书的主体部分，要分别从公司基本情况、经营管理团队、产品/服务、技术研究与开发、行业及市场预测、营销策略、产品制造、经营管理、融资计划、财务预测、风险控制等方面对投资者关心的问题进行介绍，要求既有丰富的数据资料，使人信服，又要突出重点，实事求是。

（六）附录

附录是对正文中涉及的相关数据、资料的补充，作为备查。

【二维码链接】创业者必看：黄太吉商业计划书完整版。

二、创业计划书的写作

创业计划书的内容与写作要点如下：

（一）摘要

摘要是为了吸引战略合伙人与风险投资人的注意而将创业计划书的核心提炼出来制作而成的，它是整个创业计划书的精华，涵盖计划书的要点。一般要在后面所有内容编制完毕后，再把主要结论性内容摘录于此，以求一目了然，在短时间内给阅读者留下深刻的印象。

摘要如同推销产品的广告，编制人要反复推敲，力求精益求精，形式完美，语句清晰流畅而富有感染力，以引起投资人阅读创业计划书全文的兴趣。特别要详细说明自身企业的不同之处以及企业获取成功的市场因素。

（二）企业介绍

这一部分是向战略合伙人或者风险投资人介绍融资企业或项目的基本情况。具体而言，如果企业处于种子期或创建期，现在也只有一个美妙的商业创意，那么，应重点介绍创业者的成长经历，求学过程，并突出其性格、兴趣爱好与特长，创业者的追求，独立创业的原因以及创意如何产生。

如果企业处于成长期，应简明扼要介绍公司过去的发展历史、现在的状况以及未来的规划。具体而言，包括：公司概述、公司名称、地址、联系方法；公司的业务状况；公司的发展经历；对公司未来发展的详尽规划；本公司与众不同的竞争优势；公司的法律地位；公司的公共关系；公司的知识产权；公司的财务管理；公司的纳税情况；公司的涉诉情况等等。在描述公司发展历史时，正反的经验都要写，特别是对以往的失误，不要回避。要对失误进行客观地描述，中肯地分析，反而能够赢得投资者的信任。

（三）管理团队介绍

管理团队是投资者非常看重的，这部分主要是向投资者展现企业管理团队的结构、管理水平和能力，职业道德与素质，使投资者了解管理团队的能力，增强投资信心。

这部分主要介绍管理团队、技术团队、营销团队的工作简历、取得的业绩，尤其是与目前从事工作有关的经历。另外，可以着重介绍企业目前的管理模式，如果无特色，也可以不介绍，或者归入劣势部分。

在编写过程中，首先，必须对公司管理的主要情况作一个全面介绍，包括公司的主要股东及他们的股权结构、董事和其他一些高级职员、关键的雇员以及公司管理人员的职权分配和薪金情况，必要时，还要详细介绍他们的经历和个人背景。企业的管理人员应该是互补型的，而且要具有团队精神。一个企业必须要具备负责产品设计与开发、市场营销、生产作业管理、企业理财等方面的专门人才。

此外，在这部分创业计划书中，还应对公司组织结构做一简要介绍，包括：公司的组织结构图；各部门的功能与责任；各部门的负责人及主要成员；公司的薪酬体系等。

这部分应让投资者认识到，创业者具有与众不同的凝聚力和团结战斗精神，管理团队人才济济且结构合理，在产品设计与开发、财务管理、市场营销等各方面均具有独挡一面的能力，足以保证公司以后成长发展的需要。

（四）技术产品（服务）介绍

在进行投资项目评估时，投资人最关心的问题之一就是，企业的产品、技术或服务能否以及在多大程度上解决现实生活中的问题，或者，企业的产品（服务）能否帮助顾客节约开支，增加收入，这是市场销售业绩的基础。

技术产品（服务）介绍一般包括以下内容：产品的名称、特性及性能用途；产品处于生命周期的哪一阶段，市场竞争力如何；产品的研究和开发过程；产品的技术改进、更新换代或新产品研发计划及相应的成本；产品的市场前景预测；产品的品牌和专利。

在这一部分，企业家要对产品（服务）做出详细的说明，说明要准确，也要通俗易懂，让不是专业人员的投资者也能明白。一般的，产品介绍都要附上产品原型、照片或其他介绍。

此外，对于一些以技术研发为重点的高新技术企业来说，还要对相关技术及其企业研发情况进行分析，包括企业技术来源、技术原理、技术先进性、技术可靠性；公司的技术研发力量和未来的技术发展趋势，公司研究开发新产品的成本预算及时间进度，技术的专利申请、权属及保护情况，技术发展后劲和技术储备等，以使投资者对公司的技术研发队伍的实力，公司未来竞争发展对技术研发的需要有所了解。

产品（服务）介绍的内容比较具体，因而写起来相对容易。虽然夸赞自己的产品是推销所必需的，但应该注意，企业家和投资家所建立的是一种长期合作的伙伴关系。空口许诺，只能得意于一时。如果企业不能兑现承诺，不能偿还债务，企业的信誉必然要受到极大的损害，这是真正的企业家所不屑为之的。

（五）行业、市场分析预测

行业与市场分析主要对企业所在行业基本情况、企业的产品或服务的现有市场情况、未来市场前景进行分析，使投资者对产品或服务的市场销售状况有所了解。这是投资者关注的重点问题之一。

行业分析主要介绍行业发展趋势、行业发展中存在的问题、国家有关政策、市场容量、市场竞争情况、行业主要盈利模式、市场策略等。

（六）市场营销策略

企业的盈利和发展最终都要拿到市场上来检验，营销成败直接决定了企业的生存命运。

在介绍市场营销策略时，创业者要讨论不同营销渠道的利弊，要明确哪些企业主管专门负责销售，主要适用哪些促销工具，以及促销目标的实现和具体经费的支出等。

一般来说，中小企业可选择的市场营销策略有以下几种：

1. 集中性营销策略，即企业只为单一的、特别的细分市场提供一种类型的产品（如制造汽车配件）。这种方法尤其适用于那些财力有限的小公司，或者是在为某种特殊类型的顾客提供服务方面确有一技之长的组织。

2. 差异性营销策略，即为不同的市场设计和提供不同类型的产品。这种战略大多为那些实力雄厚的大公司所采用。

3. 无差异性营销策略，即只向市场提供单一品种的产品，希望它能引起整体市场上全部顾客的兴趣。当人们的需求比较简单，或者并不被人们认为很重要时，该策略较为适用。

（七）生产计划

生产制造计划旨在使投资者了解产品的生产经营状况。这一部分应尽可能把新产品的生产制造及经营过程展示给投资者。主要的内容包括：

（1）公司现有的生产技术能力，企业生产制造所需的厂房、设备情况。

（2）质量控制和改进能力。

（3）新产品的生产经营计划，改进或将要购置的生产设备及其成本。

（4）现有的生产工艺流程，生产周期标准的制订及生产作业计划的编制。

（5）物资需求计划及其保证措施，供货者的前置期和资源的需求量。

（6）劳动力和雇员的有关情况。

同时，为了增大企业的评估价值，企业家应尽量使生产制造计划更加详细、可靠。

（八）财务分析与预测

这部分包括公司过去若干年的财务状况分析，今后三年的发展预测，以及详细的投资计划。旨在使投资者据此判断企业未来经营的财务状况，进而判断其投资能否获得理想的回报，因而它是决定投资决策的关键因素之一。

财务预测的依据、前提假设是投资者判断企业财务预测准确性和财务管理水平的标尺，也是投资者关注的焦点。其主要依据和前提假设是企业的经营计划、市场分析。由于财务分析预测在公司经营管理中的重要地位，企业需要花费较多的精力来做具体分析，必要时最好与专家顾问进行商讨。

对于中小企业来说，财务预测既要为投资者描绘出美好的合作前景，同时又要使得这种前景建立于坚实的基础之上，否则会令投资者怀疑企业管理者的诚信或财务分析、预测及管理能力。

（九）融资计划

融资计划主要是根据企业的经营计划提出企业资金需求数量、融资的方式、工具，投资者的权益、财务收益及其资金安全保证，投资退出方式等，它是资金供求双方共同合作前景的计划分析。

融资计划的主要内容包括：

（1）融资数额是多少？已经获得了哪些投资？希望向战略合伙人或风险投资人融资多少？计划采取哪种融资工具，是以贷款、出售债券，还是以出售普通股、优先股的形式筹集？

（2）公司未来的资本结构如何安排？公司的全部债务情况如何？

（3）公司融资所提供的抵押、担保文件，包括以什么物品进行抵押或者质押，什么人或者机构提供担保？

（4）投资收益和未来再投资的安排如何？

（5）如果以股权形式投资，双方对公司股权、控制权、所有权比例如何安排？

（6）投资者介入公司后，公司的经营管理体制如何设定？

（7）投资资金如何运作？投资的预期回报？投资者如何监督、控制企业运作等？

（8）对于吸引风险投资的，风险投资的退出途径和方式是什么，是企业回购、股份转让还是企业上市？

这部分是融资协议的主要内容，企业既要对融资需求、用途提出令人信服的理由，又有令人心动的投资回报和投资条件，同时也要注意维护企业自身的利益。其基础是企业的财务分析与预测。

由于与资金供给方合作的模式可能有多种，因此还需设计几种备选方案，给出不同盈利模式下的资金需要量及资金投向。

（十）风险分析

这部分内容主要是向投资者分析企业可能面临的各种风险隐患，风险的大小以及融资者将采取何种措施来降低或防范风险、增加收益等。主要包括：

（1）企业自身各方面的限制，如资源限制、管理经验的限制和生产条件的限制等。

（2）创业者自身的不足，包括技术上的、经验上的或者管理能力上的欠缺等。

（3）市场的不确定性。

（4）技术产品开发的不确定性。

（5）财务收益的不确定性。

（6）针对企业存在的每一种风险，企业进行风险控制与防范的对策或措施。

对于企业可能面临的各种风险，融资者最好采取客观、实事求是的态度，不能因为其产生的可能性小而忽略不计，也不能为了增大获得投资的机会而故意缩小、隐瞒风险因素，而应该对企业所面临的各种风险都认真加以分析，并针对每一种可能发生的风险做出相应的防范措施，这样才能取得投资者的信任，也有利于引入投资后双方的合作。

（十一）附件和备查资料

附件主要是对创业计划书中涉及到的一些问题的细节和相关的证书、图表进行描述或证明，如企业的营业执照、公司章程、验资审计报告、税务登记证、高新技术企业（项目）证书、专利证书、鉴定报告、市场调查数据、主要供货商及经销商名单、主要客户名单、场地租用证明、公司及其产品的介绍、宣传等资料、工艺流程图、各种财务报表及财务预估表、专业术语说明等。它与创业计划书主体部分一起装订成册。备查资料只需列出清单，待资金供给方有投资意向时查询。

【二维码链接】10分钟教你写个商业计划书。

三、论证完善创业计划的方法

创业计划论证是对创业计划的项目做出的一个可行性的评估。创业计划论证考察的内容有：执行总结、项目和公司、产品或服务、市场分析与营销策略、经营管理、团队、财务分析、融资回报、可行性、计划书的写作。具体论证考察部分有：

（1）如属科技创业：学生自己的科研成果；在导师指导下参与科研的项目；与导师合作的科研成果。

（2）技术优势明显：具有潜在的研发领先能力或自主知识产权。

（3）市场需求大：目标市场明确、潜在需求具有现实性。

（4）替代主流产品与模式：产品可以替代主流产品或模式。

（5）经济效益显著：销售量、利润、现金流量、回收期、报酬率。

（6）创业计划报告书文本突出：主题明确、结构合理、逻辑严谨、论证充分、分析规范、文字通畅、装帧整齐。

（7）团队优秀：专业结构合理、精干、合作性强、自信坚韧。

创业计划论证的标准主要是考察创业方案的几个主要性质：

（1）是否具有可支持性（创业的动机与理念是什么）。

（2）是否具有可操作性（如何保证创业成功）。

（3）是否具有可赢利性（创业能否带来预期的回报）。

（4）是否具有可持续性（企业能生存多久）。

创业计划的论证标准主要是考察创业方案的几个主要效度：

（1）论证创业项目的真实效度。创业项目是否真实可信，是否有详细的市场调查数据，项目的各种信息的准确程度等。

（2）论证创业项目的盈利效度。创业者一定要对项目的风险性进行充分的论证。对项目可行性的论证，论证内容包括选址、客户流量、营销周期、产品受欢迎程度、经营者的经营方式、雇员多少、业务熟练程度，估算其成本和投入产出。对于风险承受能力不足的中小投资者来说，投资安全是第一位考虑的因素，要了解项目方在知识产权方面（技术、商标等等）和品牌方面是否存在纠纷，是否拥有完全的所有权。

（3）论证创业项目的行为效度。项目运作是否规范，是否有统一的内外标志；操作流程是否规范；工艺流程是否规范，服务流程是否规范，章程是否规范。

（4）论证创业项目的发展效度。从低层次看，项目在市场扩张上是否能够为投资者提供强有力的支持。从高层次看，项目是否拥有将事业做大的决心，是否拥有长期的战略规划。项目能否提供强有力的促销支持，如物质方面的支持和政策方面的支持。这些都对创业者的扩大经营起着直接的影响。项目能否持续提高自己品牌的价值，则对创业者能否进行有效的扩张起着间接的影响，项目产品创新的能力也决定着投资者跟随成长的结果。

5. 论证创业项目的人才效度。在对项目进行论证的时候，除了要论证项目主导人的人品、性格、经历、知识结构、拥有的企业资源和社会资源外，还要着重论证项目方的团队，包括成员的素质、从业经历、从业经验、既往业绩、圈内口碑；在性格和专业上的互补性；团队的稳定性。

总的来说，创业者对创业项目方案的论证是一件非常细致的事情，需要创业者有很好的耐心和足够的敏感。为了降低创业风险，就需要仔细推演和论证，在此基础上修正自己的创业计划。

【二维码链接】五个 Tips，让你的商业计划书打动投资人。

第三节　路演创业计划

【精彩视频链接】“青桐汇”大学生创业路演，一分钟打动投资人。

一、通过大赛演练计划

大学生创业计划竞赛不是普通意义上的大学生的专业比赛。创业计划不是单纯的、个人的，集中在某一个专业的学生竞赛，而是以实际技术为背景，跨学科的优势互补的团队之间的综合较量。竞赛的意义也不局限于大学校园，从某种程度而言，创业计划竞赛是高等院校与现实社会和大学生与企业之间的互动与沟通。

参加创业计划大赛，创业者将有以下收益：

1. 系统学习创业知识

参赛者在创作创业计划的过程中，一般可以通过大赛提供的系统培训，以及学习、交流，全面地接受创业者所应具备的知识和技能训练。

参赛者通过参加竞赛，可以获得对产品或服务从构想变为现实的全局把握。在完成商业计划的过程中，培养沟通能力、说服能力、组织能力。在接受挑战的过程中，增强创业的勇气、信心和能力。参加项目大赛的经历本身也是一种财富。

2. 磨练创业团队

参赛者通过比赛，可以结识未来创业的合作伙伴，参赛小组的成员将最有可能在将来形成创业合作关系，开创成功事业。在此过程中，创业团队可以得到磨合，磨练团队创业能力，形成创业凝聚力。

参赛者将有机会加入一个充满智慧和活力的小组，与小组伙伴携起手来，接受挑战。参赛者将体验到前进中相互激励的力量和交流中灵感火花的跳跃，以及成功时分享的喜悦。在这一过程中，参赛者会感受团队精神的力量，培养创业精神。

3. 积累商业资源网络

参赛者通过比赛，可以结识风险投资家。国内风险投资家对本次大赛表示了浓厚兴趣，将对具有实际运作价值的作品，进行投资可行性分析。参赛者可以向风险投资家充分展现自己的产品或服务的巨大市场前景，为进一步创业赢得资金。参赛者还将结识商界和法律界人士，为将来创业建立良好的商业关系网络。同时，很多新闻单位对全国大赛比较关注，可以借助媒体向社会推荐自己和产品整体形象，为未来创业建立良好媒体资源。

4. 验证完善创业计划

参加创业比赛的过程，就是设计、论证、实施、优化完善创业项目的实施方案的系统过程。参赛过程中，有创业团队的精心参与、有指导老师的专业指导、有大赛评委的精彩点评、有各参赛团队和参赛项目的交流，这些都是其他形式所不具备的创业论证优势。

【二维码链接】融资表述时什么词语不能说?

二、创业计划的路演展示

（一）明确创业计划的展示对象

1. 企业内部（员工或股东）

表述清晰的书面商业计划，有助于澄清创业目标，协调团队的各项工作，增强团队凝聚力和行动力，激发团队一致行动向目标前进。

对于企业职能部门经理而言，通过分析各环节和未来战略目标的商业计划，能确保自己所做的工作与企业整体计划方向一致。

2. 投资者和其他外部利益相关者

投资者、潜在商业伙伴、潜在客户、前来应聘的关键员工等外部利益相关者是创业计划的第二类读者。

要吸引这些人，创业计划不要过分乐观，过分乐观会破坏创业计划的信度。

创业计划必须明确显示商业创意可行，并与那些风险更小的投资选择相比，商业创意能给潜在投资者带来更高的资金回报；对于商业伙伴、客户和前来应聘的关键员工而言，仍需如此。

创业计划必须论证其商业创意的可行性，开发出一套行之有效的商业模式，并深入认识所处的竞争环境，注意要展现的事实，即用事实说话。

（二）向投资者陈述创业计划的技巧

1. 陈述准备

与投资者会面之前，创业者一定要准备好幻灯片，而且内容要以预订的陈述时间为限。

陈述的首要原则是严格遵守会议时间、地点安排，做好充分准备。如果需要视听设备，应事先准备好。

注意事项：

（1）确保陈述流畅、逻辑清晰。

（2）幻灯片要简洁扼要。

（3）内容应通俗易懂（忌过多专业术语）。

（4）陈述企业自身状况而非技术或产品细节。

（5）避免遗忘一些重要的资料。

2. 陈述的关键点以及陈述技巧

陈述仅需要使用10～15张幻灯片，不追求全面，要抓重点，尤其是投资者可能感兴趣的部分。

公司：用1张幻灯片迅速说明企业概况和目标市场。

机会（尚待解决的问题和未满足的需求）：这是陈述的核心内容，最好用2～3张幻灯片。

解决方式：企业将如何解决问题或如何满足需求，该项内容需要1～2张幻灯片。

管理团队：用1～2张幻灯片简要介绍每个管理者的资格和优势。

产业、目标市场：用1～2张幻灯片介绍企业即将进入的产业及目标市场状况。

竞争者：用1～2张幻灯片简要介绍直接和间接竞争者，并详细介绍企业如何与目标市场中的现有企业竞争。

知识产权：用1张幻灯片介绍企业已有的或待批准的知识产权。

财务：简要说明即可。强调企业何时盈利，为此要多少资本，以及何时实现现金流持平，最好用2～3张幻灯片。

需求、回购和退出战略：用1张幻灯片说明企业需求资金数目及设想的退出战略。

（三）现场答辩与反馈

创业者要敏锐预见投资者可能会提出什么问题，为此创业者就可以做好准备。

投资者可能会用很挑剔的眼光看创业计划，这时，创业者可能会很失望。其实，投资者仅仅是在做份内的事情，提出的问题可能会给创业者很大的启发。

回答问题阶段非常重要，此时投资者往往考察创业者是否挖掘到问题的本质，以及对新创企业了解多少。

现场回答投资者问题要注意：

（1）对投资者问题的要点有准确理解，回答具有针对性而不是泛泛而谈。

（2）能在投资者提问结束后迅速作出回答，回答内容连贯、条理清楚。

（3）回答问题准确可信：回答问题建立在准确的事实和可信的逻辑推理上。

（4）特定方面的充分阐述：对投资者特别指出的方面能做出充分的说明和解释。

（5）整体答辩的逻辑性要求：陈述和回答的内容有整体一致性。

（6）团队成员在回答时有较好的配合，能协调合作、彼此互补，对相关领域的问题能阐述清楚。

【二维码链接】如何说服你的风险投资者?

三、大学生路演常见问题

下面是大学生路演时容易出现的7个问题：

问题一：不知所云

这是最常见的问题，也是最严重的问题之一。具体表现就是在路演的过程中，以自我为中心，演讲已完成，但评委还不知道你做的是什么，要干什么事。

对策：尽量用3句话表达清楚，让普通人能听懂要干的是什么。

问题二：技术展示

参赛人员通常讲起技术滔滔不绝，但讲解中完全不涉及运作情况、商业模式和财务数据，导致投资人、评委无法做出判断。

对策：在1分钟之内，论述技术实验的基本原理、研究成果和应用即可。

问题三：盲目乐观

表现为参赛者对未来市场盲目乐观，自身预期远大于实际情况，导致评委及投资人没有沟通的欲望。

对策：客观冷静地评判项目，建议参赛之前和三位以上的投资人进行相关情况的沟通。

问题四：超出时间

大赛的时间是严格控制的，选手务必在规定的时间内完成路演，否则，会影响到下一个环节的时间。通常，评委也认为不能严格把握时间的选手不守规矩，打分上一般会有所考量。

对策：多次练习，严格控制时间。

问题五：弄虚作假

有一部分选手，为了取得更好的名次或者吸引注意力，会编造数据或者提供假的证据，这在比赛中是坚决不允许的。其实，基本上一有造假行为就会被发现。一经发现，就严重影响选手信誉。所以，这一点一定要注意。

对策：实事求是，坦诚面对。

问题六：答非所问

最后一个环节，一般是评委提问环节，需要选手作答。但是一部分选手往往会出现答非所问、有意拖延的情况。这样的回答往往没有太大作用，而且耽误时间。

对策：建议在30秒到1分钟的时间内，回答每个问题。一般来讲回答问题越多，越有利于展示企业形象，增进评委了解。

问题七：荣誉说明

参加大赛的团队组织者，很多都是已经取得一定成绩和成就的。关于这方面，一般来讲，团队在介绍成员荣誉时点到即可，一切的路演论述需要以项目为核心。很多关于核心人员、外部资源的介绍，往往对项目帮助并不大。

对策：如实说明各个板块，不要喧宾夺主。

【二维码链接】投资企业的14种估值方法。

【实训活动】

活动一　执行概要的拟定

对于投资人或评委来讲，他们希望在概要中看到关于项目商业模式的明确论述，以及对于人员、技术和市场的总体情况，而一个好的概要能让投资人或评委了解这个项目的吸引力所在。项目概要的核心逻辑是该项目比较有创新性和商业价值，团队比较可靠，把资金投到这个项目上肯定赚钱！

各小组，根据前期自己创业项目的论证情况，拟定一份项目概要。鼓励用图片加关键词的方式呈现。

1. 目标市场与用户分析

____。

2. 产品服务与技术研发

____。

3. 盈利模式

____。

4. 竞品与壁垒

____。

5. 营销策略与销售实现

____。

6. 团队状况及优势

____。

7. 财务分析与融资需求

____。

8. 项目进展与发展规划

____。

活动二　创业计划可行性评估

创业计划是否可行，可通过以下几个方面进行评估：

1. 能否用语言清晰地描述出自己的创业构想

同学们应该能用很少的文字将你的想法描述出来。根据成功者的经验，不能将想法变成自己语言的原因大概是一个警告——还没有仔细地思考！

2. 是否真正了解自己所从事的行业

许多行业都要求选用从事过这个行业的人，并对其行业内的方方面面有所了解。否则，就得花费很多时间和精力去调查诸如价格、销售、管理费用、行业标准、竞争优势等等。

3. 是否看到过别人使用过这种方法

一般来说，一些经营红火的公司的经营方法比那些特殊的想法更具有现实性。有经验的企业家中流行这样一句名言："还没有被实施的好主意往往可能实施不了。"

4. 想法能否经得起时间考验

当未来的企业家的某项计划真正得以实施时，他会感到由衷的兴奋。但过了一个星期、一个月甚至半年之后，便会产生另外一个完全不同的想法来代替它。

5. 同学们的设想是为自己还是为别人

同学们是否打算在今后5年或更长时间内，全身心地投入到这个计划的实施中去？

6. 是否拥有一个好的人际网络

开始办企业的过程，实际上就是一个组织诸如供应商、承包商、咨询专家、雇员的过程。为了找到合适的人选，同学们应该有一个服务于自己的个人关系网。否则，将有可能陷入不可靠的人或滥竽充数的人之中。

7. 明白什么是潜在的回报

创业除了赚钱，还要考虑自我成就感、爱、价值感等潜在回报。如果没有意识到这一点，那就必须重新考虑自己的计划。

活动三　制作本团队项目路演 PPT

可参照以下模板来制作项目路演的 PPT。

第一页
这里输入项目名
这里是项目的一句话介绍
简单明了，写清项目名称和
一句话（logo和slogan）

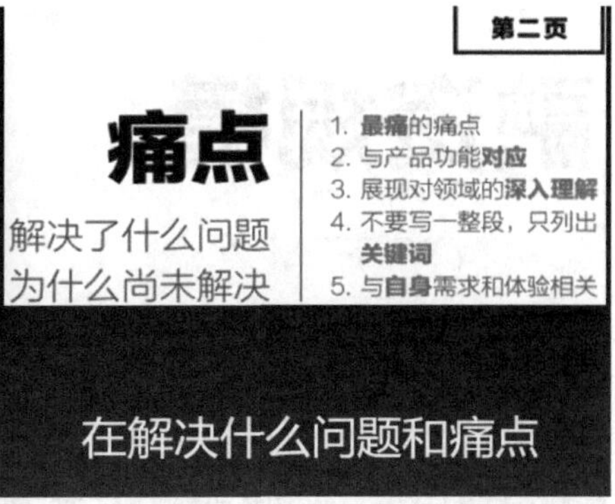
第二页
痛点
解决了什么问题
为什么尚未解决
1. 最痛的痛点
2. 与产品功能对应
3. 展现对领域的深入理解
4. 不要写一整段，只列出关键词
5. 与自身需求和体验相关
在解决什么问题和痛点

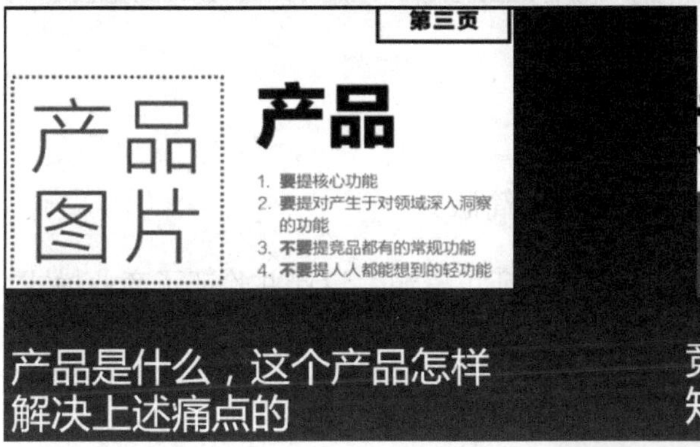
第三页
产品图片
产品
1. 要提核心功能
2. 要提对产生于对领域深入洞察的功能
3. 不要提竞品都有的常规功能
4. 不要提人人都能想到的轻功能
产品是什么，这个产品怎样
解决上述痛点的

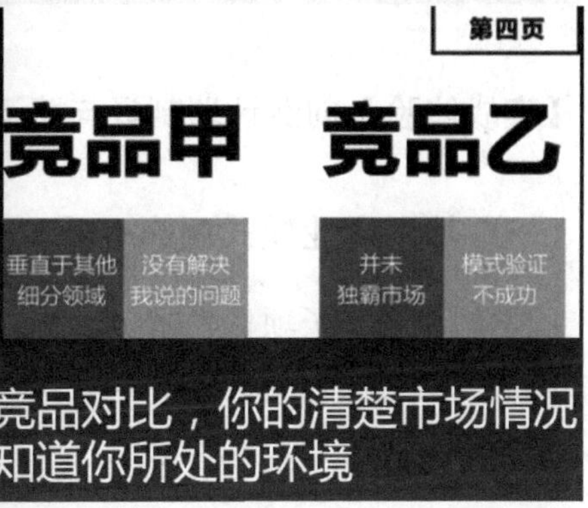
第四页
竞品甲
竞品乙
垂直于其他
细分领域
没有解决
我说的问题
并未
独霸市场
模式验证
不成功
竞品对比，你的清楚市场情况
知道你所处的环境

第五页
团队
CEO
CTO
COO
垂直
顾问
团队，很重要，特别是团队过去
的履历和成就

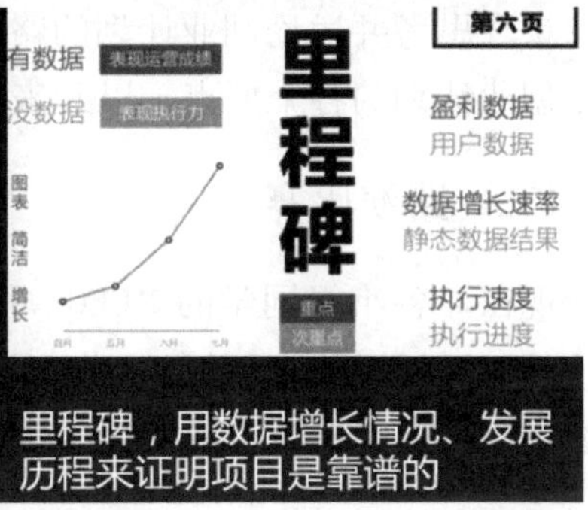
第六页
有数据
表现运营成绩
没数据
表现执行力
图表简洁增长
里程碑
重点
次重点
盈利数据
用户数据
数据增长速率
静态数据结果
执行速度
执行进度
里程碑，用数据增长情况、发展
历程来证明项目是靠谱的

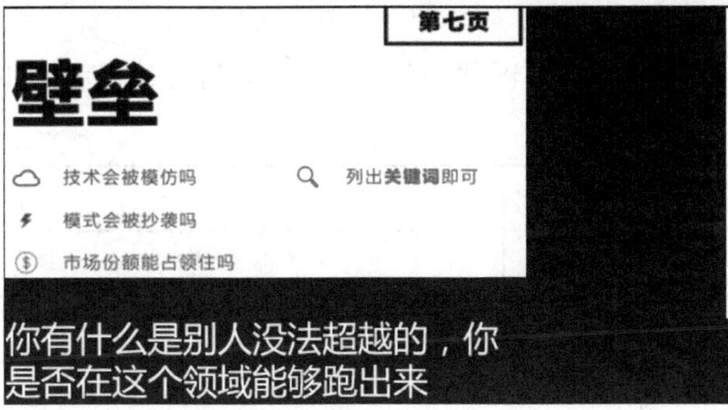
第七页
壁垒
技术会被模仿吗
列出关键词即可
模式会被抄袭吗
市场份额能占领住吗
你有什么是别人没法超越的，你
是否在这个领域能够跑出来

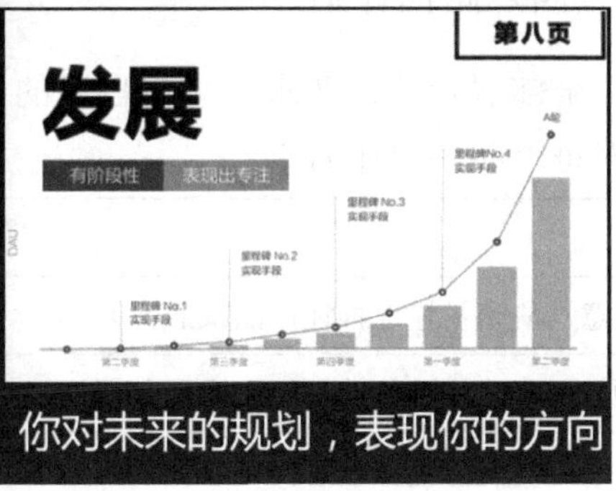
第八页
发展
有阶段性
表现出专注
里程碑No.1
里程碑No.2
里程碑No.3
里程碑No.4
你对未来的规划，表现你的方向

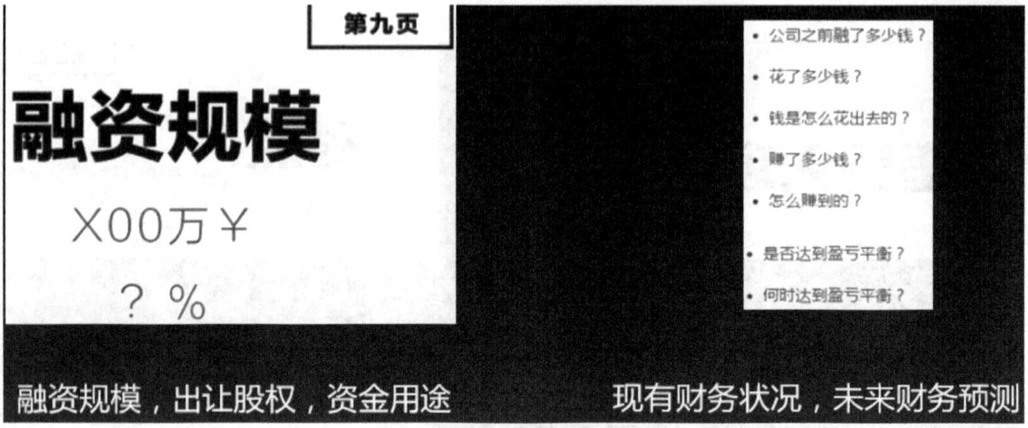

【实战体验】创业计划制订与路演

（一）基于商业模式画布，撰写创业计划（简版）

同学们已经有了项目、团队，评估了风险，论证了资源，设计并验证了商业模式，现在小组根据商业模式画布写一份简版的创业计划（图片+关键词的PPT即可）

（二）基于创业计划，拟定路演策略，做好路演准备

认真思考并讨论创业计划的路演策略，确保自己掌握了创业项目的所有信息，然后凝练出创业计划的各个要点，以此来做路演训练。

（三）路演比赛

现在，各小组同学的“CEO”代表自己的创业团队，各组进行路演展示比赛。路演时间不超8分钟陈述项目计划。你们准备用什么样的方式和策略去打动评委、投资人，引起评委、投资人兴趣，进而获得融资机会呢？

（四）路演评估

全部展示后，要求学生将自己的笔记与“演讲评估表”（见下表）进行比较，同时完成对每个演讲的评估。

	评分	评论
创意（清晰易懂地描述产品或服务）		
顾客（明确描述初始目标市场及其规模）		
需求（明确陈述并理解问题或机会匹配）		
商业模式（各个要素是明确理解的）		

续表

差异化（已经识别并证实了某些与目标顾客共鸣的独特特征）		
团队（团队拥有所需的技能、资源和经验）		
资金（融资计划是合理的，识别到了具体数量的资金需求）		

（五）讨论与反思

针对每一个路演，讨论以下问题：

（1）有人能描述产品或服务是什么以及如何发挥作用吗？

（2）谁是目标顾客以及要解决的问题是什么？

（3）这是个好机会吗？为什么？

（4）存在任何情境因素导致你相信这是一个好机会吗？

（5）该产品是独特的或与竞争产品以及其他替代产品有何不同吗？

（6）项目计划如何赚钱？

（7）团队的技能与企业的需求一致吗？

（8）启动新企业需要什么资源？

（9）你觉得信息沟通的方式如何？

（10）在给定的时间范围内，演讲者可以做些什么来改进演讲内容和沟通方式？

（11）之前的评估与运用“演讲评估表”之后的评估，有哪些区别？

【专家视点】

徐小平：中国创投的三大趋势

一、共享经济深入到衣食住行

最近自行车分享领域正发生一场激烈的“大战”，共享单车ofo、摩拜分别完成数千万美元融资。在这个领域，中国已经走在了世界的前面。因为无论是美国校园还是纽约街头的Citi　Bikes，自行车都是固定在车桩上的，用户需要寻找车桩停车其实非常不方便。

衣橱的分享是新热点。真格基金投资了一家创业公司“衣二三”，他们让用户在网上选择心仪的衣服，一次三件寄给用户租用，用完了再寄回来换另外三件。经常看到办公室的女孩穿着很漂亮的裙子，一问都是衣二三上租的。

空间的分享也从办公深入到了住宅。国内优客工厂推出了“共享际”集办公、居住娱乐于一体，国外共享办公的WeWork已开始在纽约运营第一个共享居住空间WeLive。

二、信息中心由机构持续向个人转移

中国创投的第二大趋势是个人媒体的影响力越来越大，信息传播的中心持续由机构向个人转移，直播就让每个人都成为信息发布中心。

从以前微博的经验来看，如果粉丝达到几十万就可以有非常广泛的影响。自媒体更是如此，在微信上自媒体公众号的订阅数已经超过了机构媒体。在直播、微信以及未来将出现的新技术平台的支持下，每个人都有可能在这个时代脱颖而出。以Papi酱为例，刚开始时她也就有2000个粉丝，现在已经有2000多万粉丝，广告月收入超过千万，具有强大的变现能力。

三、高黑科技全面发力

第三个趋势是高黑科技真切地来到人们身边。大数据、云计算、AR、VR和人工智能这些领域都开始出现更广泛、多元，贴近人们生活的应用。由此可见，基于新一代技术平台的创业创新将迎来大爆发。

基于移动互联网的创新似乎越来越偏、越来越窄，换句话说，是越来越深、越来越细。基于新一代技术平台的创新服务正在遍地开花。创业者要把握各种各样新的技术手段和应用平台，挖掘技术本身的突破性价值和多元化应用的巨大潜在价值。

【网上精品视频课程】大学生创业行动。

用手机“扫一扫”下面的二维码，用浏览器打开相应网址，进入视频课程学习。

【评估练习】

（1）什么是创业计划？创业计划有哪些作用？

（2）创业计划主要包括哪些内容？

（3）创业计划每部分内容应该如何撰写？

（4）论证与完善创业计划的方法有哪些？

（5）如何做好创业项目的路演展示？

第八章　新企业创办与初创管理

【本章地图】

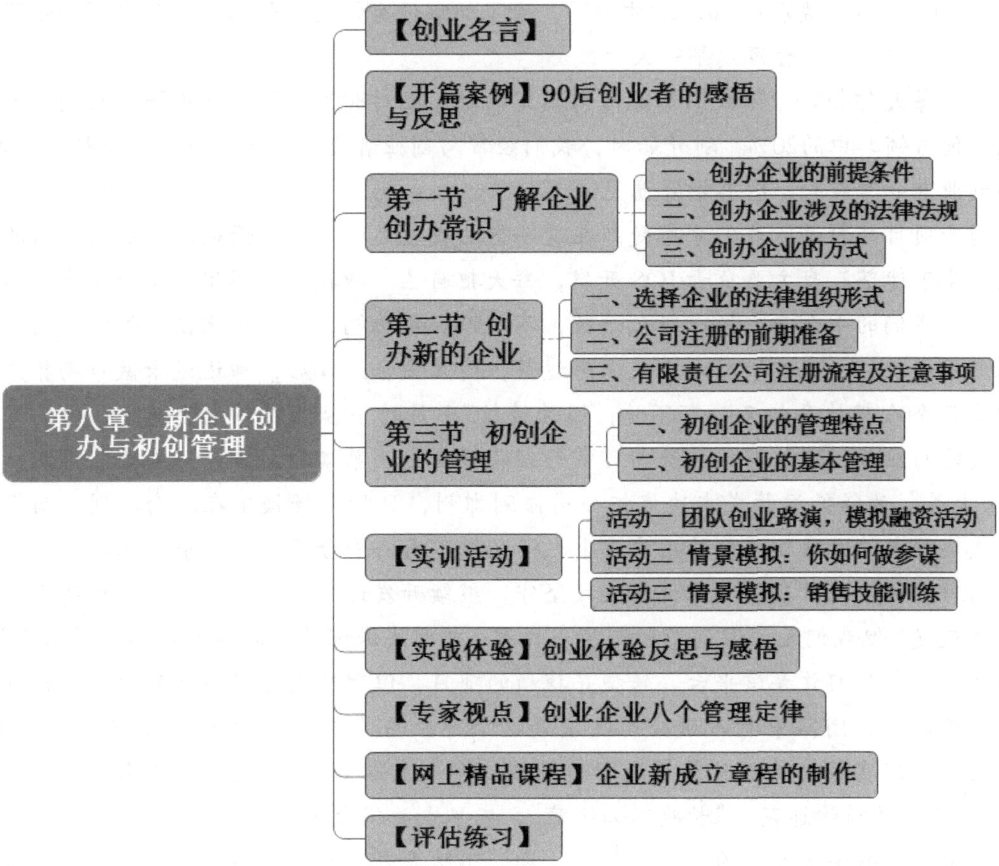

【创业名言】

创建活动不仅是导致新企业形成的条件，而且是新企业生成过程中的功能性要素。借助创建活动，创业者一方面创造出新企业实体，另一方面也在形成并塑造着新企业的竞争优势。

——斯科特·纽伯特

成功企业的9F要素：创办人（founder）、抓住重点（focus）、决策迅速（fast）、机动灵活（flexible）、不断创新（forever innovating）、精简机构（flat）、精打细算（frugal）、待人友好（friendly）和充满乐趣（fun）。

——美国学者

【开篇案例】

90后创业者的感悟与反思

我大学毕业联合几个朋友开始了创业之旅，做的项目是“喜事电商”平台。

回忆一年多前的创业之初，我们的状态可形容为：“加班”“累”与“兴奋”。刚开始，我们感觉找到了一个极具前景的项目，为拥有了放手一搏的机会而激动不已。我们每天早晨 7:00 起床，凌晨2:00左右才回家，除了加班没有任何其他活动，几乎“与世隔绝”，只为“喜事电商”平台可以早一天上线。

虽然每天都加班，但我们好像有用不完的劲。面对8000亿的目标市场，我们每天都在讨论如何占领其中的20%。刚开始时，我们经常与创业者交流，聊项目、谈目标、说理想，还与创业者分享经验，给其指导意见。

随着项目的推进，我们才感受到在这个行业成功太难了。慢慢地，我们对公司的未来发展产生了迷茫。我主要负责IOS开发，每天把自己“埋在”代码里，不分昼夜，不分周六周日。我们的平台开发了一版又一版，不断添加新功能，不断优化使用体验。面对开发出来的平台软件，我们激动之余又深感迷茫，因为平台上线后，却迟迟未做市场推广。团队中有几个人想放弃却又心有不甘，因为连续7个月的平台开发却未领一分钱的工资，我们天使轮的融资，仅仅够维持公司日常的经营开支。而第二轮融资，一直未能落实。团队“领头大哥”为降低运营成本决定把公司搬到郑州，目标市场锁定在河南。到河南后，大家又发现最大的困难：平台的用户量小、活跃度不高，平台签单率几乎为零。

面对这种情况，我们可以选择继续坚守，继续开发运营该平台，想办法提高用户数和平台活跃度，但我们无法做到短时期实现盈利，也无法保证什么时候可以实现第二轮融资。另一种选择，我们放弃该平台，转型寻找新的项目。但团队讨论了好多新项目，都感觉不可行。这时候，团队中有人说公司注定是这个行业的“先驱”，即使我们是如此的优秀。公司的经营现实推动着团队矛盾不断地升级：有人主张坚持做下去，“不忘初心，方得始终”；有人认为前途迷茫，“长痛不如短痛”，应早点关门大吉。

后来，一个合伙人因为一点小矛盾，和“团队大哥”大吵一架后选择了离开。为了降低成本，公司开始裁人，同时决定APP不再更新，只做运营维护。

经历了这次创业，让我成长了很多，积累了一些创业经验。以下心得仅供创业者们借鉴：

创业成功的关键在于团队，团队管理是创业初期公司管理的重中之重。团队管理必须有一个统领全局，有一定管理经验的人来负责。团队管理需要“制度＋情商”。在制度方面，一方面要做到赏罚分明，一方面要兑现承诺的福利。团队要建立相对完善的绩效考核机制，明确考核规则，绩效考核要以结果为导向。

另外，股权分配也很重要，分配比例和方式需要考虑周全。初创的互联网公司，大多需要去融资。在股权分配时，就要全面考虑，比如联合创始人占股多少，每轮融资出让比例以及期权池的分配等。

最最重要的一点是，初创公司要有现金流，要能通过团队的努力获得市场收入，而不能仅靠初始资金和融资。如果不能获得销售收入，再好的企业也无法经营下去，创业项目也不可能获得成功。

（引自：http：//www.010lm.com/roll/2016/0404/1478787.html，有删改）

第一节　了解企业创办常识

【精彩视频链接】开办公司的17个必知常识。

一、创办企业的前提条件

创办企业，对于创业者来说是人生的重大决定。因此，在创办企业前，创业者应认真思考：创办企业的时机是否成熟，创办企业应具备哪些条件，以及何时如何创办等问题。如果没有做好创办企业的准备，或者说创办企业的条件不足、时机不成熟，贸然成立公司会给创业者带来沉重负担，甚至造成企业经营不下去而导致创业失败。下面对创办企业需要具备的条件进行逐一分析，帮助创业者梳理思路，做好创办企业的充分准备。

（一）具备有利的外部环境

创业的外部环境包括：制度环境、政策环境、金融环境、市场环境、科技环境和人文环境等。创业环境直接影响着创业活动的开展。比如，在我国计划经济阶段就不允许个人经商，即不允许个人创业。在缺乏基本制度环境和政策环境的情况下，也不可能具有支持创业活动开展所需要的金融环境、市场环境和人文环境，此时很难创办企业，即使创办了企业，也无法保证企业的顺利运行。

有利的创业环境是创业活动的“推进器”，可以为创业者提供诸如基础设施、生产条件、启动资金和人才技术等创业所需的要素资源，也可以为创业企业提供生存期所需的财政、税收、信息、公共服务等政策性支持条件。如果具备了这些要素资源和支持条件，创业者就能充分利用创业环境的红利，创办企业将会顺利得多，有利于渡过初创生存期，大大提升创业的成功率。

因此，创业者在创办企业前，要通过各种渠道充分调研所处的创业环境，分析外部创业环境对企业开办与运营带来的影响。如果具备有利的外部环境，结合自己的创业项目进一步分析其可控因素与风险如何，大致可以判断出创办企业的有利时机是否到来。

（二）具有坚定的创业决心

创办企业，需要创业者做好充分的心理准备并拥有坚定的创业决心。创办企业意味着创业者将创业想法付诸了实际行动，这时创业者需要投入资金、时间、精力，需要承担各种社会责任和企业经营不善带来的各种风险。创业者不能仅凭创业者的兴趣、理想、情怀和一时冲动就去注册公司，创办企业容易，运营难。经营企业是一项具有高度不确定性、复杂的实践活动。一般来说，企业在经营过程中不可能一帆风顺，会遇到很多无法预料的困难和发展阻力。另一方面，据统计，创业企业能坚持1年不倒闭的不足10%，能活过3年的企业不足5%，即创业企业成活率非常低。在遇到经营困难时，如果没有充分的心理准备和坚定的创业决心，很难用良好的心态来应对企业经营的不利局面，也很难坚守创办企业的“初心”，从而无法取得创业的成功。

因此，创业者在决定创办企业前，需要问自己：为什么创业？做好企业经营困难甚至失败的准备了吗？如果答案是天塌下来我也要创办这个企业，那说明你已经具有坚定的创业决心和充分的心理准备了。

（三）拥有确定的市场机会

创业企业必须保证为消费者提供的产品服务能销售出去且有盈利的可能，才能保证企业生存和发展。创业者创办企业前，不能凭主观感觉判断，而必须以深入的市场调研和市场实验做实践验证，才能确保创业活动的顺利推进。也就是说，创办企业时，需要客观谨慎地分析自己的项目是否具有确定的市场机会，从而做出理性客观的决策。

如何判断是否拥有了确定的市场机会呢？结合项目实际情况，问自己下述问题是否有确定的回答：是否做了客观周密的市场调研，所在行业是否还有市场切入的机会，是否能跨越现有行业市场的壁垒，行业发展是否处于萌芽期和快速增长期，市场容量是否足够大，目标市场是否足够明确、足够细分，是否能详细描述出目标客户与用户的特征，是否选定了登陆市场并做了小范围的市场实验，是否具有必要的销售渠道，是否拥有了第一批“天使顾客”，等等。如果有些问题尚没有确定的、具体的答案，则说明该市场机会对于你而言，存在不确定性，这种情况下可考虑稍后创办企业，等待市场机会等相关条件成熟后再创办。

（四）开发出好的核心产品

产品／服务是企业满足消费者需求、实现商业价值的载体。创业者创办企业前，最好能开发出相应的产品，至少有了产品开发的方案，拥有产品开发与生产的可能条件。产品研发与生产准备情况，影响着企业创办的合理时机。

创业者创办企业时，在产品准备方面，可梳理以下几个问题：产品的价值定位是否明确，产品研发所需要的核心技术是否可获得，是否能清晰描述或展示产品使用的流程、场景及其案例，是否已经开发出可行的原型产品，产品质量与产量是否可控，与竞品相比竞争优势如何，是否能“可视化”地展示给用户，是否有首批测试用户的良性反馈等等。如果以上问题都是肯定的话，那么可以考虑注册企业了。

（五）掌控必要的创业资源

虽然创业的定义是不拘泥于资源约束、寻求机会进行价值创造的过程，但创办企业需要具备必要的资源才能进行。创办企业虽然不需要具备所有资源条件时才能启动，但需要具备可以绝对掌控的必要资源，比如必要的启动资金、核心团队、技术和市场等资源。在拥有这些必要资源的基础上，创业者才能整合其他资源，才能推进创业活动的进行。

创办企业除了需要创业者拥有必要的创业资源，还需要掌控一些“独特资源”。这里说的独特资源是指在市场竞争中可以获得相对竞争优势的资源。独特资源可以是团队的经验能力或人脉优势，可以是专利技术，也可以是某项特许经营许可。创业者在创办企业前，需要梳理并核实自己是否真正拥有必要资源和独特资源，以打造企业独特竞争力，提高创业成功的概率。

（六）具有可行的商业模式

具备了良好的外部环境、坚定的创业决心、确定的市场机会、好的产品和必要的资源，是不是就可以创办企业了呢？答案是否定的。具备上述条件的同时，还需要对企业商业运营的流程、要素与逻辑进行检验，即商业模式可行性的分析与验证。

创业者创办企业前，可利用“商业模式画布”工具，对本企业的商业模式进行再梳理，在逻辑可行性检验的定性分析基础上，尽可能准确地量化分析，以保证项目可获得盈利。

需要说明的是，以上条件并不是创办企业的必然前提，也不是充分条件。而是提醒创业者在创办企业时要注意这六个方面的问题。如果能满足这些条件，有助于企业的顺利开办及运用发展。

【二维码链接】开一家公司需要多少钱?

二、创办企业涉及的法律法规

企业必须在法律法规允许的条件下合法运营，才能保证企业的长久发展。下面将与创业相关的法律做简单梳理，让创业者有个初步了解，涉及到相关法律时可再详细查阅或咨询法律顾问。

1. 企业设立相关法律

企业设立相关的法律主要有《公司法》《合伙企业法》《个人独资企业法》《公司登记管理条例》《企业破产法》等。这些法律法规规范的是企业设立期间的商业行为活动，包括企业创办的条件、企业组织要求和相关法律关系的规范等方面。

2. 劳动关系相关法律

这部分法律主要包括《劳动合同法》《就业促进法》《社会保险法》《工伤保险条例》《最低工资规定》等。这些法律法规是规范劳动关系的，在企业人员聘用与管理等方面需要注意遵守和合理利用。

3. 知识产权相关法律

与知识产权相关的法律主要有《专利法》《商标法》《信息网络传播权保护条例》《计算机软件保护条例》等。知识产权对企业经营与发展有着重要影响，熟悉这些法律法规，一方面可有效保护自身的知识产权权益，另一方面可有效防范侵犯他人相关权益，以免给企业经营造成不必要的麻烦。

4. 商业活动相关法律

有关市场交易等商业活动的法律主要有《合同法》《担保法》《产品质量法》《反不正当竞争法》《反垄断法》《广告法》《消费者权益保护法》等。这类法律法规主要规范与调整经营者之间、经营者与消费者之间的法律关系。了解这些法律，可有效规避企业经营过程中的法律风险，保障各方之间的权益，促进商业活动的顺利开展。

5. 政府宏观调控相关法律

为保证经济平稳运行和社会和谐发展，政府在宏观上通过相关法律法规进行规范与调控。这类法律法规主要有《环境保护法》《对外贸易法》《税法》《金融法》和《投资法》等。这类法律主要调整政府与经营者之间的关系，是政府规范与调整经营者行为的相关法律要求与规范。

6. 纠纷诉讼相关的法律

解决纠纷的法律主要有《民事诉讼法》《刑事诉讼法》《行政诉讼法》《仲裁法》《劳动争议调解仲裁法》等。熟悉这些法律法规，有助于在遇到纠纷时，利用法律武器保护自身合法权益。

【二维码链接】创业公司法务规划。

三、创办企业的方式

创业者创办企业，不一定非要采取自己投资的独创方式。创业者可以根据自身资源状况、经营能力和项目实际，选择企业创立的方式：独立自创、合伙共创还是收购现有企业。通过系统的评估与比较，创业者可选择最适合自身实际、最有利于企业运营的方式，开办创业企业。

（一）独立自创

独立自创是指创业者自己独立创办企业。独立自创这种方式创办企业，企业产权完全归创业者个人独有，产权清晰，利润独享，其优势在于企业由创业者完全掌控，创业者可自主决策，不用顾虑合伙人的利益要求和想法，可完全发挥个人智慧与才能。

但这种方式也有弊端。独立自创这种方式最大的弊端是独自决策风险，无法得到其他股东的优势补充，一旦决策失误，有可能会对企业造成致命打击。另一方面，独立自创对创业者的能力、经验和资源要求比较高，资源整合能力相比较团队而言，获取资源的途径少一些，一般获取外部融资的难度大一些。

（二）合伙共创

合伙共创是指创业者直接加入他人现有企业或与他人共同创办企业。这种方式的劣势在于存在团队磨合与管理风险，一旦磨合不好或企业经营过程中遇到不可调和的矛盾，容易出局，阻碍企业发展甚至导致企业经营失败。

与独立自创相比，合伙共创有以下几个优势：

（1）共担风险与责任。由于合伙共创至少拥有两个或两个以上的创业者，企业经营过程中的风险大家可以共同承担，在企业遇到困难时也可以一起分担相应责任。

（2）整合资源渠道较多。一般来说，创业团队多一个人就多一分力量，每个人背后都有相应的资源，在需要整合外部资源时，获取资源的渠道就相对较多，可整合的资源也相应增多，这无疑对企业经营是有利的。特别是在融资时，合伙共创的方式相对独立自创更容易，因为很多投资人只投合伙共创的团队。

（3）可产生团队效应。合伙共创企业本质是团队创业。因此这种方式可有效发挥团队的作用与价值，如果团队结构合理且具有凝聚力，可以做到集合各自智慧、才能和资源，做到优势互补，实现“1+1＞2”的团队效应。另外，由于拥有团队，企业经营决策就会相对合理，而个别创业者因某种原因离开也不会对企业产生致命影响，即企业组织会更为稳定。

（三）收购现有企业

收购现有企业是指创业者通过出资直接收购现成的企业或特定经营权的一种创办企业

方式。这种方式可以通过并购成功企业或收购濒临倒闭的企业，也可以购买某种特许经营权来创立新的企业。准确地说，这种方式本质上是“借壳”投资。收购现有企业虽是一种可行且高效创立企业的途径，但也存在着团队融合与流失风险，对创业者的资金实力和企业管理能力要求极高。

与新创企业相比，收购现有企业这种方式具有很多优势：

1. 借助现有企业基础，可实现快速发展

一方面，收购现有企业可省去组建团队、产品技术研发、组织生产和建立销售渠道等企业所必需的经营体系建设过程；另一方面，可节约新创企业进入市场时跨越各种壁垒（如技术壁垒、规模壁垒和政府许可壁垒等）的时间。这种方式，创业者可借助现有企业全部资源，通过资源整合和优化，调整产品服务和市场方案，迅速扩大市场规模和占有率，实现扩大投资回报率，缩短投资回报周期。

2. 通过优化现有企业，可快速构建竞争优势

收购现有企业后，创业者一方面可通过优化企业原有的管理制度、团队、产品服务、销售渠道和无形资产，另一方面可整合自身优势资源，克服企业原有发展瓶颈，补足企业发展新力量，可快速构建企业新的竞争优势。比如可以借助新的资源迅速丰富产品线、扩建分销渠道、提高技术壁垒、强化品牌影响力和提高资源规模效益等。

3. 运用独特投资思维，可提高资源配置效率

一般来说，收购现有企业的方式创立企业，创业者具有较大的自主选择权和议价权。创业者在选择收购企业时，可以多方考察和比较，利用自身投资的经验优势，选对收购对象的概率比较高。如果选择了成功运营的企业，则可以产生强强联合、盈利倍增的效果。如果选择收购生产能力过剩或经营状况不佳的企业，则可以用较低的成本，廉价购买企业资产，通过企业的优化重组，收获更高的利润。

从社会资源的配置与利用角度看，无论是收购成功企业，还是收购亏损企业，都是现有资源的重新挖掘与利用，避免了资源的闲置与浪费，提升了资源配置与利用的效率。这种方式，不仅为创业者创造了财富价值，而且创造了良好的社会价值。

以上三种创立企业的方式，没有绝对的优势劣势。对于创业者而言，要根据实际情况与个人优势，理性选择适合自己的方式。

【二维码链接】成立公司应该做哪些准备?

第二节　创办新的企业

一、选择企业的法律组织形式

（一）企业内涵及常见法律组织形式

企业一般是指以盈利为目的，运用各种生产要素，向市场提供商品或服务，实行自主经营、自负盈亏、独立核算的法人或其他社会经济组织。企业是市场经济活动的主要参与者，在社会主义经济体制下，各种企业并存共同构成社会主义市场经济的微观基础。

创业者创立企业时，首先要选定拟创办企业的法律组织形式。新创企业的主要法律组织形式有：个人独资企业、合伙企业、有限责任公司和股份有限公司。

1. 个人独资企业

个人独资企业是指依法设立，由一个自然人投资，财产为投资人个人所有，投资人以其个人财产对企业债务承担无限责任的经营实体。当个人独资企业财产不足以清偿债务时，选择这种企业形式的创业者须依法以其个人其他财产予以清偿。

个人独资企业不具有企业法人资格，由出资人对债务承担无限责任。国家机关、国家授权投资机构或者国家授权的部门、企业、事业单位等都不能作为个人独资企业的设立人。

2. 合伙企业

《中华人民共和国合伙企业法》中规定，合伙企业是指依法设立的由各合伙人订立合伙协议，共同出资、合伙经营、共享利益、共担风险，并对合伙企业债务承担无限连带责任的营利性组织。

合伙企业分为普通合伙企业和有限合伙企业两种。两者最大的区别在于有限合伙企业有两种不同的所有者：普通合伙人和有限合伙人，其中，普通合伙人对合伙企业的债务和义务负责，而有限合伙人仅以投资额为限承担有限责任，但后者一般不享有对组织的控制权。

合伙企业不具有法人资格，合伙人之间通过签订合伙契约，规定各合伙人在合伙中的权利和义务；合伙人是“人的组合”，合伙人丧亡、破产或退出等都影响到合伙企业的存续。合伙人对合伙企业的债务承担连带无限责任。合伙人原则上均享有平等参与管理合伙事务的权利。除非契约另有规定，每个合伙人均有权对外代表合伙企业从事业务活动。

3. 有限责任公司和股份有限公司

公司是现代社会中最主要的企业形式。它是以营利为目的，由股东出资形成，拥有独立的财产，享有法人财产权，独立从事生产经营活动，依法享有民事权利，承担民事责任，并以其全部财产对公司的债务承担责任的企业法人。

根据《中华人民共和国公司法》（以下简称《公司法》），公司分有限责任公司（包括一人有限责任公司）和股份有限公司两种类型。有限责任公司的股东以其认缴的出资额为限对公司承担责任，公司以其全部资产对公司的债务承担责任。股份有限公司，其全部资本分为等额股份，股东以其认购的股份为限对公司承担责任，公司以其全部资产对公司的债务承担责任。

（二）不同企业法律组织形式对于创业者优劣比较

不同企业法律组织形式对于创业者而言各有其优势与劣势。在实际创业过程中创业者应根据自身资源与能力条件及市场状况做出适当选择。

表8-1是个人独资企业、合伙企业、有限责任公司和股份有限公司对创业者的优劣对比。

表 8-1　各种企业法律组织形式对于创业者的优劣比较

	优势	劣势
个人独资企业	手续非常简便，费用低 所有者拥有企业控制权 可以迅速对市场变化做出反应 只需交纳个人所得税，无需双重纳税 在技术和经营方面易于保密	承担无限责任 企业成功过多依赖创业者个人能力 筹资困难 企业随着创业者退出而消亡，寿命有限 投资流动性低
合伙企业	手续比较简单、费用低 经营上比较灵活 企业拥有更多人的技能和能力 资金来源较广，信用度较高	承担无限责任 企业绩效依赖合伙人的能力，企业规模受限 企业往往因关键合伙人死亡或退出而解散 投资流动性低，产权转让困难
有限责任公司	创业股东只承担有限责任，风险小 公司具有独立寿命，易于存续 可以吸纳多个投资人，促进资本集中 多元化产权结构有利于决策科学化	创立的程序比较复杂，创立费用较高 存在双重纳税问题，税收负担较重 不能公开发行股票，筹集资金的规模受限 产权不能充分流动，资产运作受限
股份有限公司	创业股东只承担有限责任，风险小 筹资能力强 公司具有独立寿命，易于存续 职业经理人进行管理，管理水平较高 产权可以股票形式充分流动	创立的程序复杂，创立费用高 存在双重纳税问题，税收负担较重 股份有限公司要定期报告公司的财务状况、公开自己的财物数据，不便严格保密 政府限制较多，法规的要求比较严格

创业者选择企业法律组织形式时，可重点从创立条件、启动成本、团队、权益转让、融资、管理控制和收益风险等方面具体分析其利弊，以做出合理选择。

【二维码链接】创业者必须了解的企业组织类型。

二、公司注册的前期准备

创业者注册新公司之前，需要做好以下几个方面的准备：

（一）确定公司的股东（投资人）

股东是公司的出资人，即投资者，注册公司前首先要确定股东。

有权代表国家投资的政府部门或机构、企业法人、具有法人资格的事业单位和社会团体、自然人都可以成为公司的股东。

根据现行法律、法规及相关规定，以下组织或个人不能成为企业的投资人（股东）：

（1）各级党政机关（含政法机关）、军队和武警部队。

（2）各级党政机关及所属事业单位，除非其属于以下性质：属于新闻、出版、科研、设计、医药、院校、图书馆、博物馆、公园、影剧院和演出团体类性质的，或各区县所设乡镇集体资产运营中心可以成为企业投资者。国务院各委办所属机关后勤服务中心可作为本系统提供相关后勤服务类企业的投资者，但其所办企业不得再投资兴办企业。

（3）党政机关（含政法机关）主办的社会团体，除非符合以下情形：市或区县社团管理部门登记的社会团体，经市民政局出具非党政机关主办证明的；国务院社团管理部门登记的社会团体，设立时出资人为会员的，可以作为企业投资者。不能提供社会团体设立时出资人性质材料的，该社团章程中明确规定资金来源包含会员提供的，可以作为企业投资者。

（4）合伙企业、个人独资企业不能成为一人有限公司股东。

（5）自然人在全国范围内只能投资设立一个一人有限公司。

（6）法律法规禁止从事营利性活动的人（如公务员、现役军人等）。

（7）律师事务所。

（8）法律、行政法规规定的其他情形。

（二）确定公司的名称

申请企业名称预先核准（即核名），是办理企业登记注册的第一步。提交核名前，创业者需要按照法律法规对企业名称的相关规定，预先取好3～5个企业名称待审核。在提交名称时，需要确定好其优先级顺序。

给企业起名时，要注意企业只能使用一个名称，在登记主管机关辖区内不得与已登记注册的同行业企业名称相同或近似。企业名称一般由四部分构成：行政区划（也可以不使用）+ 字号 + 行业（经营特点）+ 组织形式。其中，行政区划一般放在名称最前面，也可以放在名称中间，但应加上括号，如中青创想教育科技（北京）有限责任公司；字号，一般应当由2个以上汉字组成，行政区划不得用作字号，但县以上行政区划地名具有其他含义的除外，可以使用投资人的姓名作字号；行业，是指所要从事的主要经营项目，如以经营服装为主的，可表述为“商业”“服装”“贸易”等，以技术开发为主的，可表述为“科技”“技术”“科技开发”等；组织形式，是企业组织结构或责任形式的体现，公司制企业一般应表述为“有限（责任）公司”“股份（有限）公司”。

注册企业名称的规定有：

（1）企业名称不得含有下列内容和文字：①有损于国家、社会公共利益的；②可能对公众造成欺骗或者误解的；③外国国家（地区）名称、国际组织名称；④政党名称、党政军机关名称、群众组织名称、社会团体名称及部队番号；⑤其他法律、行政法规规定禁止的。

（2）企业名称应当使用符合国家规范的汉字，不得使用外国文字、汉语拼音字母、阿拉伯数字。

（3）在名称中间使用“国际”字样的，“国际”不能作字号或经营特点，只能作为经营特点的修饰语，并应符合行业用语的习惯，如国际贸易、国际货运代理等。

（4）使用自然人姓名作字号的，该自然人应是企业的投资人或股东。需要注意的是，所用投资人姓名与党和国家领导人或老一辈革命家的姓名相同的，不得使用。

（5）以商标作字号应提交商标所有权人出具的同意函，以及国家有关部门对该商标的认定证明。

（6）企业名称有下列情形之一的，不予核准：

①与同一工商行政管理机关核准或者登记注册的同行业企业名称字号相同，有投资关系的除外。

②与其他企业变更名称未满1年的原名称相同。

③与注销登记或者被吊销营业执照未满3年的企业名称相同。

④其他违反法律、行政法规的。

企业名称需译成外文使用的，由企业依据文字翻译原则自行翻译使用，不需报工商行政管理机关核准登记。

现在到所在地工商局办理“企业名称预先核准”，有两种方式：现场受理或网上申请。

为简化名称登记手续，工商局在该环节无需提交投资人资格证明文件，也不对投资人的资格进行审查，为避免因投资人资格不符合规定而产生的后期调整，请认真阅读《投资办照通用指南及风险提示》的相关内容。

（三）确定公司的地址

创业者企业注册与经营地址的选择包括两个方面：一是选择地区，指不同地理区域或城市；二是选择具体地址。影响地区选择的因素主要有：政治、经济、技术、社会和自然五个因素。影响具体地址选择的因素主要有：交通、资源、消费群体、社区环境和商业环境等。

一般来说，生产性质的创业企业选址要考虑生产条件：原材料的供应地距离与价格，交通运输是否便利，具备生产水电与环保条件与否，有无优惠政策等；商业性质的创业企业选址应考虑客流量、租金、人群消费能力等；服务性质的创业企业选址要根据具体的经营对象灵活选址，但对客流量要求较高；知识技术的创业企业，如网络技术、电子科技、媒体制作和广告等可考虑选在行业聚集区或成熟商务区以及相应产业园区。

确定公司注册地址后，按规定需要准备注册经营地的相关产权证明或租赁合同。

（四）预定公司的经营范围

经营范围是指国家允许企业法人生产和经营的商品类别、品种及服务项目，反映企业法人业务活动的内容和生产经营方向，是企业法人业务活动范围的法律界限，体现企业法人民事权利能力和行为能力的核心内容。2015年10月1日起施行的《企业经营范围登记管理规定》中规定：

（1）经营范围是企业从事经营活动的业务范围，应当依法经企业登记机关登记。

（2）企业的经营范围应当包含或者体现企业名称中的行业或者经营特征。

（3）申请人应当参照《国民经济行业分类》选择一种或多种小类、中类或者大类自主提出经营范围登记申请。对《国民经济行业分类》中没有规范的新兴行业或者具体经营项目，可以参照政策文件、行业习惯或者专业文献等提出申请。

（4）企业的经营范围应当与章程或者合伙协议规定相一致。

（5）企业申请登记的经营范围中属于法律、行政法规或者国务院决定规定在登记前须经批准的经营项目（以下称前置许可经营项目）的，应当在申请登记前报经有关部门批准后，凭审批机关的批准文件、证件向企业登记机关申请登记。

（6）企业登记机关依照审批机关的批准文件、证件登记前置许可经营项目。批准文件、证件对前置许可经营项目没有表述的，依照有关法律、行政法规或者国务院决定的规定和《国民经济行业分类》登记。

部分行业企业的经营项目的范围表述，见表8-2所示。

表 8-2　部分企业常见经营项目的表述

企业类别	常见经营项目表述
科技类企业	一般经营项目：技术开发、技术推广、技术转让、技术咨询、技术服务；软件开发。
房地产类企业	许可经营项目：房地产开发；物业管理。 一般经营项目：从事房地产经纪业务。

续表

商贸类企业	一般经营项目：销售日用品、文化用品、体育用品、化妆品、服装鞋帽、针织纺品、工艺美术品、珠宝首饰、电子产品、计算机软硬件及辅助设备、家用电器、汽车（不含九座以下乘用车）、汽车零配件、摩托车（不含三摩托车）、机械设备、五金交电、通信设备、医疗器械Ⅰ类、新鲜水果、新鲜蔬菜、不再分装的包装种子、化肥、农药（危险化学品农药除外）、建筑材料、矿产品、化工产品（不含危险化学品及一类易制毒化学品）、金属制品、塑料制品、橡胶制品。
商务服务类企业	一般经营项目：项目投资；投资管理；企业管理；经济贸易咨询；市场调查；承办展览展示；设计、制作、代理、发布广告；商标代理、版权代理；翻译服务；打字、复印。
餐饮、住宿类企业	许可经营项目：餐饮服务、住宿。（具体表述用语根据许可内容核定）

（五）确定股东的出资

自2014年3月1日起施行的《中华人民共和国公司法》（简称“新公司法”）中，关于有限责任公司股东出资的规定有：

（1）有限责任公司的注册资本为在公司登记机关登记的全体股东认缴的出资额。

法律、行政法规以及国务院决定对有限责任公司注册资本实缴、注册资本最低限额另有规定的，从其规定。

（2）股东可以用货币出资，也可以用实物、知识产权、土地使用权等可以用货币估价并可以依法转让的非货币财产作价出资；但是，法律、行政法规规定不得作为出资的财产除外。

对作为出资的非货币财产应当评估作价，核实财产，不得高估或者低估作价。法律、行政法规对评估作价有规定的，从其规定。

（3）股东应当按期足额缴纳公司章程中规定的各自所认缴的出资额。股东以货币出资的，应当将货币出资足额存入有限责任公司在银行开设的账户；以非货币财产出资的，应当依法办理其财产权的转移手续。

股东不按照前款规定缴纳出资的，除应当向公司足额缴纳外，还应当向已按期足额缴纳出资的股东承担违约责任。

新《公司法》规定，注册资本登记制度由实缴登记制变为认缴登记制。工商机关只登记股东（发起人）认缴的注册资本总额，实收资本不再作为登记事项，公司登记也无需提交验资报告。除法律、行政法规以及国务院决定有规定的外，取消了对公司最低注册资本限额的要求。股东（发起人）可以自主约定出资比例、出资方式和出资期限。

在确定公司注册资本时，需要注意以下问题：

1. 注册资本认缴不等于不缴

如未按约定实际缴付出资，公司和已按时缴足出资的股东可以追究其违约责任。如果公司发生债务纠纷导致破产清算，股东即使未缴足出资，也必须根据其认缴的出资数额承担责任。

2. 认缴数额越大承担责任越大

公司认缴的出资金额及出资期限将通过“企业信用信息网”向社会披露，如果超出股东经济实力盲目认缴巨额资本，超过合理期限随意约定过长的出资时间，不仅加大了股东责任，而且也影响公司的公信度和竞争力。

3. 门槛降低不代表不需要注册资本

公司设立时，注册资本是公司投资创业的启动资金，在公司运营过程中转换为公司责任、财产的构成部分，“一元钱办公司”只是一个形象的比喻。投资者还是应该根据公司从事的生产经营活动，合理选择相符的注册资本规模，以取得交易对象的信任。

（六）确定公司的组织机构

新《公司法》第二章第二节（自三十六条至五十六条）对公司组织机构进行了专门阐述，详情可查阅相应法律条文。现简要摘录介绍如下：

（1）公司组织结构主要由：股东会、董事会和监事会组成。

（2）有限责任公司股东会由全体股东组成。股东会是公司的权力机构，依照《公司法》行使职权。

（3）有限责任公司设立董事会的，股东会议由董事会召集。有限责任公司不设董事会的，股东会议由执行董事召集和主持。

董事会设董事长一人，可以设副董事长。董事长、副董事长的产生办法由公司章程规定。股东人数较少或者规模较小的有限责任公司，可以设一名执行董事，不设董事会。执行董事可以兼任公司经理。有限责任公司可以设经理，由董事会决定聘任或者解聘。经理对董事会负责。

（4）有限责任公司设监事会，其成员不得少于三人。股东人数较少或者规模较小的有限责任公司，可以设一至二名监事，不设监事会。董事、高级管理人员不得兼任监事。

新《公司法》第一百四十六条规定，有下列情形之一的，不得担任公司的董事、监事、高级管理人员：

（1）无民事行为能力或者限制民事行为能力。

（2）因贪污、贿赂、侵占财产、挪用财产或者破坏社会主义市场经济秩序，被判处刑罚，执行期满未逾五年，或者因犯罪被剥夺政治权利，执行期满未逾五年。

（3）担任破产清算的公司、企业的董事或者厂长、经理，对该公司、企业的破产负有个人责任的，自该公司、企业破产清算完结之日起未逾三年。

（4）担任因违法被吊销营业执照、责令关闭的公司、企业的法定代表人，并负有个人责任的，自该公司、企业被吊销营业执照之日起未逾三年。

（5）个人所负数额较大的债务到期未清偿。

需要注意的是，公司“法定代表人”是指依据章程确定的董事长（执行董事或经理）。

高级管理人员，是指公司的经理、副经理、财务负责人。控股股东，是指其出资额占有限责任公司资本总额百分之五十以上或者其持有的股份占股份有限公司股本总额百分之五十以上的股东。出资额或者持有股份的比例虽然不足百分之五十，但依其出资额或者持有的股份所享有的表决权已足以对股东会、股东大会的决议产生重大影响的股东。

（七）制定公司章程

公司章程是股东共同一致的意思表示，载明了公司组织和活动的基本准则，是公司的宪章。公司章程与《公司法》一样，共同肩负调整公司活动的责任，公司章程对公司、股东、董事、监事、经理具有法律约束力。作为公司组织与行为的基本准则，公司章程对公司的成立及运营具有十分重要的意义，它既是公司成立的基础，也是公司赖以生存的灵魂。

公司章程是注册公司最主要的文件之一，它由股东共同制定，经全体股东一致同意，由股东在公司章程上签名盖章。各工商局网站上都可以找到公司章程的范本，创业者可参考制订自己的公司章程。

【二维码链接】初创企业注册资本的正确姿势。

三、有限责任公司注册流程及注意事项

有限责任公司注册流程如图8-1所示。

企业注册的一般步骤如下：

第一步：核名

注册公司第一步就是公司名称审核，即“核名”。创业者需要通过所在地工商行政管理局进行公司名称注册申请，由工商行政管理局进行综合审定，给予注册核准，并发放盖有市工商行政管理局名称登记专用章的“企业名称预先核准通知书”。

第二步：租房

根据《公司法》和《物权法》的规定，公司注册的商业产权证上的办公地址最好是写字楼。对大学生创业者来说，目前有很多经济园区或孵化机构可以免费或优惠提供公司住所。租房后要签订租房合同，并让产权所有者提供其产权证明的复印件。

第三步：编写公司章程

可以在工商局网站下载“公司章程”的样本，参照进行修改。章程的最后由所有股东签名。

第四步：特殊经营范围审批

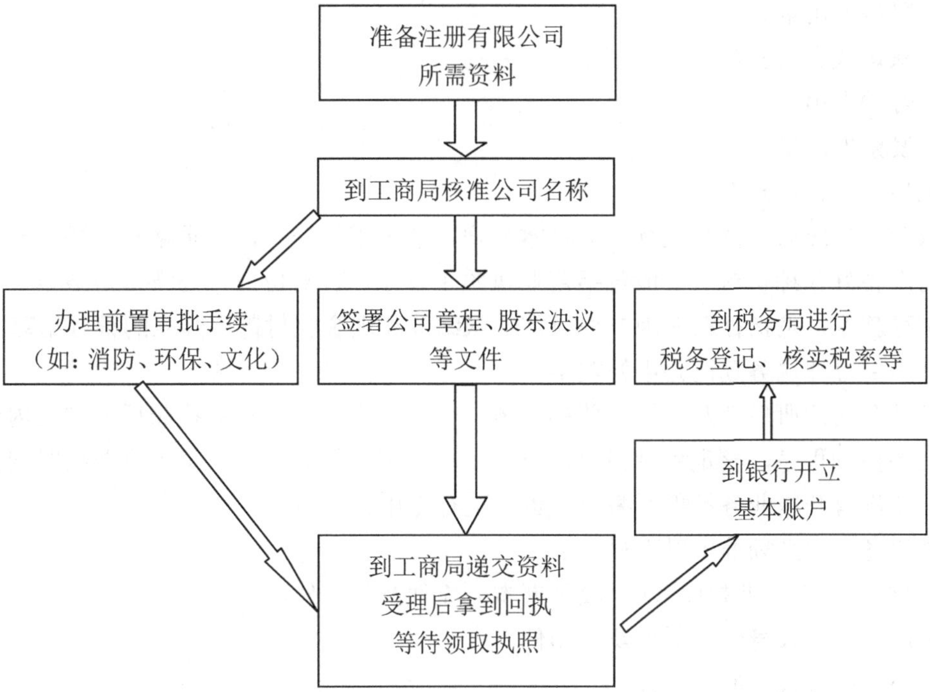

图 8-1　有限公司注册流程

如新创企业的经营范围中涉及特种行业许可经营项目，则需报送相关部门报审盖章。特种许可项目涉及旅馆、印铸刻字、旧货、典当、拍卖、信托寄卖等行业，需要消防、治安、环保、科委等行政部门审批。特种行业许可证办理，根据行业情况及相应部门规定不同，分为前置审批和后置审批。

第五步：办理公司营业执照

工商局经过企业提交材料进行审查，确定符合企业登记申请，经工商行政管理局核定，即发放工商企业营业执照，并公告企业成立。

相关材料包括：公司章程、名称预先核准通知书、法人和全体股东的身份证、公司住所证明复印件（房产证及租赁合同）、前置审批文件或证件、生产性企业的环境评估报告等。

予以核准的，工商局则会在核准登记之日起15日内发《企业法人营业执照》，公司法定代表人按规定的时间到登记机关办理领照手续、缴纳登记费及有关费用后，公司法定代表人持缴纳费用的凭证、《公司登记受理通知书》和身份证在领照窗口领取《企业法人营业执照》。如法定代表人因事不能前来办理领照手续的，可委托专人持法定代表人亲笔签名的委托书及领照人身份证（原件）代领。

第六步：办理公章、财务章

凭工商局审核通过后颁发的营业执照，到公安局指定的刻章社去刻公章、财务章。（后面步骤中，均需要用到公章或财务章。）章主要包括：

（1）公司公章。

（2）财务专用章。

（3）法定代表人私章。

（4）合同专用章。

（5）发票专用章。

第七步：去银行开立账户

领取营业执照后，需去银行开立基本账户，各个银行开户，要求略有不同。开基本户需要提前准备好各种材料，一般包括营业执照正本原件、身份证、公章、财务章、法人章等。基本存款账户是指存款人因办理日常转账结算和现金收付需要开立的银行结算账户。

第八步：办理税务登记并申领发票

税务是公司注册后涉及比较重要的事务，一般要求在申领营业执照后的30天内到税务局办理税务报到程序，核定税种税率，办理税务登记证等。另外，每个月要按时向税务申报税，即使没有开展业务不需要缴税，也应进行零申报。

办理税务登记必须准备以下材料：

（1）《企业法人营业执照》（一般是副本）原件及复印件。

（2）法定代表人身份证原件及复印件。

（3）公司财务人员的会计证。

（4）办税人员身份证原件及复印件。

（5）银行开户许可证复印件。

（6）银行账号证明文件。

（7）公司章程复印件。

（8）公司住所的产权证明。

（9）填写税务登记表（可以事先向所在地税务局领取），并加盖公司公章。税务局（国税局和地税局）收到以上材料后，进行审核，如果通过则发《税务登记证》。

办理完税务登记手续后，就可以申领相应发票了。

【二维码链接】公司注册学问大，不是找个代理公司就行了！

第三节　初创企业的管理

【精彩视频链接】初创企业管理和经营。

一、初创企业的管理特点

（一）以生存为首要目标

初创企业管理的首要目标是保证企业的生存。因为初创企业是从无到有，先有生存机会才会有发展壮大的机会，而尽快实现盈利才能保证企业的生存。因此，初创企业首要任务是将所开发的产品 / 服务推向市场并实现销售盈利，靠销售盈利找到企业发展的立足点，从而找到适合自己的“生存模式”。

企业在初创阶段，所有的生产运营与管理活动都应围绕“生存第一”法则来进行。一切危及企业生存的做法都应避免。企业在初创阶段最忌讳的是在开始运营的时候就提出不切实际的盲目扩张目标与计划，不顾实际地上马新项目、开发多元产品甚至多元化经营，同时开发多个市场，追求企业规模，其结果往往是“企而不立，跨而不行”。创业者在初创企业管理方面，容易犯“一切追求规范”的错误，往往会照搬规范大企业在人事行政、财务和营销等大而全的公司规章制度。殊不知，这些管理方面的规章制度，每个企业有每个企业的实际情况，而大企业的管理制度对于初创企业来说往往只有借鉴价值，而没有实用价值。如果仅仅是生搬硬套，往往会适得其反，不仅做不到，还往往会把初创企业“管死”。

（二）创造并保障现金流

现金流，称为企业运营的“血液”。任何公司，其现金流一旦出现问题，必然引发企业的“猝死”。即企业可以有暂时亏损，但不能承受现金流中断。因此，初创企业在管理上，要奉行“现金流第一，利润率第二”的原则，要努力实现企业运行过程中不断创造并保障现金流“不断流”。

企业的现金流，包括现金流入和现金流出两个方面。一般来说，企业现金流在一定时期内要求现金流入要大于或等于现金流出，才能保证“不断流”，以免出现现金偿付危机时，不至于因不能及时现金支付而导致企业破产。在财务上，企业现金流的大小直接反映企业的“赚钱”能力，它不仅是企业初创阶段也是成长阶段管理的重点。对于初创企业来说，由于其融资能力有限，一般只能依靠自有资金进行经营活动。初创企业必须充分发挥有限资金的作用，通过各种努力特别是市场销售来创造企业现金流，这一点上比成长期企业更难。因此，初创企业的管理就要求创业者“开源节流”，在现金流管理上尽可能地“保守”。一方面，创业者在现金支出方面要锱铢必较，尽量节约现金和延期支付；另一方面，要全力销售并尽可能缩短回款周期，开拓多元化增收渠道，加速现金周转，以营造企业运行的宽松“现金流”。

（三）创业者参与经营细节

处于企业初创期的创业者，虽然是企业的“老板”，但还做不到成熟企业的管理者那样，做不到只“坐镇指挥”就能实现企业顺利运行发展了。在企业初创期，企业各方面都处于开发拓展的前期发展阶段，创业者一方面要履行组织管理职能，另一方面还需要与团队一起做各种具体的经营工作。这是因为，一方面企业可能缺乏各方面的人才，企业运营各方面还未走入“正规”；另一方面，创业者往往是初创企业的“最大资源”，在产品技术、市场销售和资源整合等方面需要创业者亲自去做，以取得较好的效果，甚至必须亲自去解决一些不可预知的“棘手”问题。

初创企业的创业者大都有过如此体验：直接参与过产品设计，直接洽谈过经销商，直接推销过自己的产品/服务，亲自采购，亲自处理一些客户订单，甚至装过车发过货，跑过工商、税务和银行，亲自要过账，做过公司管理制度，做过招聘面试和员工培训，等等。这些都是初创企业创业者的常见历程。只有全身心投入企业经营全过程，创业者才能将初创企业经营好，才能使企业顺利成长。

（四）高效有序的“混乱”状态

初创企业在管理上，不可能一开始就做高效有序的系统化、规范化的管理状态。初创企业管理往往采用“充分调动所有的人，做所有的事”的管理方式。这是因为，初创企业团队规模小，虽然有分工，但往往会因公司运营的实际需要，为处理一些紧急而重要的事情随时调动团队成员来“应急”，而无法做到成熟企业分工细致的精细化管理。

初创企业的这种看似“混乱”的管理状态，实际上是一种高度“有序”的状态。由于企业处于初创期，团队在人员数量、结构上与企业运营不能做到完全匹配，就必须采取这种“临时应急”方式。这种管理方式充分发挥了团队协作的价值，同时培养了创业所必需的团队精神和凝聚力，体现出“小团队”灵活机动、集中高效的优势。初创企业的这种管理方式，是优于并能与成熟企业竞争的法宝。

（五）奉行“顾客就是上帝”

有句俗话说，“店大欺客”。这句话背后的逻辑是，传统、成熟的大企业即使始终坚持“顾客是企业的生命”的经营理念，但随着其经营体系变得越来越复杂，就很难把客户服务体验做到极致，从而导致有些时候顾客会产生“不被重视”的感觉。而初创企业则相反，一方面初创企业必须靠口碑和客户体验赢得顾客，这是赢得竞争、取得市场立足点的需要；另一方面，由于其规模小、服务响应快、离客户“更近”，更容易将“顾客就是上帝”经营理念执行到位。

市场经济条件下，企业经营发展主要靠“顾客”，特别是“回头客”。得客户者得天下，而赢得回头客最终靠的是企业诚信。因此，一个企业要经营长久、发展壮大，不论是初创企业还是成长期的企业，其管理要始终奉行“顾客为先，诚信为本”的核心价值观。大多创业成功的创业家，都会始终坚守“顾客就是上帝”的创业“初心”。

【二维码链接】创企业生存的法则。

二、初创企业的基本管理

（一）组织管理

企业是参与市场活动的实体组织。企业的组织管理是指通过合理设置组织机构，优化运行机制和订立各种规章制度，实现企业内部人、财、物等各种资源的优化配置，提升企业经营绩效的管理工作的统称。

对于初创企业而言，在组织管理模式上一般采用功能部门管理或项目管理的模式。

1．功能部门管理模式

功能部门管理模式是指根据企业运营实际与管理需要，将公司划分成若干个不同职能部门的一种扁平化、直线型的组织管理模式。这种管理模式是最基本、最简单的企业管理模式，也是初创企业最常采用的一种管理模式。

在企业组织结构设计中，功能部门管理，又称岗位管理，是对各部门设置功能职责、设立各种岗位，并明确其责任权利关系，以形成各部门的相互协作。一般来说，不同性质的企业功能部门的设置会有不同。在功能部门设置时要考虑四个方面：（1）根据企业运营活动需要，按专业化分工原则将工作岗位进行归类；（2）根据企业性质和实际需要，设立不同功能的组织结构；（3）根据不同功能部门特点，设立不同岗位，明确各自职责；（4）

订立企业管理制度，以制度形式明确并加强各职能部门的分工协作与联系。如图8-2所示是典型的生产制造型初创企业的功能部门设置。

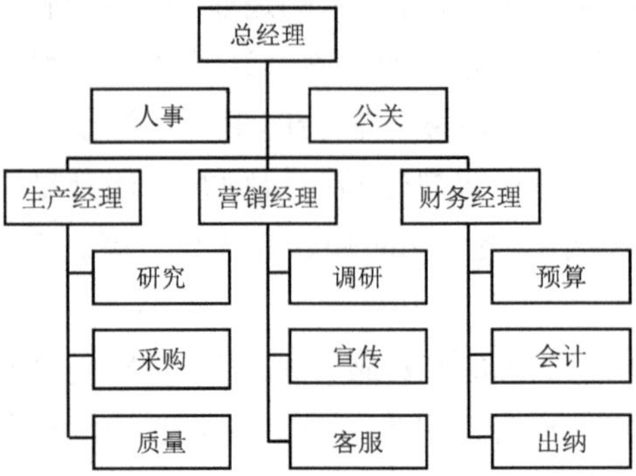

图 8-2　生产制造型初创企业的功能部门设置

功能部门管理模式的优点在于组织结构明确而相对稳定，责权利明确，可避免职责不清造成的执行障碍。该模式的缺点是由于功能职责划分比较清晰，有时候团队需要协作处理某些事情时，会因不同部门职能及实际工作安排而不够灵活高效。

2．项目管理模式

项目管理模式是指按项目组织与管理方法来构建企业组织管理的一种模式。如果说功能部门管理模式是一种基于平行结构组织起来的管理模式的话，项目管理模式则是基于垂直结构即围绕特定而具体的项目任务组织起来的一种管理模式。

项目管理模式通常运营在企业内部创业中，通常表现为“事业部”的形式。项目管理模式本质上是一种以项目经理负责制为基础的目标管理模式。项目管理本身具有管理目标的确定性、独特性和不可重复性等特点。因此，项目管理模式，一般适用于软件外包开发类、服务外包类、商贸类和咨询服务类企业，因为这些企业的业务管理通常可根据客户或产品服务进行有效的垂直分类。项目管理模式在大多数企业中并不常见。在企业的组织结构表现上，如图8-3所示。

项目管理活动一般分为项目计划、人员组织、质量管理、费用控制和进度控制五个方面，从项目整体生命周期划分为若干阶段的时间维度；项目不同阶段性质与特点采用不同技术方案的知识维度和项目涉及的人、财、物、信息等项目需求的保障维度。

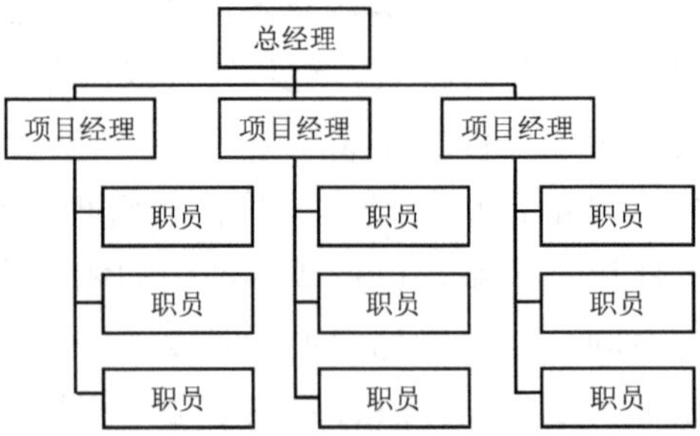

图 8-3　企业项目管理组织结构的表现形式

项目管理模式的优势在于，对特定而具体的项目任务实现具有高效性，相对功能部门管理模式更有利于计划组织、质量和进度的控制，可实现针对项目的动态管理、垂直协调与优化。项目管理模式的劣势在于，其更适用于临时性、柔性化的垂直细分任务的管理场景，而不适用于长久性、系统化的复杂管理场景。

在现实的初创企业管理中，有时候会采用功能部门管理模式下的项目管理制，从而发挥两种管理模式的优势，规避其各自的劣势。这种结合后更为复杂的管理模式，通常称为“矩阵式管理”模式。由于初创企业采用矩阵式管理模式的情况并不多见，本书不做介绍。

（二）人力资源管理

人力资源是企业发展的根本动力和关键，尤其是对于初创企业而言，其作用怎么强调都不为过。处于初创期的企业，其人力资源需求、招聘方法和管理等方面都有其特殊性。

1．初创企业人力资源管理的特点

（1）重招人，轻培养。初创企业由于规模小，管理不完善，招人特别难。所以，初创企业一般把人力资源管理的重点工作放在招聘工作上，优先满足企业缺人的“刚需”。初创企业的创业者一般会先招聘一个招聘专员，而自己兼人力资源总监的角色。由于企业处于起步期，囿于成本等原因，创业者往往喜欢招聘“熟手”，渴望“借鸡生蛋”，即入职后马上可以“顶岗”发挥其作用，而没有足够的时间和耐心培养人。

（2）重“多能”，轻专才。初创企业往往人手有限，“一人多用”“一岗多责”是工作的常态。因此，初创企业的创业者最喜欢“一专多能”的人才，希望用最少的人做更多的事，希望员工学习、适应能力强，可以尽快上手独当一面，“实用”是最好的选择。在初创期，创业者一般不会招聘具有大企业经验的职业经理人或极其精细的“专才”。这一方面是因为成本太高，有可能雇不起；另一方面，职业经理人往往缺乏创新创业精神，与企业起步期的要求不容易匹配，其已固化的工作经验和风格很难适应初创企业的管理特点。

（3）重人事，轻管理。初创企业一般会将所有战略目标和资源都重点集中于解决企业生存问题，往往缺乏系统、规范的人力资源管理与开发体系的建设。在企业初创期，人力资源管理一般只停留在日常招聘退聘、简单工资绩效管理和社保管理等基本的人事管理层面。因为，这些人事工作是必须做的，而更重要的人力资源开发、培养和管理则很难顾及。另一方面，由于企业是初创，其缺乏足够的人手和资金去专门做人力资源工作。

（4）重绩效，轻制度。初创企业，为了降低用人成本及风险，往往采用以业绩为导向的管理理念，采取“低工作、高提成、重奖励”的办法。由于缺乏专门的人力资源管理团队，初创企业在人力资源管理方面普遍缺乏基于长远发展战略的顶层设计和完善、系统的管理制度。对于人才的评价，往往偏重于其短期的业绩如何，而缺乏科学合理的绩效考核体系。甚至有些初创企业缺乏必要的硬性管理制度，比如劳动合同、重大违纪等规定，导致出现劳资纠纷，从而导致企业需要付出更大的代价和成本。

（5）重福利，轻僵化。一方面，初创期企业由于其自身的“天然劣势”，为吸引人才和留住人才，往往采用“自由文化影响人，用创业激情和人性感染人，用有竞争力的福利打动人”等管理策略；另一方面，企业初创期的管理主要靠创业者本人，具有浓厚的“人治”色彩，而创业者一般具有敢于打破常规、灵活创新和富有活力等特质。因此，初创企业在人力资源管理方面一般不会有太多死板的条条框框。

2. 初创企业人力资源管理要点

为实现初创企业的发展目标，创业者在人力资源管理方面要重视以下管理策略和要点：

（1）明确需求，合理规划。初创企业的创业者，对企业业务定位及发展规划最为了解，对用人需求及其标准的把握也最为准确。创业者宜从业务层面（比如技术研发、产品设计、市场营销和公关客服等方面），运营现实需要与长远发展等统筹考虑，明确招聘的岗位、人数、要求和薪酬体系，合理规划人力资源需求和人事工作安排，从根本上理顺人力资源工作，以提高人力资源工作的效能。

（2）抓大放小，打造核心。作为企业的主要管理者，初创企业的创业者要明确其在人力资源管理工作中的角色与核心价值。创业者要重点抓中层以上的核心人才，尽快建立起中高层团队。中高层团队的核心人才，是保证初创企业生存与发展的核心力量。在选拔这些人才时，要注意数量不需要多，而重在“质”。这类人才，对于初创企业来说，有时候可遇不可求。因此，创业者要把主要精力放在中高层核心人才的猎取、挖掘和公关工作上。而对于普通员工的遴选，可交由人事或部门负责人来负责。

（3）管理有度，重在激励。初创企业在人力资源管理方面，首先要建立起关键、实用且适用的基本规章制度。比如基本的薪酬制度、考勤制度、招聘制度、考核制度、培训制度和奖惩制度等，要做到“有规可依”。初创企业虽然具有规模小、管理不够规范和“老板”一言堂等特点，但一个企业组织不能没有基本的规矩，尤其在人力资源管理薪酬和绩效方面不能过于粗放随意，以免给团队形成不靠谱的感觉，而应该明确薪酬和绩效制度，形成确定的利益分配机制，让团队理解并认可“游戏规则”，起到好的激励作用，以免造成因利益而闹矛盾甚至纠纷的局面。

（4）重视沟通，凝聚人心。初创企业的团队建立周期短，来自不同行业、企业，具有不同经验、资历和价值观的人员需要磨合。创业者要根据其特点，通过沟通的方式尽快将其重新塑造为具有共同目标和价值观的团队。创业者要重视有效沟通，尽快增进感情拉近距离，建立相互信任的机制，消除隔阂误会，让员工有被尊重和重视的感觉，形成团队凝聚力与执行力。

（三）财务管理

初创企业一般规模较小，起步阶段产品、业务相对单一，其财务管理相对简单。在财务管理方面，初创企业的创业者注意以下几个方面：

1. 尽量规范

财务管理，尤其是记账，是专业而严谨的工作。初创企业的创业者不一定具备财务方面的工作经验和专业知识技能，因此，在财务管理方面，要靠专业的会计人员或机构来做相关工作，以保证财务管理的规范性。创业者在企业起步阶段就要有财务“合法合规”意识，“靠专业的人做专业的事”，在日常记账、发票申领、报税和年终审计等财务工作方面尽量符合相关规定，以免因管理疏漏而造成行政处罚等财务风险。

另外，在财务的日常工作流程和制度方面也要尽量做到细致、规范，避免出现各种不应出现的问题或错误。比如发票管理，要建立发票开立流程规范，避免开错（核实抬头、项目、金额、税率等）、遗失（未用发票、已开发票和发票各联）、寄错（对象、地址电话等）和盖章（勿忘盖发票专业章）等细节问题。

2. 控制成本

成本控制对任何企业都很重要，财务上节约的成本约等于为企业直接创造的毛利润，抵6～8倍的销售额。例如，如果通过财务管理可以节约10000元的成本，按企业毛利润15%～30%来核算，则相当于企业必须靠30000～60000元的销售额才能换来。事实上，初创企业的市场销售难度很大。因此，初创企业的创业者，要有强烈的成本意识，掌握控制成本的原则与技巧。

企业的成本控制管理是个庞大而复杂的系统工作。总体来讲，初创企业的创业者要在成本控制意识、成本控制机制和成本控制措施三个方面入手，尽可能多的降低成本，提高企业经营的效益。

（1）全员形成成本控制意识。思想意识决定行动，创业者首先要有降低成本、控制成本的意识，才能完成成本控制的目标。要实现初创企业的各种成本控制，不仅要求创业者及其核心团队成员具有成本意识，还要求培养全体员工的成本意识与节约习惯。一方面，管理层要避免好高骛远，不要只求面子不计成本，更不宜因急功近利、操之过急而导致成本失控；另一方面，全体员工要建立创新与学习意识，不断改进工作方法，提高工作效率和资源利用效益，达到节约、降低成本的效果。

（2）构建运营成本控制机制。为实现成本控制的目标，创业者在财务管理方面需要建立与之对应的成本控制机制，才有利于企业成本控制的管理落地与持久稳定。成本控制机制主要体现在日常经营的管理制度和激励制度两个方面。管理制度是从操作准则与规定方面建立成本控制的标准，激励制度是从激发员工主动性与创造性来实现企业运营效益。

（3）完善成本控制方法措施。有了成本控制的意识和机制，还得有具体实施的方法措施。在企业日常运营方面，可通过办公室各种资源共享与重复利用，提高沟通的信息化水平，采用简单实用的办公家具与设备等方法控制成本；在生产方面通过减少流程和环节，采取外包方式，改进工艺与技术，采用节能环保设备和提高原材料利用率等方法控制成本；在财务方面通过聘用兼职会计或代理记账机构，控制预算和支出限额，合理避税和提高资金周转率等方法控制成本；在人力资源方面合理设置岗位及其薪酬体系，控制规模，充分利用兼职与提升工作技能水平等方法控制成本，等等。

3. 管好现金流

初创企业的创业者在财务管理时，需要注意加强现金流的管理。现金流管理主要从“支”（现金流出）和“收”（现金流入）两个方面进行。

（1）做好大额支出管理。创业者要注意做好各种现金支出的管理，特别是大额支出的管理。在现金支出时，一方面要有规范的财务流程规避风险；另一方面要避免不必要的支取或提前支取，尽可能做到延缓支付。比如，可通过与供应商谈判争取分期与更长付款周期。

（2）做好各种收入管理。相对支出管理而言，收入管理更重要，也更难一些。创业者可通过以下方法做好收入管理：尽量收取客户预付金；设置交货后全部收回账款的期限；建立收款流程与催款机制；多用电子支付方式提高收款效率等。

4．准备融资

初创企业往往资金有限，财务压力大。创业者要做好未雨绸缪，在不缺钱的时候，做好随时融资的准备，以有效应对财务风险。创业者一方面要做好融资规划和各种材料的准备，一方面要积极拓展并积累有效的融资渠道，比如有计划地接触和了解投资人、投资机构、银行、基金和政府优惠政策等。

（四）营销管理

对于初创企业而言，营销管理是所有管理工作的重中之重。创业者需要从定价策略、品牌策略、竞争策略和销售策略等方面抓好市场营销工作。

1．定价策略

初创企业为将新产品顺利推向市场，取得竞争优势和良好的经济效益，合理定价是一个重要影响因素。新产品定价方法主要有："取脂"定价（高定价，谋求短期高利润）、渗透定价（低定价，打开销路扩大市场占有率，谋求长期利益）和满意定价（平价，谋求各方价格满意）。创业者要根据企业战略、产品特性及市场竞争等实际情况，选择最适合的定价策略。

2．品牌策略

创立与塑造新品牌的过程，是一个"烧钱""烧脑"的过程。初创企业的创业者，在制订品牌战略和策略时，要考虑成本及其可实现性，采用低成本品牌营销策略是较优选择。低成本品牌营销实施方法与步骤是：（1）建立品牌整合营销临时机构（负责品牌策划、形象设计和媒体公关等）；（2）确定品牌的核心价值、传播目标与机制；（3）设计创新的、高差异的品牌识别系统；（4）运用各种广告、公关媒介和促销方式进行"聚焦式"的推广传播。

3．竞争策略

企业竞争策略选择，主要受行业竞争状况、自身竞争力状况和顾客议价能力等因素的影响。初创企业的竞争策略，主要分"领跑""挑战""追随"和"补遗"四种策略。"领跑"策略是指初创企业以"市场老大"的姿态采取正面直接竞争的市场竞争策略。"挑战"策略是指初创企业以行业内市场份额最大的企业"翘楚"为目标，对其发起"攻击"性竞争挑战的市场竞争策略。"追随"策略是指初创企业采取模仿、跟随竞争能力更强企业进行"迂回"、侧面竞争的市场竞争策略。"补遗"策略是指初创企业选择细分市场的"空白"，集中优势资源开发专门市场或特定顾客群体的市场竞争策略。创业者可根据企业实际，选择合理的市场竞争策略。

4. 销售策略

这里所讲的销售策略，主要是指销售方式、销售模式和促销方式的选择策略。销售方式主要分直销和代理分销两种。新创企业的销售方式选择，要考虑产品服务的性质与形态、市场容量与竞争策略、运营模式和产品的利润空间等因素。销售模式主要分为网络销售、电话销售、电视购物、门店销售和混合销售等几种。销售模式的选择，主要取决于产品复杂程度、定价高低、购买决策流程和顾客消费习惯等因素。销售促销有免费送、打折、买送、特价、秒杀、抽奖、竞赛、免费体验、积分、返券、会员制、赞助、展览和换购等多种多样的方式手段。不同的促销方式有不同的优缺点，有不同的适用场景，创业者可结合企业实际，选择并验证应采用哪种或哪些促销方式。

【实训活动】

活动一　团队创业路演，模拟融资

活动以团队为单位进行创业路演，根据路演情况进行模拟投资活动。

（1）根据此框架拟定自己项目路演需要的创业计划大纲目录。

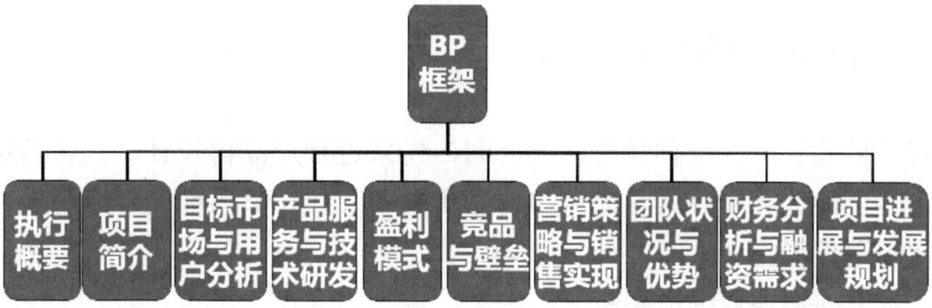

（2）根据创业计划大纲目录做一个用于路演的简版创业计划书。

（3）各小组同学的“CEO”代表自己的创业团队，各组进行路演展示比赛。路演时间不超8分钟时间陈述项目计划。

（4）扮演投资人的学生根据下表对此创业项目做评估。

	评分	评论
创意（清晰易懂地描述产品或服务）		
顾客（明确描述初始目标市场及其规模）		
需求（明确陈述并理解问题或机会匹配）		
商业模式（各个要素是明确理解的）		
差异化（已经识别并证实了某些与目标顾客共鸣的独特特征）		
团队（团队拥有所需的技能、资源和经验）		
资金（融资计划是合理的，识别到了具体数量的资金需求）		

活动二 情景模拟：你如何做参谋

情景：

你爸爸、叔叔、舅舅三人准备分别出资30万（现金）、20万（专利技术折价）、10万合办一家服装厂。现请你为他们选择一种企业形式，并为他们顺利办成和经营做参谋。

回答以下问题：

（1）你为他们选择哪种企业形式？为什么？

____。

（2）现在，要给服装厂起一个名字，你有什么好的建议？

____。

（3）服装厂的选址你有什么建议？

____。

（4）公司股份结构如何安排？股东会和董事会你觉得如何安排比较妥当？

____。

（5）你认为公司注册过程中应注意哪些问题？

____。

活动三 情景模拟：销售技能训练

情境：

现在，有一只签字笔，给你10分钟的时间，先来进行产品再设计、制订营销策略和销售策略、意向客户筛选和制订销售流程与计划等准备工作，然后面向学习小组或班级其他成员，开展你的销售工作。

比一比，看谁的销售业绩最棒！

问题：

在此项活动中，你有哪些心得感悟？获得了哪些销售经验和技能？

【实战体验】创业体验反思与感悟

请回忆团队成员参与体验过的某个真实或模拟的创业活动。运用以下问题激发自己在体验中和体验后对自身的表现、感受及想法进行反思。可以用任何自己喜欢的形式自由地写下反思，不必局限于下列问题，可以发表更多见解。

（1）我在这次创业活动中的表现如何？哪些方面表现特别突出？哪些方面不如期望的好？我觉得在哪些方面可以做一些改进？

（2）在参与活动期间，我与其他人有过哪些互动？我的意图是什么？我的沟通与参与对这次活动或他人产生了哪些影响？

（3）在活动期间或活动后，我从他人那里得到了哪些反馈？

（4）在这次活动体验中，主要收获有哪些？

（5）从这次反思中，我学到了什么？

（6）现在，关于自己或创业，还有哪些问题没有得到解决？

【专家视点】

创业企业八个管理定律

（一）劣币驱逐良币

当一个国家劣币和良币同时在市场上流通时，良币由于成色足必然要被熔化、收藏或输出而退出流通领域，而成色不足的劣币则会充斥市场，这就是劣币驱逐良币定律。

举例来说，薪酬、晋升是企业中员工最关心的两件事情，如果员工获得加薪和晋升的机会都是通过拍马屁、拉关系得到的，那些安分守己、努力工作的人自然会不满，久而久之就会消极怠工，要么辞职，要么干脆同流合污，良币变成了劣币。

（二）沉没成本

沉没成本是指业已发生或承诺无法回收的成本支出，如因失误造成的不可收回的投资。沉没成本是一种历史成本，对现有决策而言是不可控成本，不会影响也不该影响当前的行为或未来决策。从这个意义上说，在做决策时应排除沉没成本的干扰。

假设有一位手机零售商，买进的1000部单价为2000元／部的手机现在已经过时了，某人愿意以500元／部的价格买下，手机零售商会卖吗？许多零售商不想卖，因为他们觉得这样就每部都亏损了1500元。但作为一个理性决策者，完全不应当考虑这2000元的原价，它是已经成为过去式的沉没成本。应当考虑的是将来是否能以高于1500元的价格卖掉手机。如果不能，那么这500/部的价格就是最佳的卖出价。

（三）破窗效应

如果不把刚破损的窗户及时修理好，将会有更多的窗户被破坏。破窗理论强调着力改善错误行为，对错误行为进行及时指正、改进，避免带来更多的负面效应。

比如公司的考勤管理，如果有人经常迟到却没有对其进行相应的惩罚，那就会有越来越多的人迟到，并且还觉得完全不是自己的问题，是企业管理的问题。

（四）墨菲定律

会出错的事总会出错。如果同学们担心某种情况发生，那么它就更有可能发生。

墨菲定律提醒人们：做事情前要规划得更周到、细致一些，采取多种保险措施，防止有可能会发生的失误。在企业中就要做好细节管理，任何一个细节上的失误，都可能导致严重的后果。

（五）二八法则

“二八法则”是意大利统计学家、经济学家维尔弗雷多·帕累托提出的，他指出：在任何特定群体中，重要的因子通常只占少数，而不重要的因子则占多数，因此只要能控制具有重要性的少数因子即能控制全局。比如80%的公司利润来自20%的重要客户。但这一法则也不是放之四海而皆准：有的企业认为，20%的员工创造了80%的价值，领导者把关注的焦点放在20%优秀员工身上，这会对企业文化等方面造成不好的影响。

（六）木桶原理

木桶原理认为一只木桶盛水的多少，取决于桶壁上最短的那块。但无论从个人还是企业的发展来看，每块板都均衡发展是很难实现的，也很容易进入平庸化的误区。

后来又出现了反木桶原理：木桶最长的一块木板决定了其特色与优势，在一个小范围内成为制高点。从企业角度来讲，凭借其鲜明的特色，就能在市场上占据一定的优势。对于创业企业来说，更是如此。

（七）长尾理论

长尾理论是伴随着互联网的兴起而出现的，由美国前《连线》杂志主编克里斯·安德森提出。简单来说就是随着互联网的普及及配套服务的发展，以前一些需求和销量不高的产品所占据的共同市场份额，可以和主流产品的市场份额相媲美，甚至规模更大。长尾实现的是许许多多小市场的总和等于、甚至大于一些大市场。

（八）马太效应

马太效应是指好的愈好，坏的愈坏，多的愈多，少的愈少的一种现象。任何个体、群体或地区，一旦在某一个方面（如金钱、名誉、地位等）获得成功和进步，就会产生一种积累优势，就会有更多的机会取得更大的成功和进步。这也反映了贫者愈贫，富者愈富，赢家通吃的经济学现象，比如中国互联网界的百度、阿里、腾讯三巨头。

【网上精品课程】新企业开办与计划制订。

用手机“扫一扫”下面的二维码，用浏览器打开相应网址，进入视频课程学习。

【评估练习】

（1）创办企业的前提条件有哪些？创办企业需要了解哪些法律法规？

（2）创办企业的方式有哪些？如何选择适合自己的企业组织形式？

（3）企业起名、选址与注册有哪些注意事项？

（4）初创企业在管理上有哪些特点？

（5）初创企业应如何做好组织管理、人力资源管理、财务管理和营销管理等方面的管理？

参考文献

[1] 张宗恩，朱克勇．大学生创业训练教程 [M]．北京：现代教育出版社，2010.

[2] 牛翔宇．大学生体验式创业教育教师教学手册 [M]． 北京：现代教育出版社，2015.

[3] 刘敬东．大学生创业基础（理工院校版）[M]．北京：现代教育出版社，2016.

[4] 徐迅．从零开始：大学生创业基础教程 [M]．北京：现代教育出版社，2013.

[5] 李家华，郑旭红，张志宏．创业有道：大学生创业指导 [M]．北京：高等教育出版社，2011.

[6] 贺俊英．大学生创业基础与实训教程 [M]．北京：高等教育出版社，2010.

[7] 柳仁民．大学生创业基础与实训 [M]．北京：现代教育出版社，2017.

[8] 孙长林．大学生创业教育理论与实务 [M]．北京：现代教育出版社，2017.

[9] 史梅．走向成功——大学生就业与创业指导 [M]．北京：现代教育出版社，2013.

[10] 张延东．大学生就业指导与创业教育 [M]．北京：现代教育出版社，2012.

[11] 李家华．创业有道——大学生创业指导 [M]．北京：高等教育出版社，2011.

[12] 李家华．创业基础 [M]．北京：北京师范大学出版社，2013.

[13]（美）彼得•德鲁克．创新与企业家精神 [M]．北京：机械工业出版社，2007.

[14] 张耀辉，朱锋．创业基础 [M]．广州：暨南大学出版社，2013.

[15] 李秋斌．大学生创业指导 [M]．北京：北京大学出版社，2013.

[16] 张延东．大学生就业指导与创业教育 [M]．北京：现代教育出版社，2012.

[17] 李家华．创业有道——大学生创业指导 [M]．北京：高等教育出版社，2011.

[18] 彭晓华，刘红燃．创业实务 [M]．北京：现代教育出版社，2017.

[19] 孙桂生．从0到1：创新型创业实践方法 [M]．北京：现代教育出版社，2017.

[20] 张志宏，崔爱惠，刘铁群．大学生创新与创业训练教程 [M]．北京：现代教育出版社，2017.

[21] 孙桂生，秦立栓．应用型大学生创新创业教程 [M]．北京：现代教育出版社，2016.

[22] 马聪．大学生创业指导与实务分析 [M]．北京：现代教育出版社，2017.

[23] 刘玉红．大学生创新与创业基础 [M]．北京：现代教育出版社，2017.

[24] 徐俊祥，徐焕然．创未来——大学生创业基础知能训练教程 [M]．北京：现代教育出版社，2017.

[25] 崔炜．创业基础 [M]．北京：现代教育出版社，2017.